國家傳統文化典籍整理工程之
“一帶一路”文獻整理與研究

天津圖書館藏敦煌文獻

天津圖書館（天津市古籍保護中心）編
萬群　劉波 主編

學苑出版社

图书在版编目（CIP）数据

天津圖書館藏敦煌文獻 / 萬群，劉波主編. -- 北京：學苑出版社，2019.8

ISBN 978-7-5077-5771-2

Ⅰ. ①天… Ⅱ. ①萬… ②劉… Ⅲ. ①敦煌學－文獻－圖録 Ⅳ. ① K870.62

中國版本圖書館 CIP 數據核字 (2019) 第 159451 號

責任編輯：戰葆紅　李蕊沁
出版發行：學苑出版社
社　　址：北京市豐臺區南方莊 2 號院 1 號樓
郵政編碼：100079
網　　址：www.book001.com
電子信箱：xueyuanpress@163.com
聯系電話：010-67601101（營銷部）　67603091（總編室）
經　　銷：新華書店
印 刷 廠：河北賽文印刷有限公司
開本尺寸：889×1194　1/16
印　　張：18
字　　數：146 千字
版　　次：2019 年 8 月第 1 版
印　　次：2019 年 8 月第 1 次印刷
定　　價：800.00 元

前言

天津圖書館是我國創建較早、歷史悠久的省級公共圖書館之一，從 1908 年直隸圖書館創建至今，已經走過了一個多世紀。目前，天津圖書館共有三個現代化館區對市民開放，形成了“一館三舍”格局，規模在國內省級公共圖書館中處於領先地位。天津圖書館館藏宏富，藏書量達 300 餘萬册，其中以明清文集、明清小說、活字本古籍、地方志、民間宗教經卷以及有關中國近代史的書籍最富特色，形成了藏量豐富、特色鮮明、適合地方發展需要的館藏體系。

天津圖書館所藏敦煌文獻，得自周叔弢先生（1891—1984）的捐贈。周先生是著名民族實業家、民主愛國人士和古籍文物收藏家。他早年投身工商業，苦心經營，為我國民族經濟的發展做出了貢獻。中華人民共和國成立後，積極投身社會主義建設，擔任過天津市副市長、全國政協副主席。周先生愛好收藏古籍，他精於鑒賞，所藏宋槧元刊、明清佳刻及抄校稿本等，質精量多，成為首屈一指的大藏書家。周先生胸懷博大，將歷年所聚的古籍，幾乎全部捐獻給國家，這些古籍被收藏在國家圖書館、天津圖書館、天津藝術博物館等公立機構。周叔弢先生收藏的敦煌遺書，大多數捐贈給了天津市藝術博物館（今天津博物館），少量裝裱成册的敦煌遺書殘片，則捐贈給了天津圖書館。

天津圖書館所藏周叔弢先生捐贈敦煌遺書殘片，原本裝裱為七個册頁，下面逐一略加介紹：

《唐人寫經殘卷》三册

第一册：館藏編號 Z145-1。經折裝。上下以樟木板夾持。全書尺寸长 × 宽 × 厚為 33.4×22.5×2.7 釐米。粘裱有敦煌遺書殘片 34 件。

第二册：館藏編號 Z145-2。推蓬式册頁裝。上下無夾板，有紫黑色皮紙封面，封面正中居上裱有無字灑金書簽。開本闊大，全書尺寸為 33.9×56.4×1.7 釐米。粘裱有敦煌遺書殘片 58 件。背面有方爾謙（大方）墨筆題跋三條及敦煌寫經照片 17 幅。

第三册：館藏編號 Z145-3。推蓬式册頁裝。上下無夾板，有紫黑色皮紙封面，封面正中居上裱有無字灑金書簽。開本闊大，全書尺寸為 33.9×56.4×2 釐米。粘裱有敦煌遺書殘片 48 件，背面附敦煌遺書 3 件、敦煌遺書照片 11 幅，實存殘片合計 51 件。

《唐人寫經册》一册

館藏編號為 S3214。經折裝。上下以木板夾持。全書尺寸為 34×18.4×1.7 釐米。粘裱有敦煌遺書殘片 8 件。其中第 1—7 件為歸義軍時期（9—10 世紀）寫本《金剛般若波羅蜜經》，原為卷軸裝，後裁切為 7 件，每葉 6 行，行 17 字，有烏絲欄。第 8 葉為唐寫本《妙法蓮華經》卷六殘片。後鈐有“徐良珍藏”朱文方印，有祥麟等人墨筆題跋四則。

《唐人寫經真本》一册

館藏編號 S8429。經折裝。上下無夾板。全書尺寸為 30.9×16.7×1.5 釐米。粘裱有敦煌遺書殘片 39 件。本册為吐蕃統治時期（8—9 世紀）寫本《大般若波羅蜜多經》卷三五五，原為卷軸裝，後割裱為 39 件，改為經折裝。每件 7 行，行 17 字，有烏絲欄。第 6 葉第 2 行下鈐“問畊收藏”陽文長方印，尾鈐“居易烏焦巢”陽文方印、“宿芳草堂”陰文方印。

《敦煌石室經卷殘字》一册

館藏編號 S8440。經折裝。上下有木板夾持。方爾謙墨筆題簽。全書尺寸為 32.3×19.8×2.7 釐米。粘裱有敦煌遺書殘片 31 件。包括多種殘經。所粘每件遺書均有騎縫章“叔弢”方形陽文朱印。該册前附目録二紙，內容如下：

佛名經四種四葉	蓮華經五種（又三葉）五葉（又三葉）
摩訶般若波羅蜜經二種三葉	佛頂尊勝陀羅尼經一葉
大涅槃經三種三葉	維摩詰經殘字一葉
金光明經殘字一葉	蓮華經殘字三葉

大涅槃經一葉　　　　　　大般若波羅蜜經二葉

大涅槃經二葉

著録明晰，當為熟悉佛教文獻與敦煌典籍的人士所撰，為瞭解殘片内容提供了必要的幫助。背面有方爾謙墨筆題詩及敦煌遺書照片、錢幣拓片若干件。

《蓮華經提婆達多品》一册

館藏編號為 S3755。經折裝。上下無夾板。全書尺寸為 30.4×13.9×0.6 釐米。粘裱有敦煌遺書殘片 12 件，為初唐寫本《妙法蓮華經》卷四《提婆達多品》，原為卷軸裝，後裁切為 12 件，改為經折裝。每件 5 行，行 17 字，有烏絲欄。首鈐"小松曾觀"白文方印、"澂齋收藏書畫"朱文方印。有辛亥年（1911）惲毓鼎墨筆題跋。

這些册頁經過幾十年的保存，部分書葉出現氧化、老化、變形、粘連、微生物損害、皺褶等問題，如不開展有效的保護工作，各種病害情況可能逐漸加重。為了加強對這批珍貴文獻的保護，使之能傳承久遠，天津圖書館（天津市古籍保護中心）與國家圖書館（國家古籍保護中心）合作開展"天津圖書館藏珍貴古籍整理、保護與研究項目"，以"敦煌文獻整理、保護與研究"為該項目的兩個主要組成部分之一。經過兩館的全力協作，該項目已於 2016 年順利完成，館藏敦煌文獻經過修復專家的精心修整，並加裝了裝具，定製了專用書櫃，保護條件得到極大的改善。關於修復的情況，我們已經在《天津圖書館藏敦煌遺書殘片的保護修復》一書中做了詳細介紹。

通過修復，天津圖書館所藏敦煌文獻的編號數有所增加。這主要是因為，在修復過程中，修復師們從《唐人寫經殘卷》第二、第三兩册各殘片的背面，揭下了一些古人修補殘損佛經用的補紙，部分補紙本身也是佛經殘片。有字補紙經綴合並重新編號，即"丁 -1"至"丁 -10"共十個號，其中部分編號包含多個小殘片，最後裝為一個册頁。此外，有的敦煌文獻殘片背面，也有古人留下的字跡，以前在裝裱狀態，背面是遮蔽的，無法閱讀，如今也能比較方便地使用。

這批殘片雖然僅有二百多件，總量並不算大，但仍具有很高的文獻價值和史料價值：它們的時間跨度從南北朝到歸義軍時期，紙張、書法等方面都具有一定的代表性；包括多種佛經、經疏，有的佛經與後世通行本文字有差異，有的文獻不見於歷代大藏經，有較高的文獻價值；又有近代名家題跋多則，是研究敦煌遺書流散史與敦煌學史的難得史料。

天津圖書館藏敦煌文獻很早就引起了學界的注意。方廣錩、李際寧等編成《天津圖書館藏敦煌遺書目録》，詳細記録這批文獻各方面的情況，以天津圖書館歷史文獻部的名義發表於《敦煌吐魯番研究》第八卷（中華書局，2005 年 1 月，第 311—358 頁）。這份目録有很高的參考價值，可以提供關於這些敦煌文獻的更多信息，請有興趣的讀者翻閱參考。2005 年，萬群參加在國家圖書館召開的“國際敦煌項目第六次會議”，提交了《天津圖書館藏敦煌文獻介紹》一文，從裝幀及前人修復角度介紹了這批珍貴館藏，這篇文章後來發表在北京圖書館出版社 2007 年 5 月出版的《融攝與創新：國際敦煌項目第六次會議論文集》。

這些敦煌文獻的圖版，修復前部分在《天津圖書館古籍善本圖録——鑒賞圖録》（天津古籍出版社，2009 年 1 月，第 268—426 頁）中發表。2016 年修復保護工作完成以後，出版一部内容完整、圖像質量清晰的圖録，全面公佈這批文獻資料的時機已經成熟。我們特編纂此書，以方便各界讀者瞭解這批珍貴文獻的全貌，便利學者開展研究與探討。

本書沿用了《天津圖書館藏敦煌遺書目録》給定的文獻編號，即“津圖”號，而没有按照文獻的时间排序。為了求得整體的統一，我們對該目編號做了兩個方面的補充：其一，該目未收録的《蓮華經提婆達多品》，編為津圖 178 號；其二，由《唐人寫經殘卷》册頁所收各殘片背面補紙綴合而成的“丁 –1”至“丁 –10”，編為津圖 179 至津圖 188 號。這十件單獨裝為一個册頁，與《唐人寫經殘卷》一並存放，但為了編號的連續與使用的便利，只能將它們排在全書最後，同時為了標明所出，以“唐人寫經殘卷卷背補紙殘片”作為這一部分的總名。文獻題名也大體上沿用《天津圖書館藏敦煌遺書目録》的成果，只略做調整、補充。

限於見識與學識，本書在編輯方面也許存在疏漏與錯誤之處，敬請各界讀者批評指正。

編者

2019 年 2 月 22 日

目録

唐人寫經殘卷（三）/93

蓮華經提婆達多品 /251

唐人寫經殘卷卷背補紙殘片 /259

文獻題名索引 /271

唐人寫經殘卷（一）

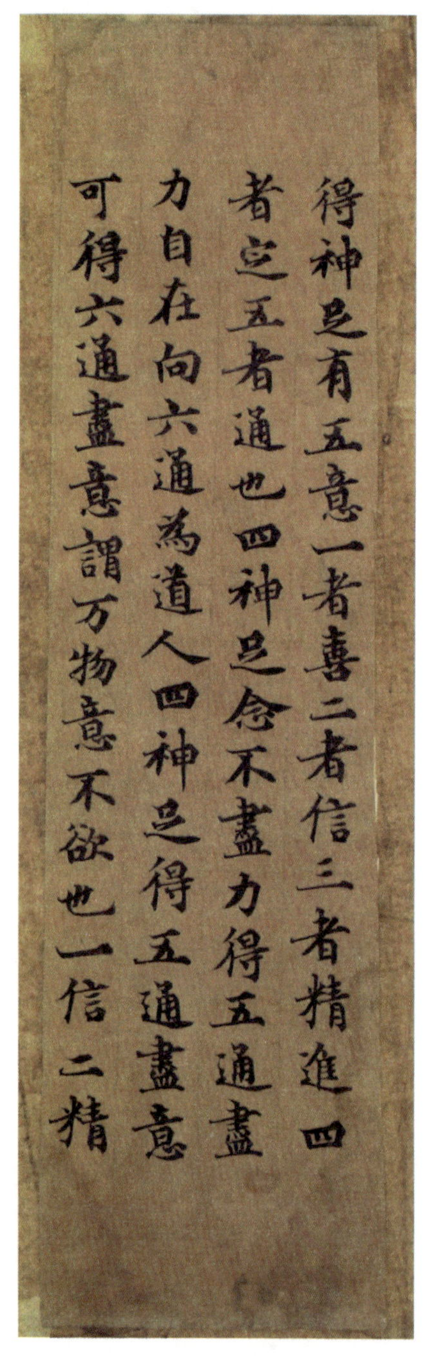

得神足有五意一者喜二者信三者精進四
者定五者通也四神足念不盡力得五通盡
力自在向六通為道人四神足得五通盡意
可得六通盡意謂万物意不欲也一信二精

津圖 001　大安般守意經卷下

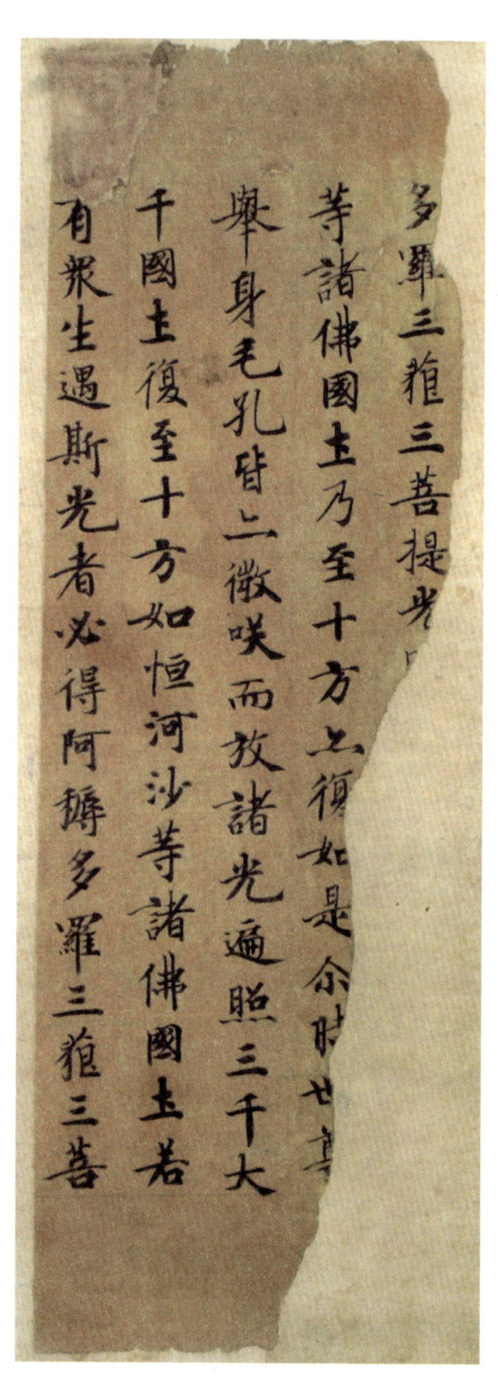

多羅三藐三菩提光
等諸佛國土乃至十方亦復如是尒時世尊
舉身毛孔皆亦微笑而放諸光遍照三千大
千國土復至十方如恒河沙等諸佛國土若
有衆生遇斯光者必得阿耨多羅三藐三菩

津圖 002　摩訶般若波羅蜜經卷一

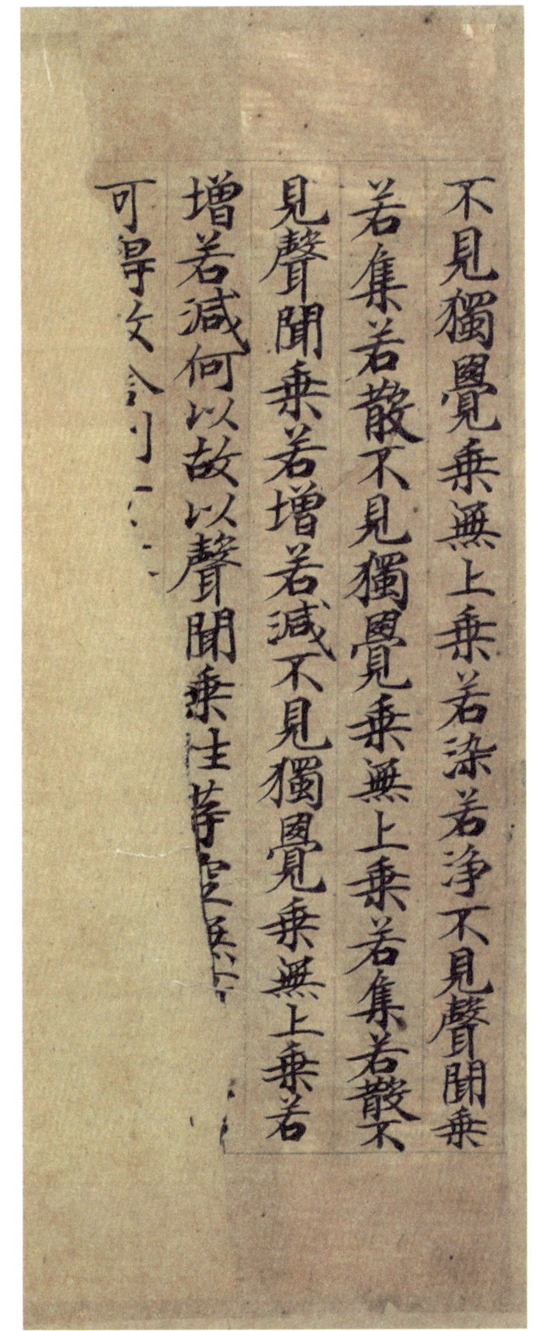

津圖 003　大般若波羅蜜多經卷八九

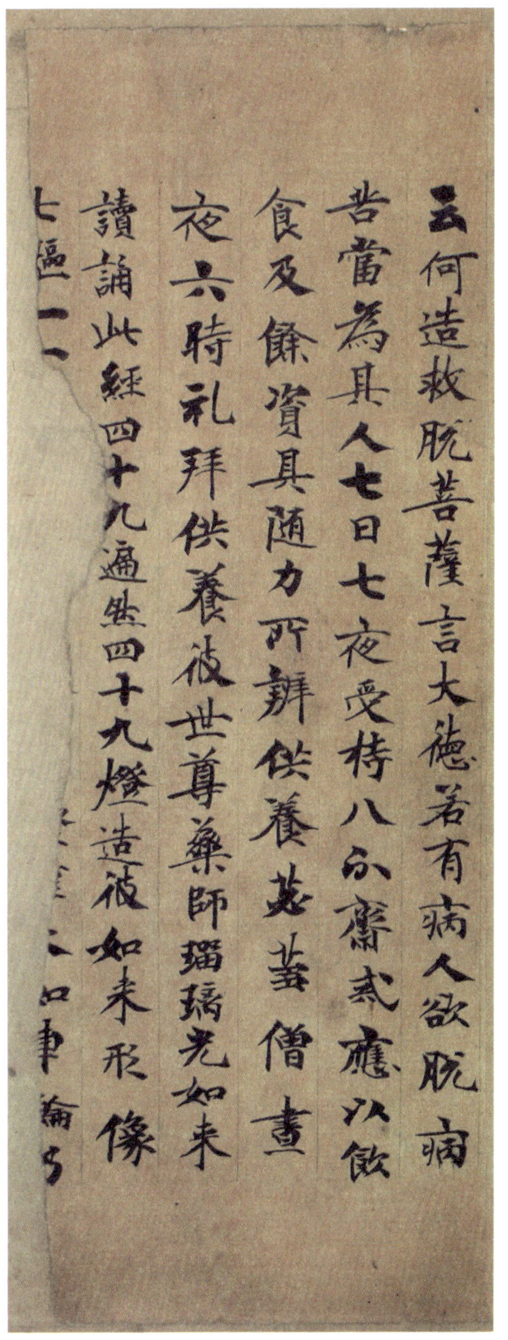

津圖 004　藥師琉璃光如來本願功德經

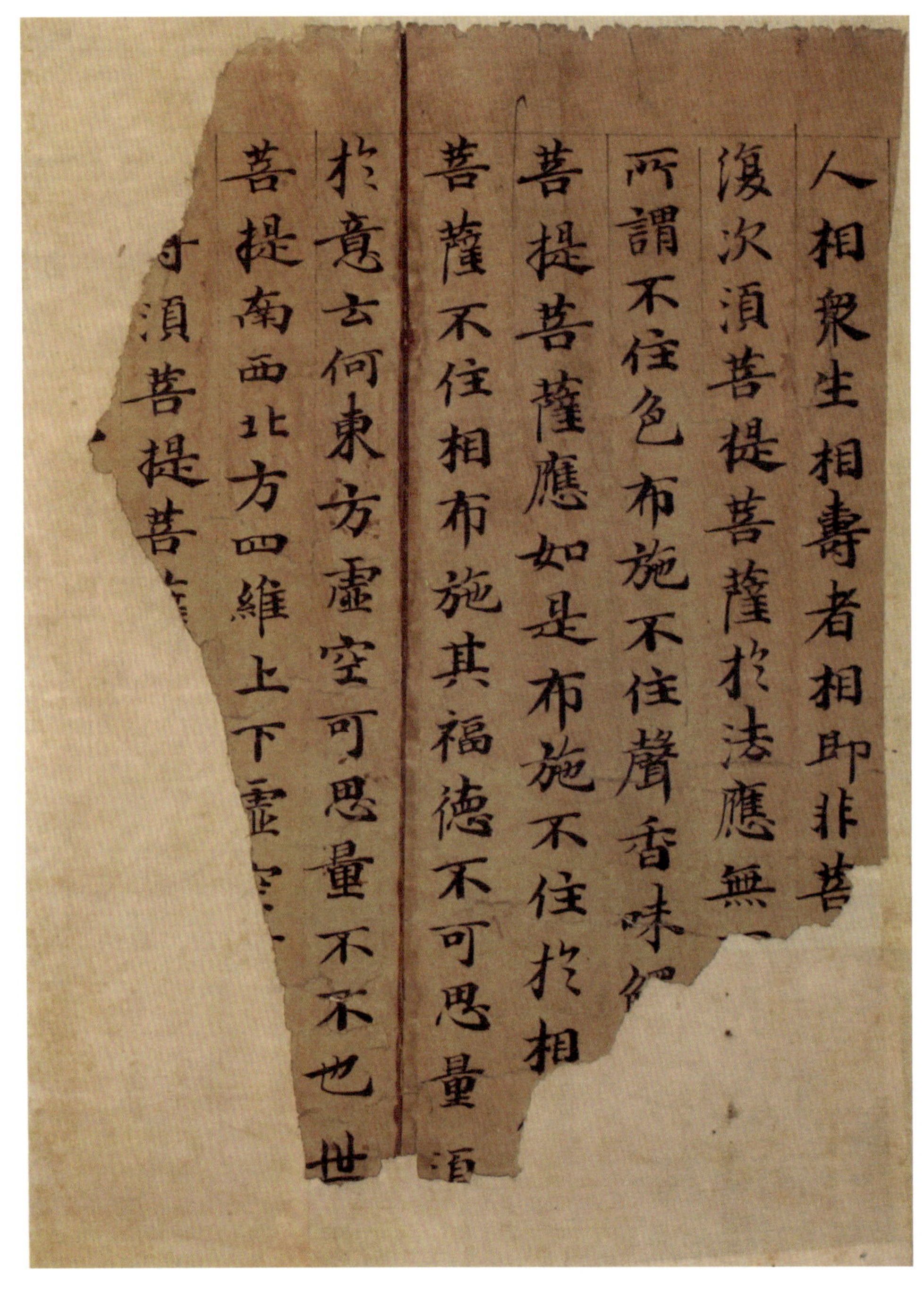

人相衆生相壽者相即非菩
復次須菩提菩薩於法應無
所謂不住色布施不住聲香味
菩提菩薩應如是布施不住於相
菩薩不住相布施其福德不可思量
於意云何東方虛空可思量不不也世
菩提南西北方四維上下虛
須菩提菩

津圖 005　金剛般若波羅蜜經

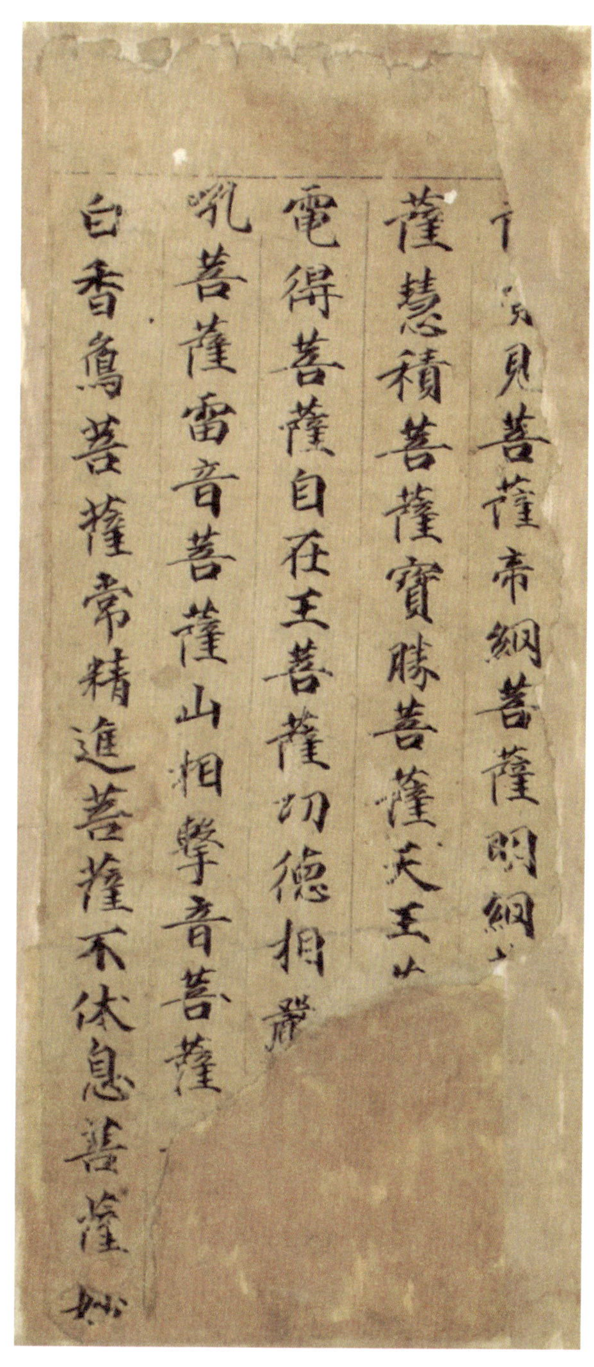
見菩薩帝網菩薩明網
薩慧積菩薩寶勝菩薩天王
電得菩薩自在王菩薩功德相嚴
吼菩薩雷音菩薩山相擊音菩薩
白香象菩薩常精進菩薩不休息菩薩妙

津圖 006　維摩詰所說經卷上

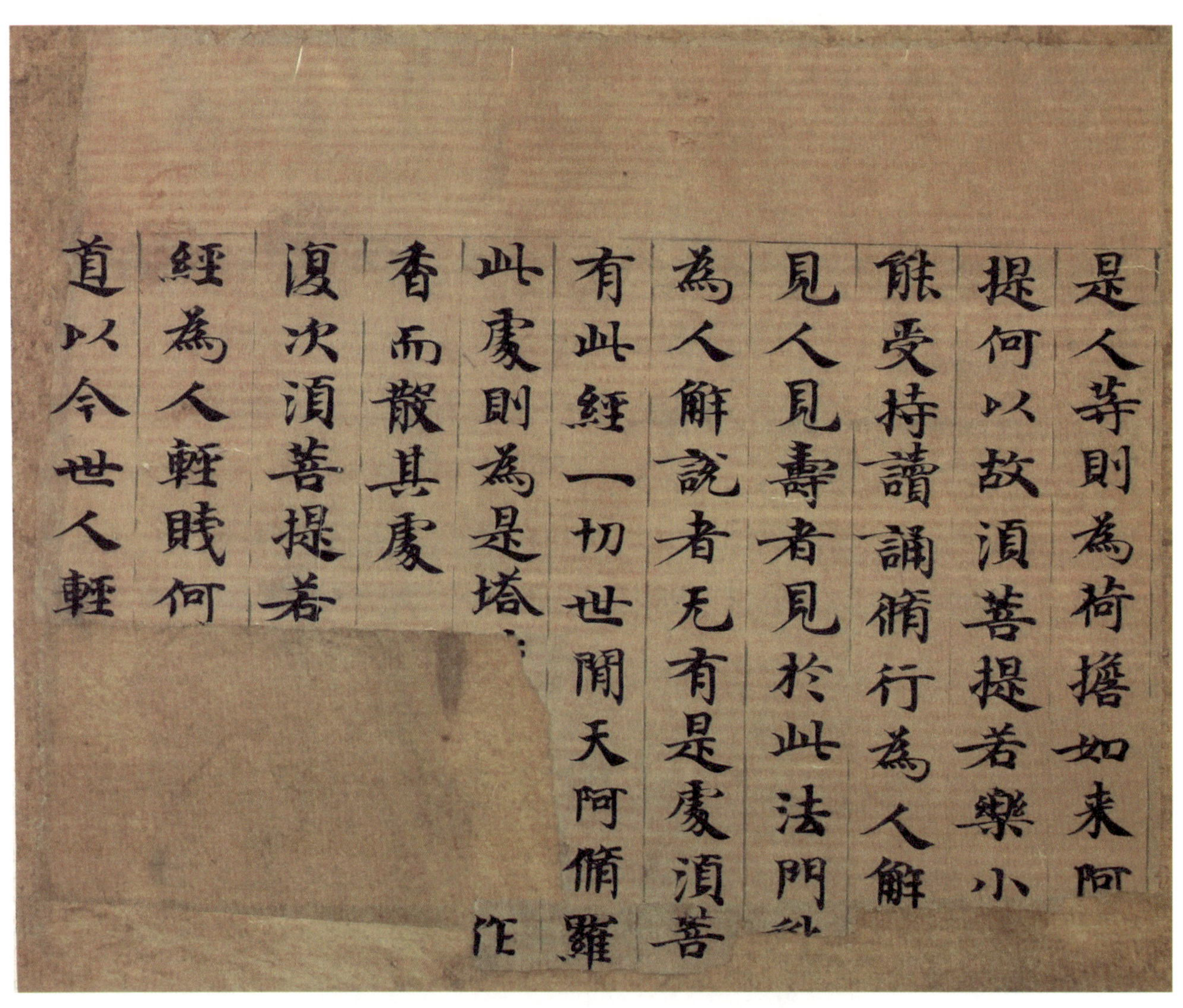
是人等則為荷擔如来阿
提何以故須菩提若樂小
能受持讀誦脩行為人解
見人見壽者見於此法門
為人解說者无有是處須菩
有此經一切世間天阿脩羅
此處則為是塔
作
香而散其處
復次須菩提若
經為人輕賤何
道以今世人輕

津圖 007　金剛般若波羅蜜經

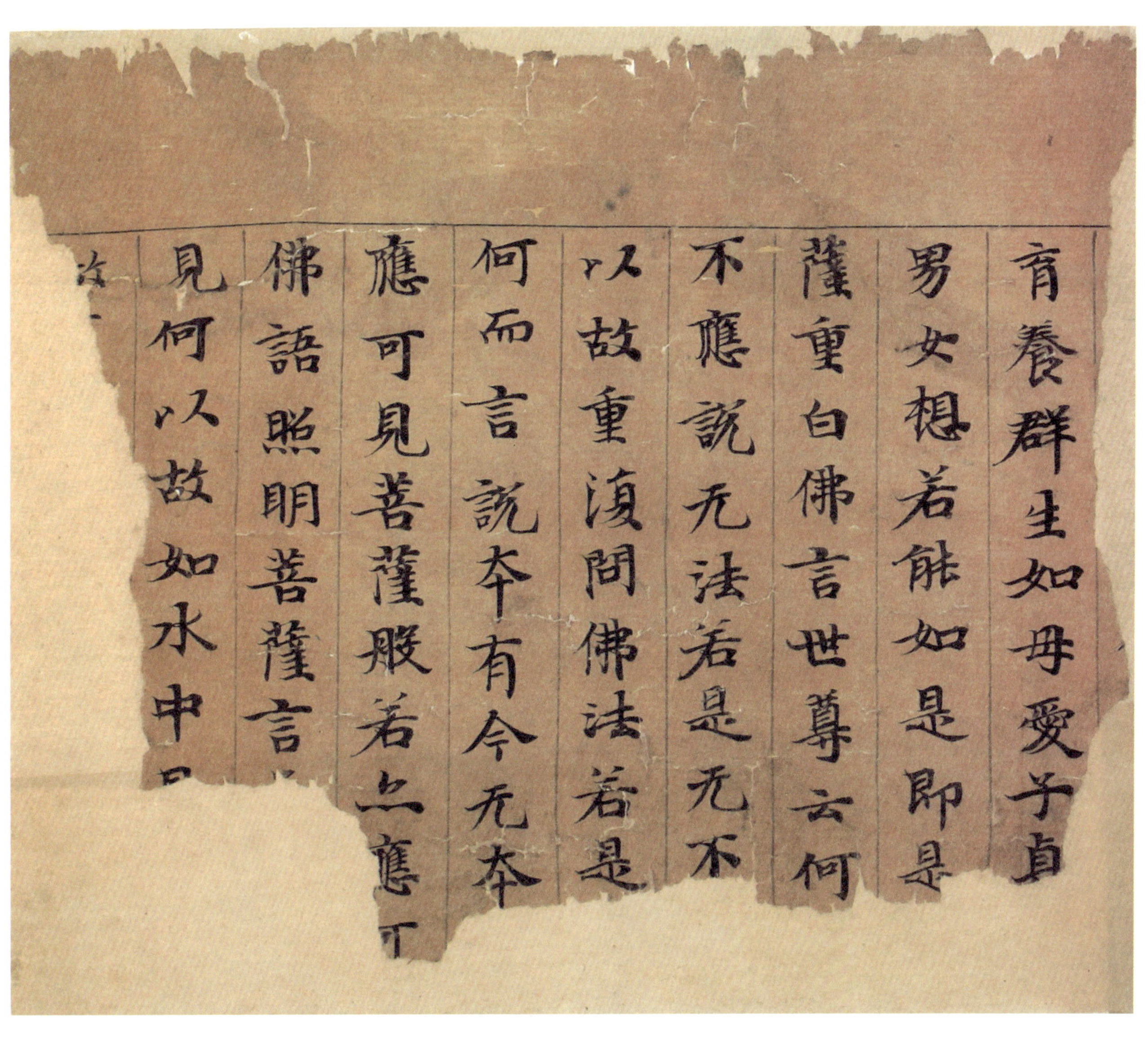
育養群生如母愛子直
男女想若能如是即是
薩重白佛言世尊云何
不應說无法若是无不
以故重湏問佛法若是
何而言說本有今无本
應可見菩薩般若亦應
佛語照明菩薩言
見何以故如水中

津圖 008　待考佛經

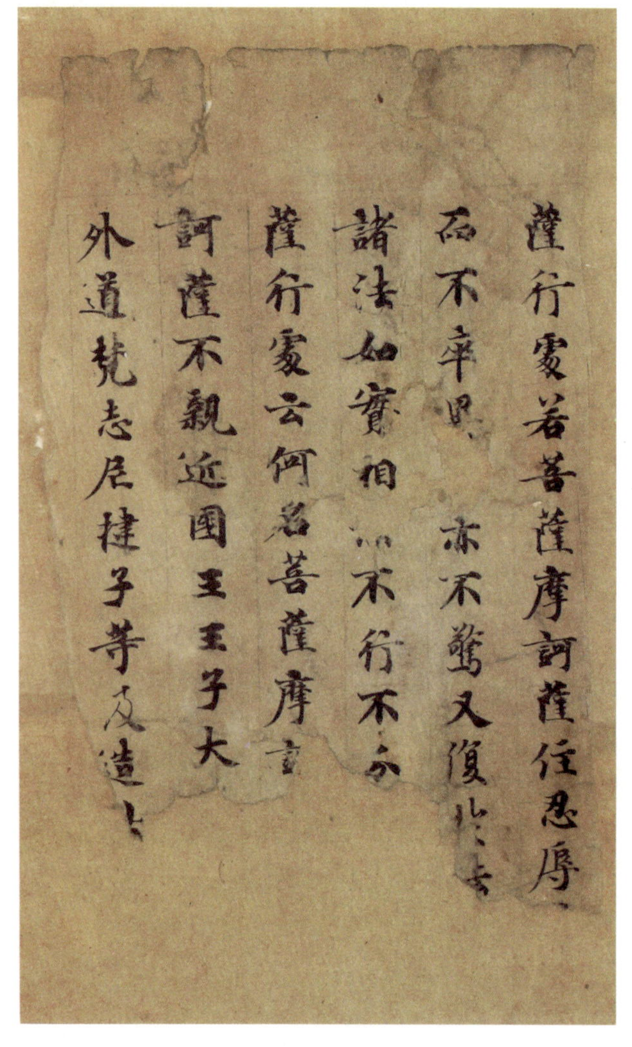

津圖 009　妙法蓮華經卷五

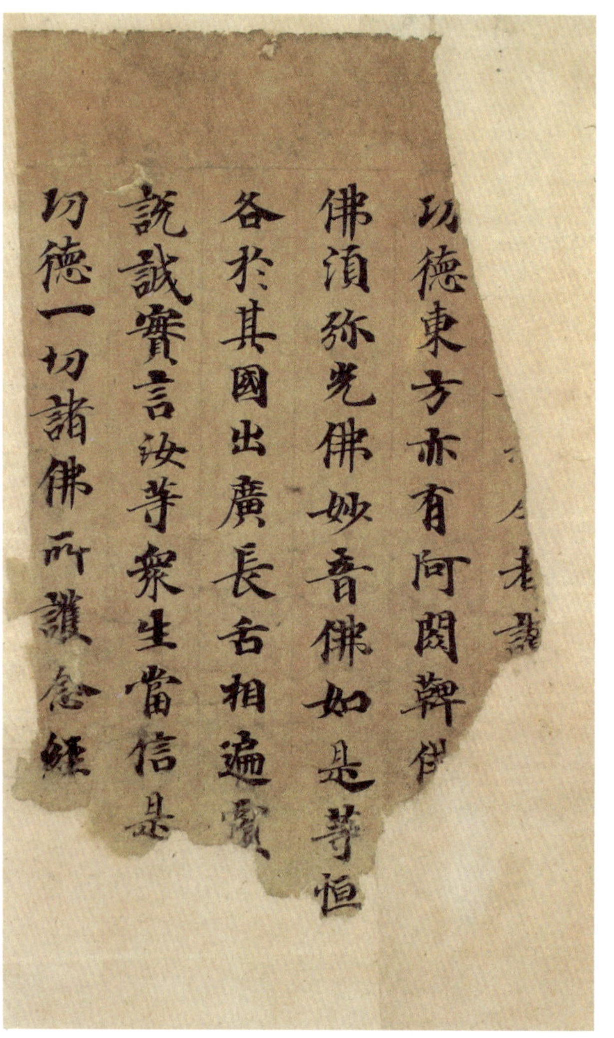

津圖 010　阿彌陀經

復次須菩提菩薩於法應无所住行於布施
所謂不住色布施不住聲香味觸法布施須
菩提菩薩應如是布施不住於相何以故若
菩薩不住相布施其福德不可思量須菩提
於意云何東方虛空可思量不不也世尊須
菩提南西北方四維上下虛空可思量不不

津圖 011　金剛般若波羅蜜經

靜增語及外空乃至無性自性空寂靜不寂靜
增語此增語既非有如何可言即內空若寂
靜若不寂靜增語是菩薩摩訶薩即外空乃
至無性自性空若寂靜若不寂靜增語是菩
薩摩訶薩善現汝復觀何義言即內空若遠
離若不遠離增語非菩薩摩訶薩即外空乃

津圖 012　大般若波羅蜜多經卷二九

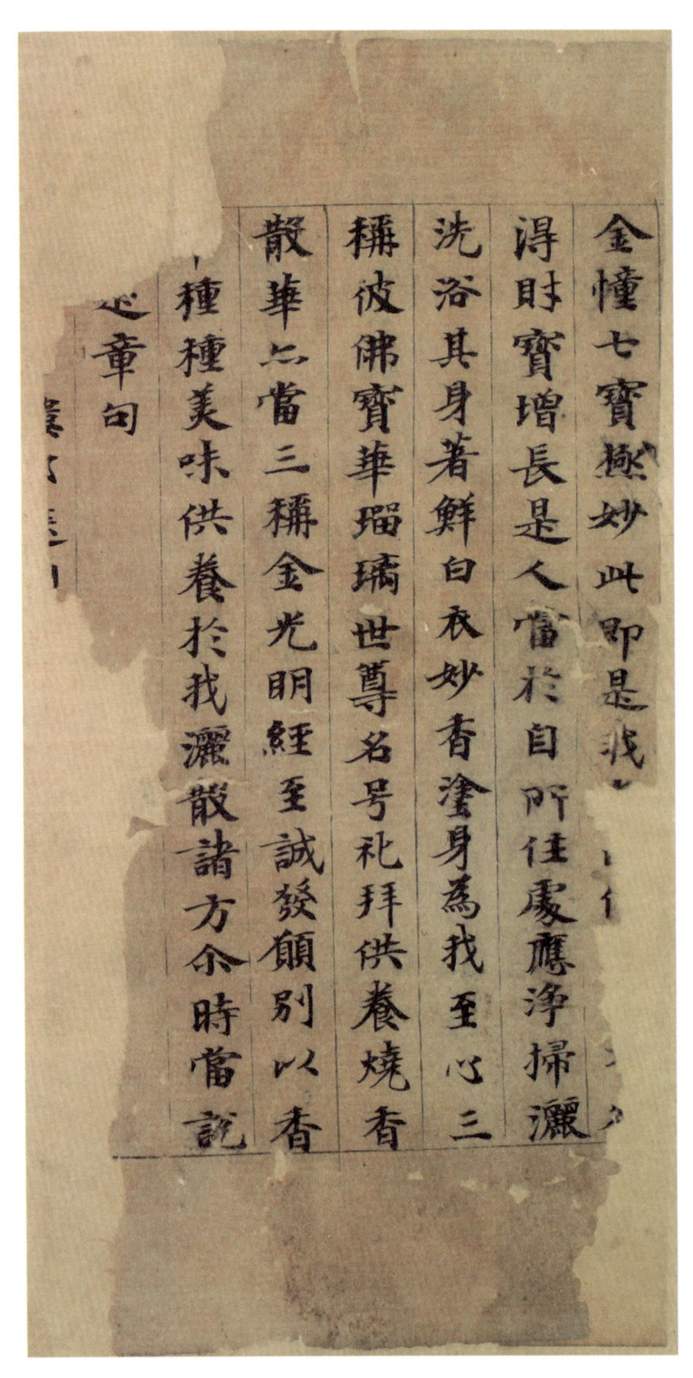

津圖 013　金光明經卷二

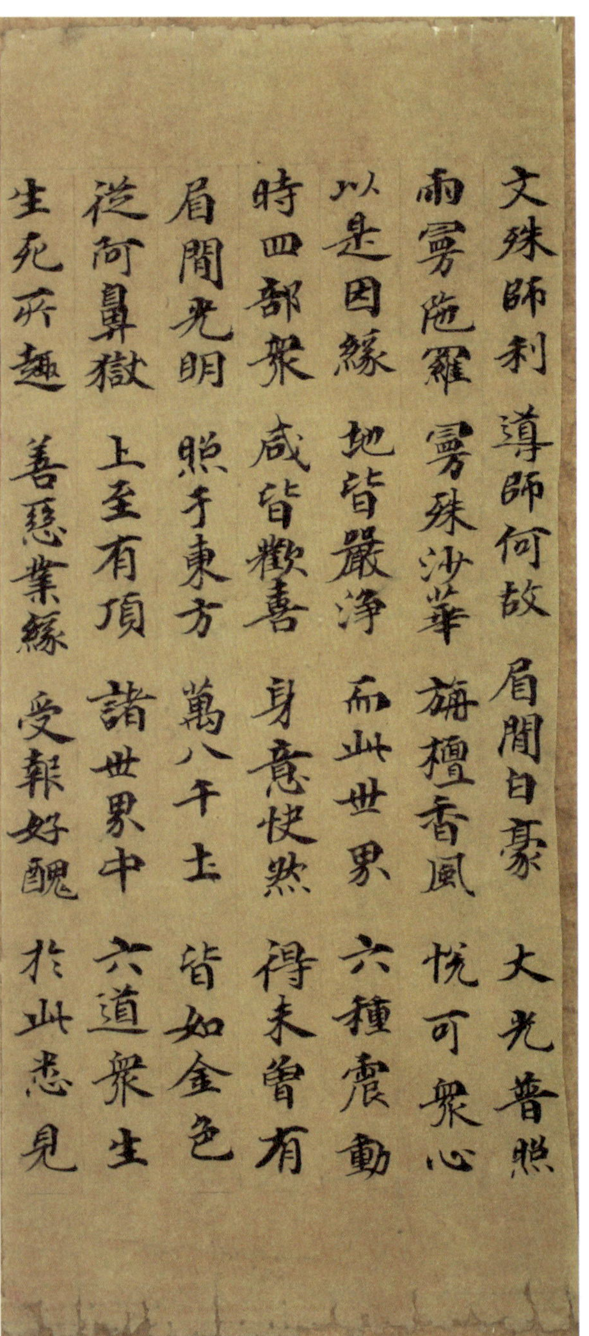

津圖 014　妙法蓮華經卷一

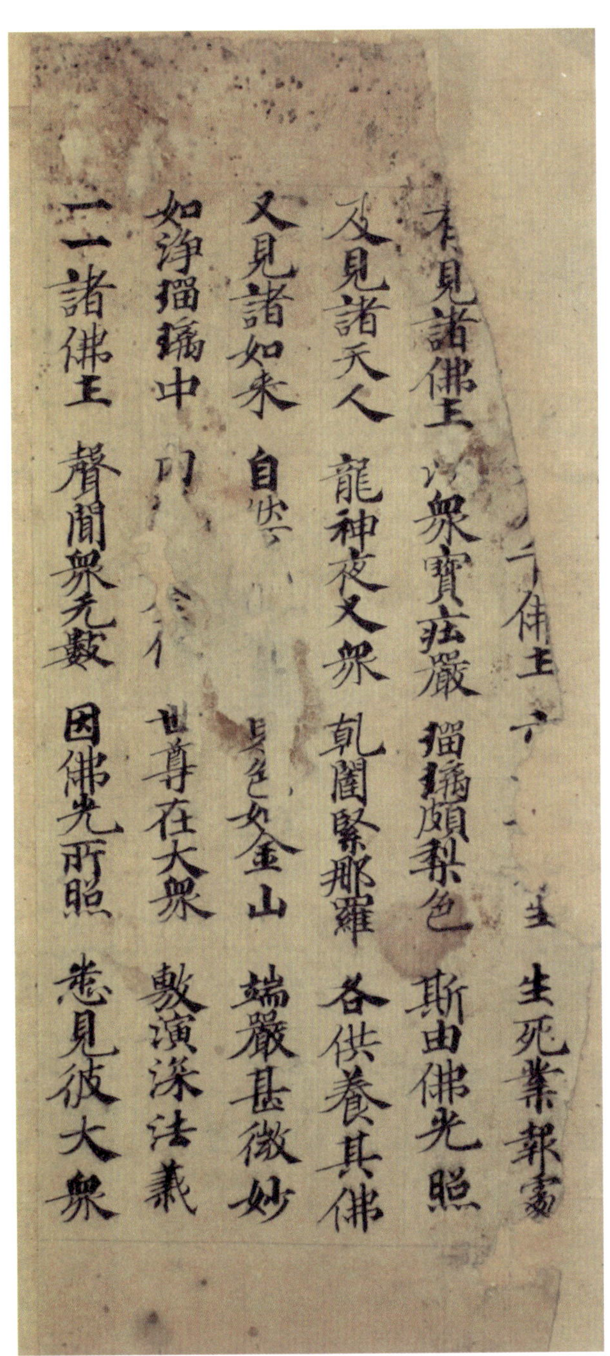

津圖 015　妙法蓮華經卷一

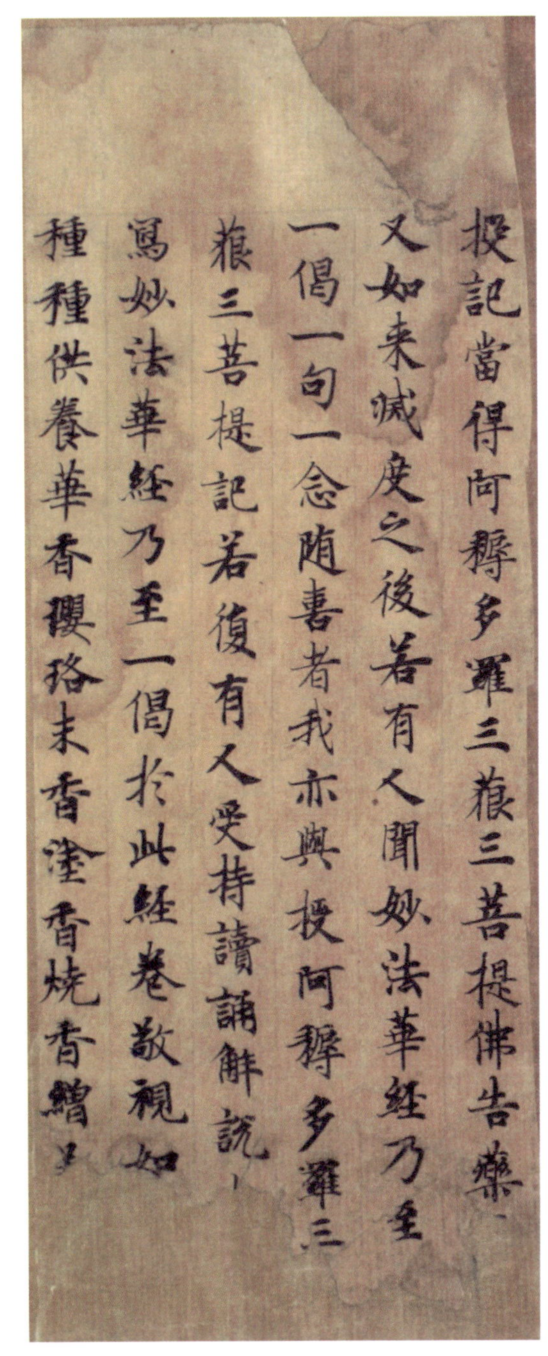

津圖 016　妙法蓮華經卷四

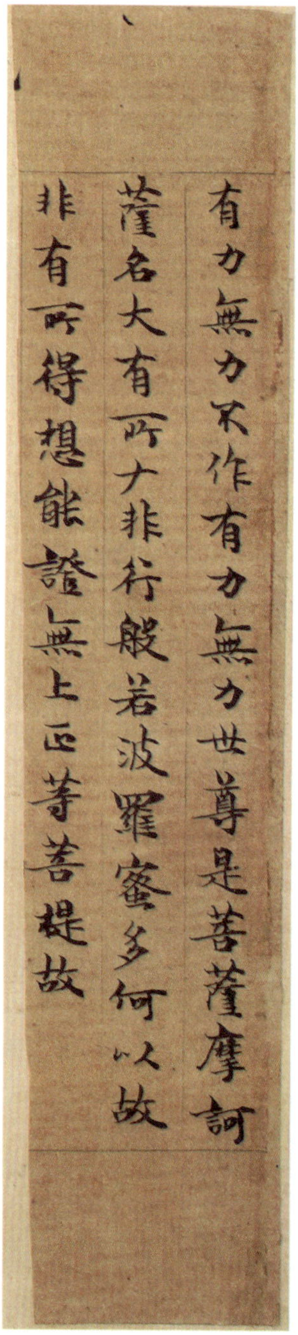

有力無力不作有力無力世尊是菩薩摩訶
薩名大有所為非行般若波羅蜜多何以故
非有所得想能證無上正等菩提故

津圖 017　大般若波羅蜜多經卷一七八

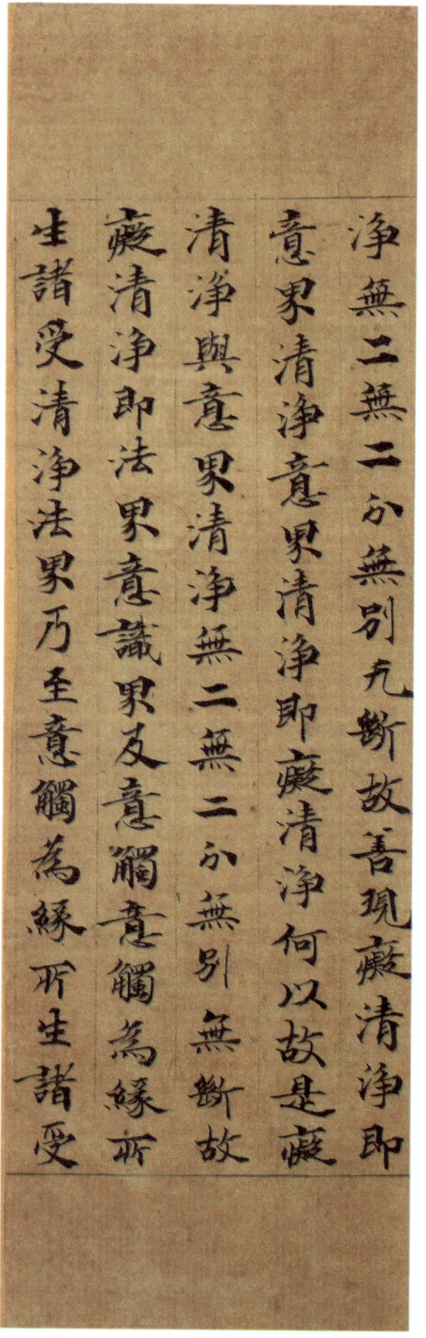

淨無二無二分無別無斷故善現癡清淨即
意界清淨意界清淨即癡清淨何以故是癡
清淨與意界清淨無二無二分無別無斷故
癡清淨即法界意識界及意觸意觸為緣所
生諸受清淨法界乃至意觸為緣所生諸受

津圖 018　大般若波羅蜜多經卷二〇二

其有功者心亦歡喜於四衆中為說諸經令
其心悅賜以禪定解脫无漏根力諸法之財
又復賜與涅槃之城言得滅度引導其心令
皆歡喜而不為說是法華經文殊師利如轉
王見諸兵衆有大功者心甚歡喜以此難

津圖 019　妙法蓮華經卷五

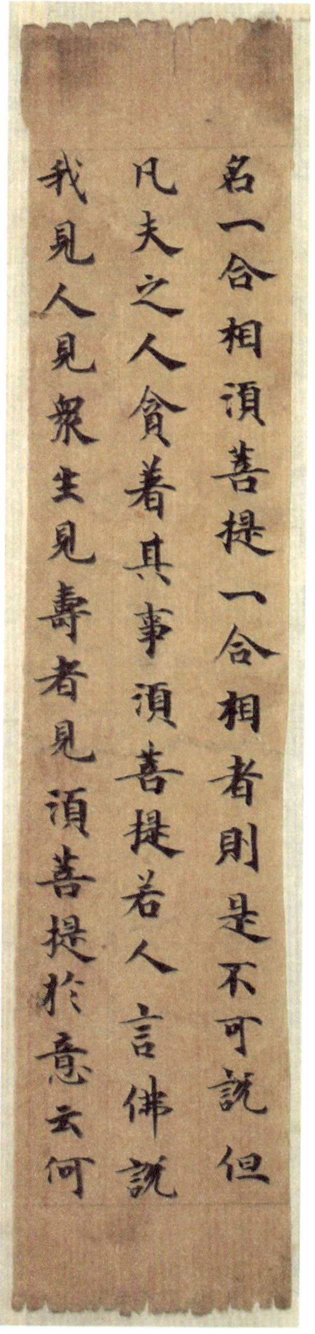
名一合相須菩提一合相者則是不可說但
凡夫之人貪着其事須菩提若人言佛說
我見人見衆生見壽者見須菩提於意云何

津圖 020　金剛般若波羅蜜經

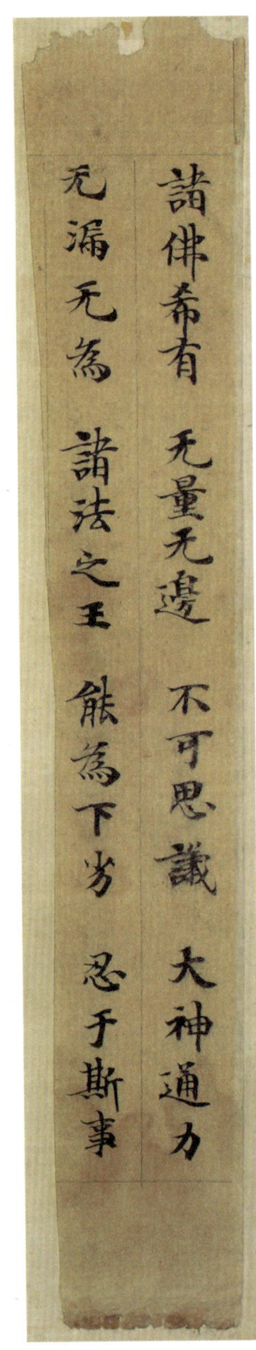
諸佛希有　无量无邊　不可思議　大神通力
无漏无為　諸法之王　能為下劣　忍于斯事

津圖 021　妙法蓮華經卷二

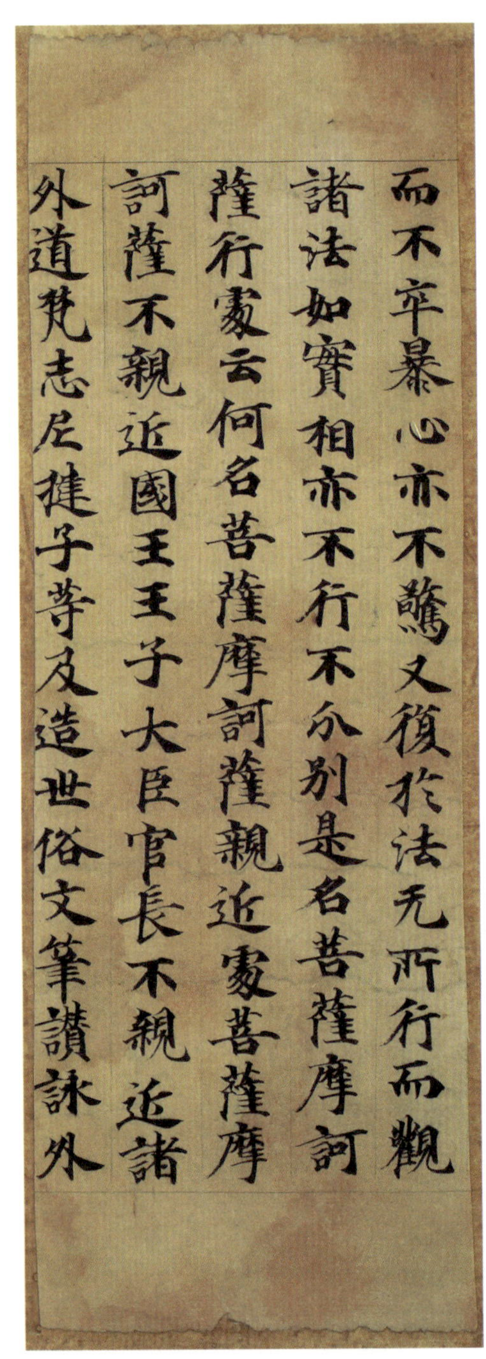
而不卒暴心亦不驚又復於法无所行而觀
諸法如實相亦不行不分別是名菩薩摩訶
薩行處云何名菩薩摩訶薩親近處菩薩摩
訶薩不親近國王王子大臣官長不親近諸
外道梵志尼揵子等及造世俗文筆讚詠外

津圖 022　妙法蓮華經卷五

老水波蕩　惱亂我心　其味苦毒　冣為麁澀
如来網明　能令枯涸　妙身端嚴　相好殊特
金色光明　遍照一切　智慧大海　弥滿三界
是故我今　稽首敬礼　如大海水　其量難知
大地微塵　不可稱計　諸須弥山　難可度量

津圖 023　金光明經卷一

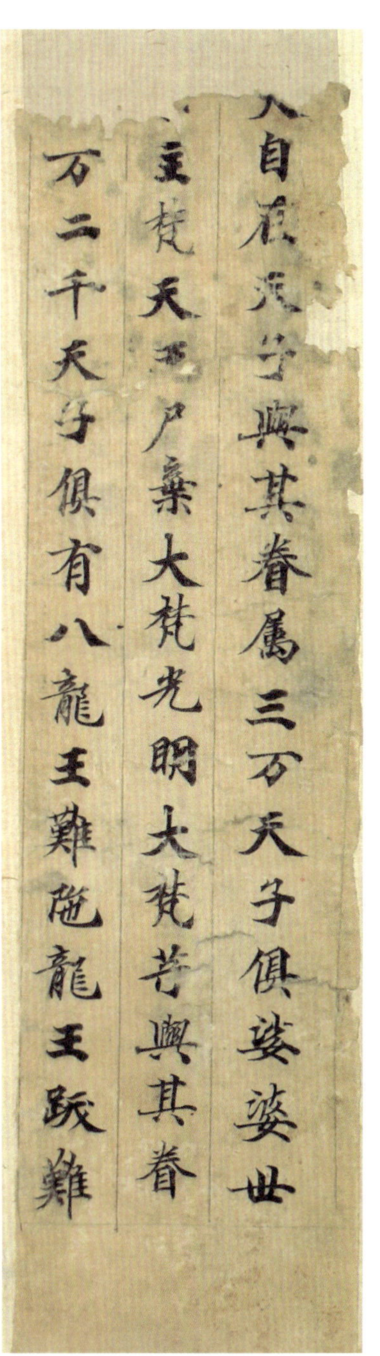
人自在天子與其眷屬三万天子俱娑婆世
主梵天王尸棄大梵光明大梵等與其眷
万二千天子俱有八龍王難陀龍王跋難

津圖 024　妙法蓮華經卷一

有因緣須獨入時但一心念佛若為女人說
法不露齒咲不現胷臆乃至為法猶不親厚

津圖025 妙法蓮華經卷五

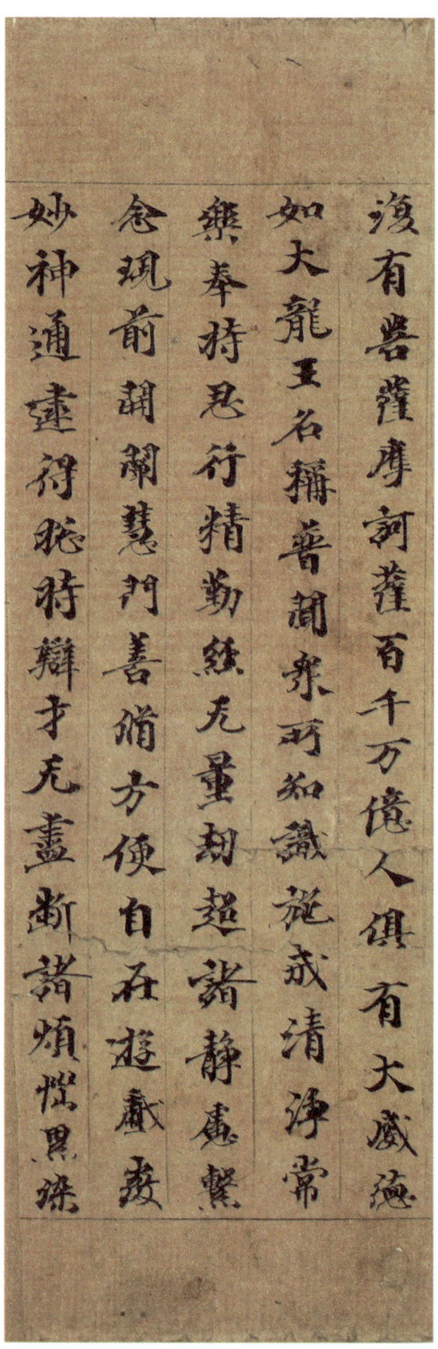

復有菩薩摩訶薩百千万億人俱有大威德
如大龍王名稱普聞衆所知識施戒清淨常
樂奉持忍行精勤經无量劫超諸靜慮繫
念現前開闡慧門善修方便自在遊戲
妙神通逮得總持辯才无盡斷諸煩惱累染

津圖026 金光明最勝王經卷一

事以佛勢力以佛功德教化如是无量大菩
薩衆當成阿耨多羅三藐三菩提世尊此
大菩薩衆假使有人於千万億劫數不能盡
不得其邊斯等久遠已來於无量无邊諸佛
所殖諸善根成就菩薩道常脩梵行世尊

津圖 027 妙法蓮華經卷五

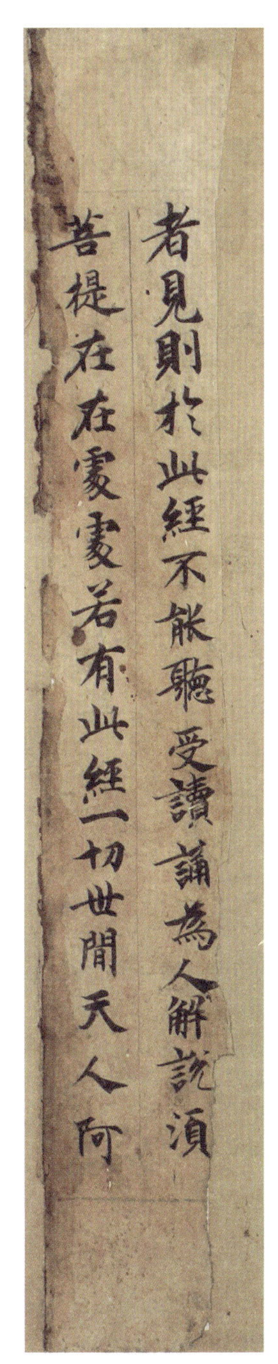
者見則於此經不能聽受讀誦爲人解說須
菩提在在處處若有此經一切世間天人阿

津圖 028 金剛般若波羅蜜經

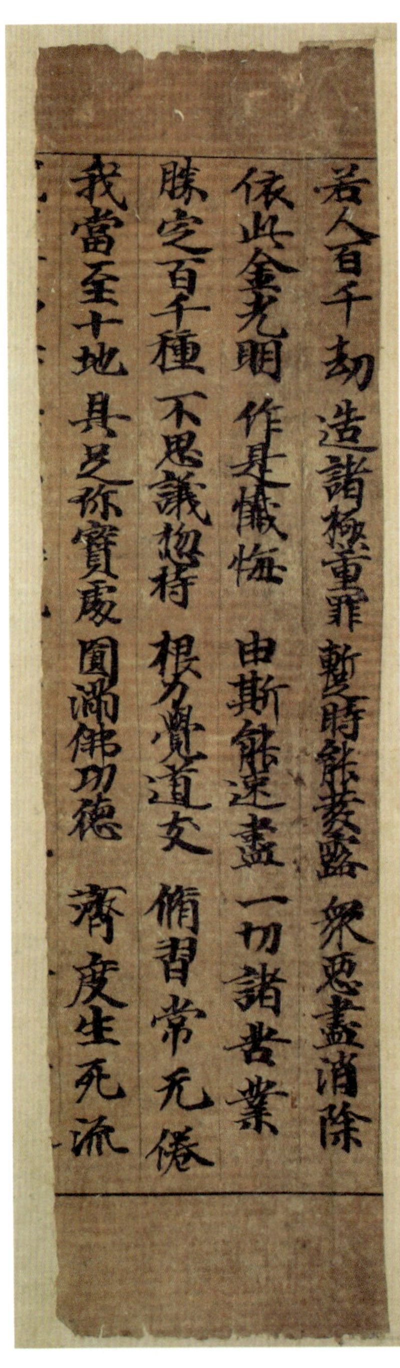
若人百千劫造諸極重罪 暫時能發露 衆惡盡消除
依此金光明 作是懺悔 由斯能速盡 一切諸苦業
勝定百千種 不思議揔持 根力覺道支 修習常无倦
我當至十地 具足珎寶處 圓滿佛功德 濟度生死流

津圖 029　金光明最勝王經卷二

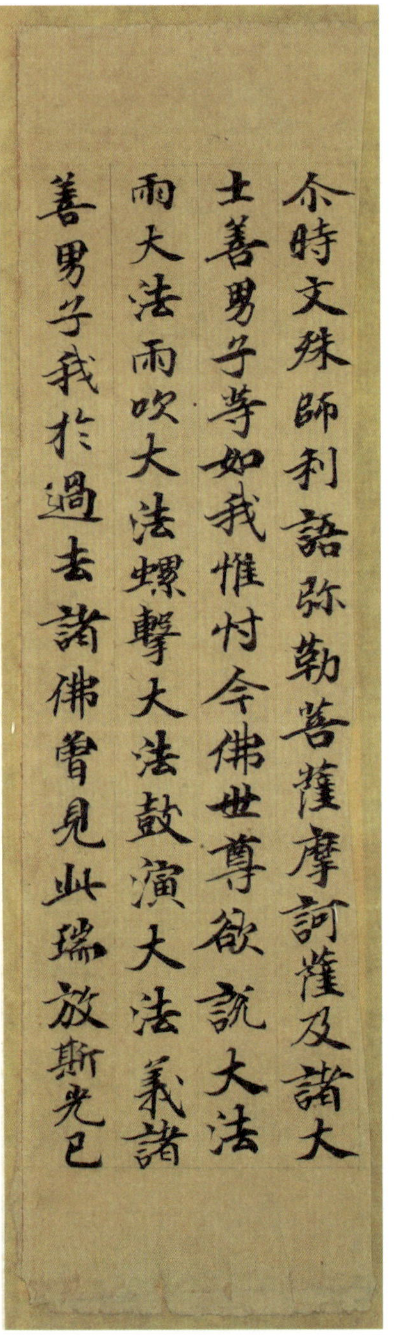
尒時文殊師利語弥勒菩薩摩訶薩及諸大
士善男子等如我惟忖今佛世尊欲說大法
雨大法雨吹大法螺擊大法鼓演大法義諸
善男子我於過去諸佛曾見此瑞放斯光已

津圖 030　妙法蓮華經卷一

四衆示教利喜具足解釋佛之正法而大饒益

歎其種種功德精懃護持助宣我法能於

常稱其於說法人中最為第一亦

是富樓那弥多羅

天子

津圖 031　妙法蓮華經卷四

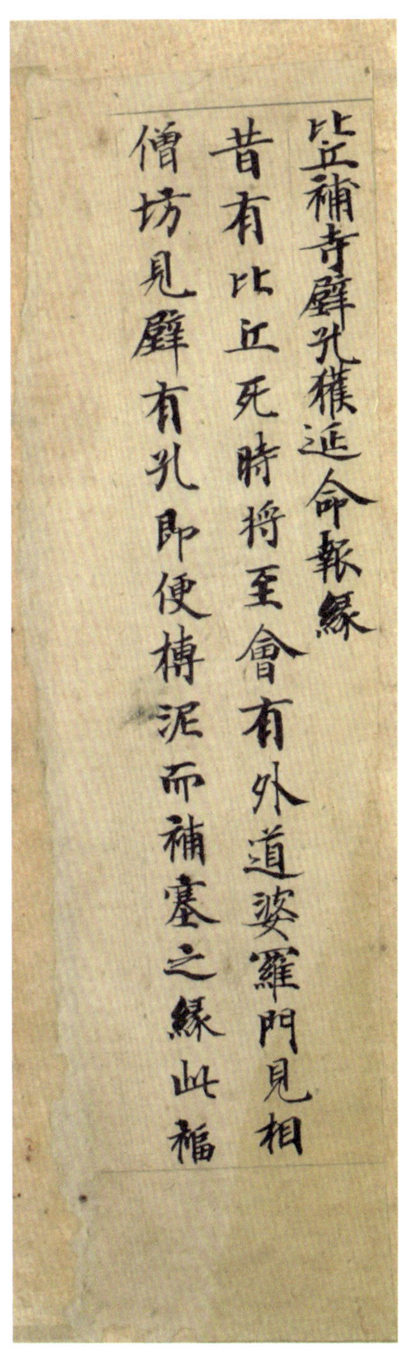

比丘補寺壁孔獲延命報緣

昔有比丘死時將至會有外道婆羅門見相

僧坊見壁有孔即便摶泥而補塞之緣此福

津圖 032　雜寶藏經卷四

佛告諸比丘尒時王者則我身是時仙人者
今提婆達多是由提婆達多善知識故令我
具足六波羅蜜慈悲喜捨三十二相八十種
好紫磨金色十力四无所畏四攝法十八不

津圖 033　妙法蓮華經卷四

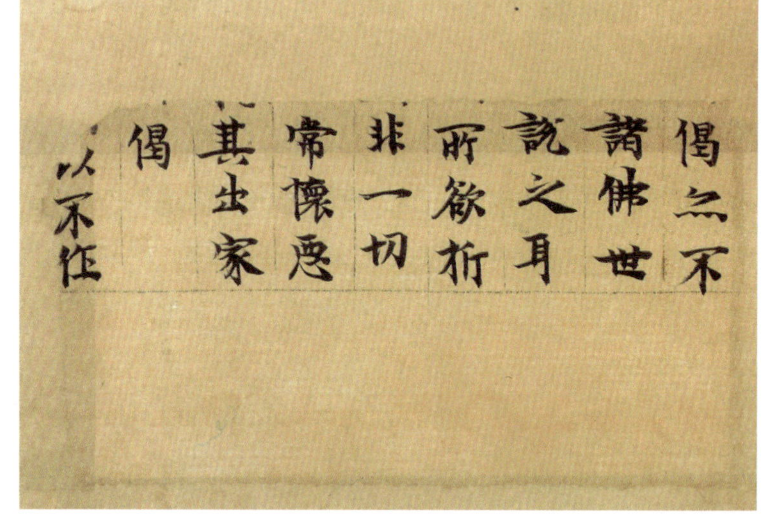
偈亦不
諸佛世
說之月
所欲析
非一切
常懷惡
其出家
偈
以不住

津圖 034　大般涅槃經卷一〇

唐人寫經殘卷（二）

唐人寫經殘卷

若天人沙[illegible][illegible][illegible][illegible][illegible]菩薩智慧无能壞者
於三界无所依於隨意欲中心常離慧根力
故積聚无量功德於諸法實相利入无疑无
難於世間无憂於涅槃自在智慧故名為慧
根菩薩得是五根善知衆生諸根知相染欲
衆生根知離欲衆生根知瞋恚衆生之知離
瞋恚衆生根知愚癡衆生根之知離愚癡衆
生知欲隨惡道衆生根知欲生人中衆生根
知欲生天上衆生根知鈍衆生根知利衆生
根知上中下衆生根知罪衆生根知无罪衆

津圖 035　大智度論卷一九

如是諸法甚深清淨觀行得故如是自在念
是名念根定根者菩薩善取定相能生種種
禪定了了知定門善知入定善知住定善知
出定於定不著不味不作依止善知所緣善
知壞緣自在遊戲諸禪定之如无緣定不隨
他語不專隨禪定行自在出入无㝵是名定
根慧根者菩薩為盡苦聖智慧成就是知慧
為離諸法為涅槃以智慧觀一切三界无常
為三衰三毒火所燒已觀於三界中智慧之不
著一切三界專為空无相无作解脫門一心

覆蓋衆生五欲之心十者起發衆生進脩趣
向大涅槃行十一者令諸衆生樂脩解脫以
是義故於十五日入大涅槃而我真實不入
涅槃我弟子中愚癡惡人定謂如來入於涅
槃譬如父母人多有諸子其母捨行至他國
去未還之頃諸子各言我母已死而是母人
實不死也師子吼菩薩言世尊何等比丘能
莊嚴此娑羅雙樹善男子若有比丘受持讀
誦十二部經正其文句通達深義為人解說
初中後善為欲利益无量衆生演說梵行如
是比丘則能莊嚴娑羅雙樹師子吼菩薩言
世尊如我解佛所說義者阿難比丘即其人
人也何以故阿難比丘受持讀誦十二部經

津圖 036　大般涅槃經卷三〇

日佛言善哉善哉善男子如十五日月无虧
盈諸佛如来亦復如是入大涅槃无有虧盈
以是義故以十五日入般涅槃善男子如十
五日月盛滿時有十一事何等十一一能破
闇二令衆生見道非道三令衆生見道邪正
四除欝烝得清涼樂五能破壞熒火高心六
息一切盜賊之想七除衆生畏惡獸心八能
開敷憂鉢羅華九合蓮華十發行人進路之
心十一令諸衆生樂受五欲多獲快樂善男
子如来滿月亦復如是一者破壞无明大闇
二者演說正道邪道三者開示生死邪嶮涅
槃平正四者令人遠貪離欲瞋恚癡熱五者
破壞外道无明六者破壞煩惱結賊七者除

為何所作女人若言我所至
與種種金銀流離頗梨真珠珊瑚虎魄
車璖馬瑙象馬車乘奴婢僕使主人聞已心
生歡喜踊躍无量我今福德故令汝來至我
舍宅即便燒香散華供養恭敬礼拜復於門
外更見一女其形醜陋衣裳弊壞多諸垢膩
膚皮皴裂其色艾白見已問言汝字何等繫
屬誰家女人荅言我字黑闇復問何故名為
黑闇女人荅言我所行處能令其家所有財
寶一切衰耗主人聞已即持利刀作如是言
汝若不去當斷汝命女人荅言汝甚愚癡无
有智慧主人問言云何名為癡无智慧女人
荅言汝舍中者即是我姊我常與姊進止共
俱汝若驅我亦當驅彼主人還入問功德天
外有一女云是汝妹實為是不功德天言實
是我妹我與此妹行住共俱未曾相離隨所
住處我常作好彼常作惡我常利益彼常作
衰若愛我者亦應愛彼若見恭敬亦應敬彼
主人即言若有如是好惡事者我俱不用各
隨意去是時二女俱共相將還其所止尒時
主人見其還去心生歡喜踊躍无量是時二
女復共相隨至一貧家貧人見已心生歡喜

津圖 037　大般涅槃經卷一二

南无稱光佛　南无弥留燈佛五千一百
南无无邊精進佛　南无西方阿弥陁佛
南无阿弥陁幢佛　南无阿弥陁高佛
南无大大光明佛　南无大照佛
南无寶幢佛　南无香衆佛
南无上方大光炎衆佛　南无火聲佛
南无難勝佛　南无日成就佛
南无羅網光佛　南无下方師子佛
南无稱佛　南无威德佛
南无法佛　南无法幢佛
南无法住持佛　南无東方梵聲佛
南无星宿王佛　南无香上佛
南无香光佛　南无大炎衆佛
南无寶種種華敷身佛　南无堅王佛
南无寶蓮華勝佛　南无見一切義佛

津圖 038　佛名經卷六

妙法蓮華經藥王菩薩本事品第二十二
尒時宿王華菩薩白佛言世尊藥王菩薩云
何遊於娑婆世界世尊是藥王菩薩有若干
百千万億那由他難行苦行善哉世尊願少
解說諸天龍神夜叉乾闥婆阿脩羅迦樓羅
緊那羅摩睺羅伽人非人等又他國土諸來
菩薩及此聲聞衆聞皆歡喜尒時佛告宿王
華菩薩乃往過去无量恒河沙劫有佛号日
月淨明德如来應供正遍知明行足善逝世
間解无上士調御丈夫天人師佛世尊其佛
有八十億大菩薩摩訶薩七十二恒河沙大
聲聞衆佛壽四万二千劫菩薩壽命亦等彼
國无有女人地獄餓鬼畜生阿脩羅等及以
諸難地平如掌瑠璃所成寶樹莊嚴寶帳覆
上垂寶華幡寶瓶香爐周遍國界七寶為臺
一樹一臺其樹去臺盡一箭道此諸寶樹皆
有菩薩聲聞而坐其下諸寶臺上各有百億

津圖 039　添品妙法蓮華經卷六

諸比丘衆　今告汝等　皆當一心　聽我所說
我大弟子　須菩提者　當得作佛　号曰名相
當供无數　万億諸佛　隨佛所行　漸具大道
最後身得　三十二相　端正殊妙　猶如寶山
其佛國土　嚴淨第一　衆生見者　无不愛樂
佛於其中　度无量衆　其佛法中　多諸菩薩
皆悉利根　轉不退輪　彼國常以　菩薩莊嚴
諸聲聞衆　不可稱數　皆得三明　具六神通
住八解脫　有大威德　其佛說法　現於无量
神通變化　不可思議　諸天人民　數如恒沙
皆共合掌　聽受佛語　其佛當壽　十二小劫
正法住世　二十小劫　像法亦住　二十小劫

津圖 040　妙法蓮華經卷三

深入衆生之性知其志樂小法深著五欲爲
是等故說於涅槃是人若聞則便信受譬如
五百由旬險難惡道曠絶無人怖畏之處若
有多衆欲過此道至珎寶處有一導師聰慧
明達善知險道通塞之相將導衆人欲過此
難所將人衆中路懈退白導師言我等疲極
而復怖畏不能復進前路猶遠今欲退還導
師多諸方便而作是念此等可愍云何捨大
珎寶而欲退還作是念已以方便力於險道
中過三百由旬化作一城告衆人言汝等勿
怖莫得退還今此大城可於中止隨意所作

津圖 041　妙法蓮華經卷三

救一切　為諸梵衆而說偈言　我等諸宮殿　光明昔未有　此是何因緣　宜各共求之
為大德天生　為佛出世間　而此大光明　遍照於十方　尒時五百万億國土諸梵天王與宮
殿俱各以衣裓盛諸天華共詣西方推尋是相見大通智勝如來處于道場菩提樹下
坐師子座諸天龍王乾闥婆緊那羅摩睺羅伽人非人等恭敬圍繞及見十六王子請
佛轉法輪即時諸梵天王頭面礼足繞百千帀即以天華而散佛上其所散華如須彌
山并以供養佛菩提樹其菩提樹高十由旬華供養已各以宮殿奉上彼佛而作是言唯
見哀愍饒益我等所獻宮殿願垂納處時諸梵天王即於佛前一心同聲以偈頌曰
世尊甚希有　難可得值遇　具無量功德　能救護一切　天人之大師　哀愍於世間　十方諸衆生
普皆蒙饒益　我等所從來　五百万億國　捨深禪定樂　為供養佛故　我等先世福　宮殿甚嚴飾

津圖 042　妙法蓮華經卷三

子車有力而不用之但以慇懃方便勉濟諸子火宅之難然後各與珍寶大車如來亦復如是雖有力无所畏而
不用之但以智慧方便於三界火宅拔濟衆生為說三乘聲聞辟支佛佛乘而作是言汝等莫得樂住三界火宅勿貪
麁弊色聲香味觸也若貪著生愛則為所燒汝等速出三界當得三乘聲聞辟支佛佛乘我今為汝保任此事終不虛
也汝等但當勤修精進如來以是方便誘進衆生復作是言汝等當知此三乘法皆是聖所稱歎自在无繫无所
依求乘是三乘以无漏根力覺道禪定解脫三昧等而自娛樂便得无量安隱快樂舍利弗若有衆生内有智
性從佛世尊聞法信受慇懃精進欲速出三界自求涅槃是名聲聞乘如彼諸子為求羊車出於火宅若
有衆生從佛世尊聞法信受慇懃精進求自然慧樂獨善寂深知諸法因緣是名辟支佛乘如彼諸子為求

津圖 043　妙法蓮華經卷二

津圖 044　法華經疏

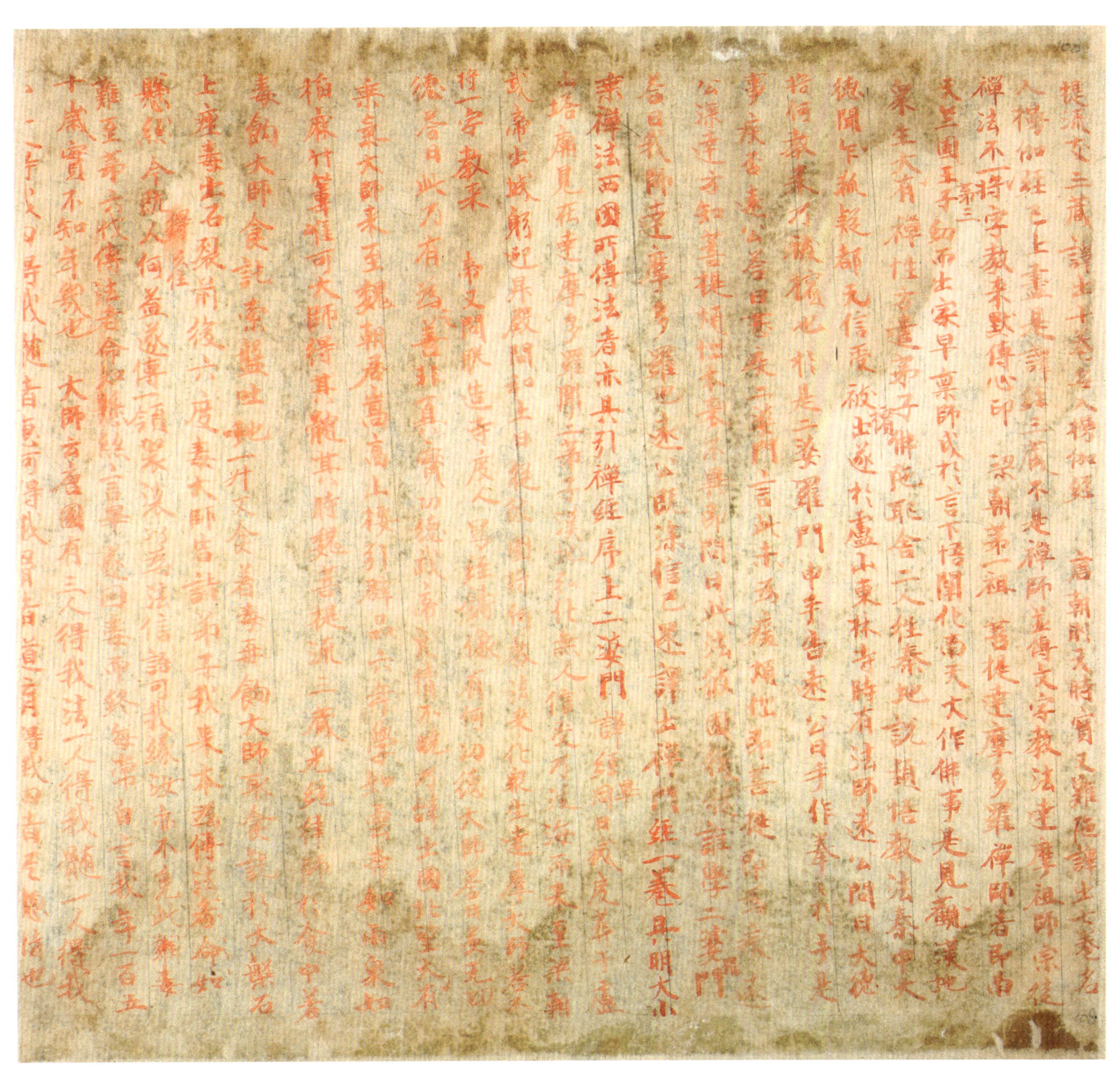

津圖 044 背　歷代法寶記

舍利弗重白佛言世尊唯願說之唯願說之
所以者何是會无數百千万億阿僧祇衆生
曾見諸佛諸根猛利智慧明了聞佛所說則
能敬信尒時舍利弗欲重宣此義而說偈言
法王无上尊　唯說願勿慮　是會无量衆　有能敬信者
佛復止舍利弗若說是事一切世間天人阿
脩羅皆當驚疑增上慢比丘將墜於大坑尒
時世尊重說偈言
止止不須說　我法妙難思　諸增上慢者　聞必不敬信
尒時舍利弗重白佛言世尊唯願說之唯願
說之今此會中如我等比百千万億世世已
曾從佛受化如此人等必能敬信長夜安隱
多所饒益尒時舍利弗欲重宣此義而說偈
言
无上兩足尊　願說第一法　我為佛長子　唯垂分別說
是會无量衆　能敬信此法　佛已曾世世　教化如是等
皆一心合掌　欲聽受佛語　我等千二百　及餘求佛者
願為此衆故　唯垂分別說　是等聞此法　則生大歡喜
尒時世尊告舍利弗汝已慇懃三請豈得不

津圖 045　妙法蓮華經卷一

音者解生惑滅三界果亡為二乘小涅槃是小

教之宗起自此時有言教云故音也又一釋言

灰斷涅槃无其實體亦其非真謂但有

言音也次明信受云及以阿羅漢法僧差別

名者五人為僧寶之端已如三寶義中叙與

淨名偈同也最見諦陳如一人得法眼未即

成羅漢仍此為初成羅漢乃至千二百人皆實

行小乘之者也從久遠劫來下行是第六釋

疑者或生言疑釋迦有三達種智自應照知

小機說於小教何得學於諸仏受勸觀方

說耶令言久來本知但說一迹一化明諸仏道

同故如上說但實久來常說也此二略顯壽量

之義助成小說非真實也舍利弗當知下一行

是辟本之第五重明仏見衆生大乘機發也昔說

津圖 046　法華經疏

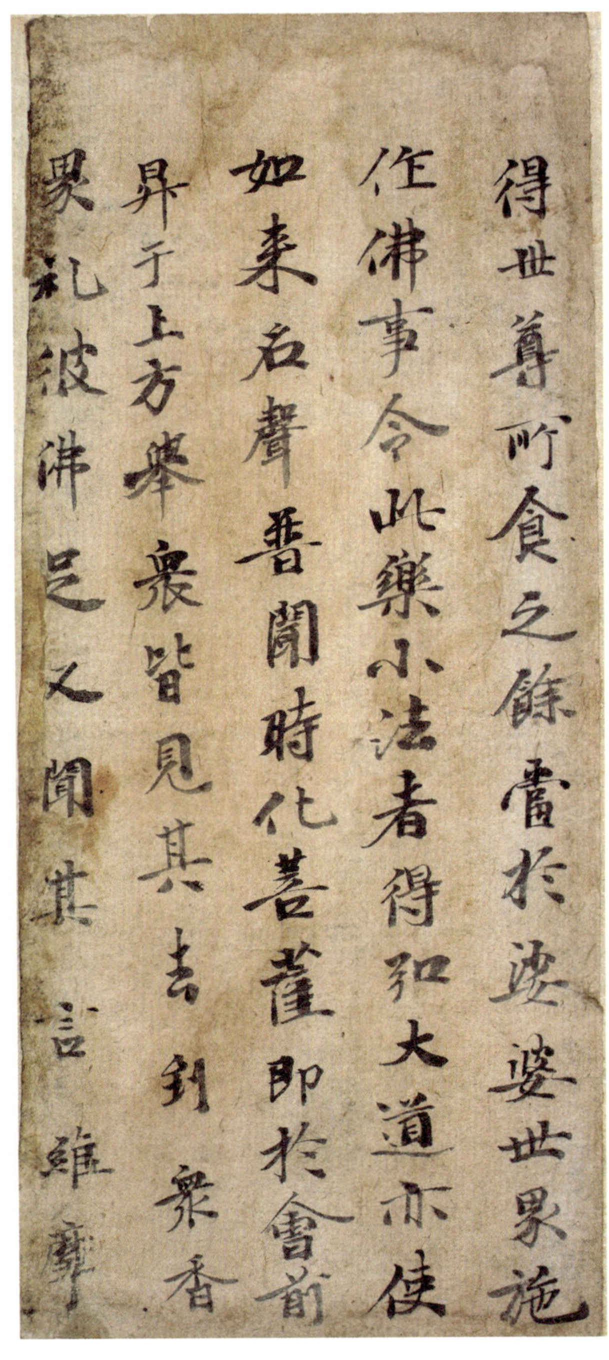

得世尊所食之餘當於娑婆世界施
作佛事令此樂小法者得弘大道亦使
如來名聲普聞時化菩薩即於會前
昇于上方舉衆皆見其去到衆香
界礼彼佛足又聞其言維摩

津圖 047　維摩詰所說經卷下

三昧不動三昧莊嚴三昧日光三昧月淨三
昧淨明三昧能作明三昧作行三昧知相三
昧如金剛三昧心住三昧遍照三昧安立三
昧寶頂三昧妙法印三昧法等三昧生喜三
昧到法頂三昧能散三昧壞諸法處三昧字
等相三昧離字三昧斷緣三昧不壞三昧无
變三昧无處行三昧離闇三昧无去三昧不
動三昧度緣三昧集諸德三昧住无心三昧
妙淨華三昧覺意三昧无量辯三昧无等等
三昧度諸法三昧分別諸法三昧散疑三昧
无住處三昧一相三昧生行三昧一行三昧
不一行三昧妙行三昧達一切有底散三昧
入言語三昧離音聲字語三昧然炬三昧淨
相三昧破相三昧一切種妙足三昧不喜苦
樂三昧不盡行三昧多陀羅尼三昧取諸邪
正相三昧滅憎愛三昧逆順三昧淨光三昧
堅固三昧滿月淨光三昧大莊嚴三昧能照
一切世三昧三昧等三昧无諍行三昧无住
處樂三昧如住定三昧壞身三昧壞語如虛
空三昧離著如虛空不染三昧舍利弗是菩
薩摩訶薩行是諸三昧疾得阿耨多羅三藐
三菩提復有无量阿僧祇三昧門陀羅尼門
菩薩摩訶薩學是三昧門陀羅尼門疾得阿
耨多羅三藐三菩提慧命須菩提隨佛心言

津圖 048　摩訶般若波羅蜜經卷三

是人鼻清淨　於此世界中　若香若臭物　種種悉聞知
須曼那闍提　多摩羅旃檀　沉水及桂香　種種華菓香
及知衆生香　男子女人香　説法者遠住　聞香知所在
大勢轉輪王　小轉輪及子　群臣諸宫人　聞香知所在
身所着珎寶　及地中寶藏　轉輪王寶女　聞香知所在
諸人嚴身具　衣服及瓔珞　種種所塗香　聞則知其身
諸天若行坐　遊戲及神變　持是法華者　聞香悉能知
諸樹華菓實　及蘇油香氣　持經者住此　悉知其所在
諸山深嶮處　旃檀樹華敷　衆生在中者　聞香皆能知
鐵圍山大海　地中諸衆生　持經者聞香　悉知其所在
阿脩羅男女　及其諸眷屬　鬬諍遊戲時　聞香皆能知
曠野險隘處　師子象虎狼　野牛水牛等　聞香知所在
若有懷任者　未辯其男女　无根及非人　聞香悉能知
以聞香力故　知其初懷任　成就不成就　安樂産福子
以聞香力故　知男女所念　染欲癡恚心　亦知脩善者
地中衆伏藏　金銀諸珎寶　銅器之所盛　聞香悉能知
種種諸瓔珞　无能識其價　聞香知貴賤　出處及所在

津圖 049　妙法蓮華經卷六

礼足繞佛三帀却住一面尒時彼佛為王説
法示教利喜王大歡悅尒時妙莊嚴王及其
夫人解頸真珠瓔珞價直百千以散佛上於
虛空中化成四柱寶臺臺中有大寶牀敷百
千万天衣其上有佛結跏趺坐放大光明尒
時妙莊嚴王作是念佛身希有端嚴殊特成
就第一微妙之色時雲雷音宿王華智佛告
四衆言汝等見是妙莊嚴王於我前合掌立
不此王於我法中作比丘精懃脩習助佛道
法當得作佛号娑羅樹王國名大光劫名大
高王其娑羅樹王佛有无量菩薩衆及无量
聲聞其國平正功德如是其王即時以國付
弟與夫人二子并諸眷屬於佛法中出家脩
道王出家已於八万四千歲常懃精進脩行
妙法華經過是已後得一切淨功德莊嚴三
昧即昇虛空高七多羅樹而白佛言世尊此
我二子已作佛事以神通變化轉我邪心令
得安住於佛法中得見世尊此二子者是我

津圖 050　妙法蓮華經卷七

南无无垢力三昧奮迅勝佛
南无一切德王光明佛
南无大衆佛　南无須弥劫佛
南无堅自在王佛　南无梵吼聲佛
南无弥樓聚佛　南无善眼佛
南无成就衆佛　南无離愚奮迅佛
南无无㝵眼佛　南无寶幢佛
南无釋迦牟尼佛　南无功德勝藏佛
南无難勝佛　南无樂說莊嚴佛
南无勝藏積吼王佛
南无无邊功德寶莊嚴威德王劫佛
南无功德寶勝威德王劫佛
南无樂說一切法莊嚴勝佛
南无无邊樂說相佛
南无千雲吼聲王佛
南无金上光明勝佛
南无種種威德王光明勝佛
南无覺佛
南无清淨金虛空吼嚴光明佛
南无一切法行威德奮迅光明佛
南无東方无邊功德寶福德莊嚴廣世界
无垢清淨光明菩提分俱蘇摩不斷絶光明
莊嚴光佛

津圖 051　佛名經卷六

男子聲聞如乳緣覺如酪菩薩之人如生熟
穌諸佛世尊猶如醍醐以是義故大涅槃中
說四種性而有差別迦葉復言一切眾生性
相云何佛言善男子如牛新生乳血未別凡
夫之性雜諸煩惱亦復如是迦葉復言拘尸
那城有旃陀羅名曰歡喜佛記是人由一發
心當於此界千佛數中速成无上正真之道
以何等故如來不記尊者舍利弗目揵連等
速成佛道佛言善男子或有聲聞緣覺菩薩
作誓願言我當久久護持正法然後乃成无
上佛道以發速願故與速記復次善男子辟
如商人有无價寶詣市賣之愚人見已不識
輕咲寶主唱言我此寶珠價直无數聞已復
咲各各相謂此非真寶是頗梨珠善男子聲
聞緣覺亦復如是若聞速記則便懈怠輕咲
薄賤如彼愚人不識真寶於未來世有諸比
丘不能勤脩集善法貧窮困苦飢餓所
逼因是出家長養其身心志輕躁邪命諂曲
若聞如來授諸聲聞速疾記者便當大咲輕
慢毀呰當知是等即是破戒自言已得過人之
法以是義故隨發速願故與速記護正法者
為授遠記迦葉菩薩復白佛言世尊菩薩

津圖 052　大般涅槃經卷一〇

如園觀想見來求者為善師想捨諸所有具
一切智想見毀戒人起救護想諸波羅蜜為
父母想道品之法為眷屬想發行善根无有
齊限以諸淨國嚴飾之事成己佛土行不限
施具足相好除一切惡淨身口意生死无數
劫意而有勇聞佛无量德志而不倦以智慧
劍破煩惱賊出陰界入荷負衆生永使解脫
以大精進摧伏魔軍常求无念實相智慧行
少欲知足而不捨世法不壞威儀而能隨俗
起神通慧引導衆生得念揔持所聞不忘善
別諸根斷衆生疑以樂說辯演法无閡淨十
善道受天人福脩四无量開梵天道勸請說
法隨喜讚善得佛音聲身口意善得佛威儀

津圖 053　維摩詰所說經卷下

尒時衆香世界菩薩来者合掌白佛言世尊
我等初見此土生下劣想今自悔責捨離是
心所以者何諸佛方便不可思議為度衆生
故隨其所應現佛國異唯然世尊願賜少法
還於彼土當念如来佛告諸菩薩有盡无盡
觧脫法門汝等當學何謂為盡謂有為法何
謂无盡謂无為法如菩薩者不盡有為不住
无為何謂不盡有為謂不離大慈不捨大悲
深發一切智心而不忽忘教化衆生終不猒
惓於四攝法常念順行護持正法不惜軀命
種諸善根无有疲猒志常安住方便迴向求
法不懈說法无悋勤供養諸佛不畏生死於
諸榮辱心无憂喜不輕未學敬學如佛墮煩
惱者令發正念於遠離樂不以為貴不著已

法彼菩薩曰我土如來無文字說但以衆香
令諸天人得入律行菩薩各各坐香樹下聞
斯妙香即獲一切德藏三昧得是三昧者菩
薩所有功德皆悉具足彼諸菩薩問維摩詰
今世尊釋迦牟尼以何說法維摩詰言此土
衆生剛強難化故佛為說剛強之語以調伏
之言是地獄是畜生是餓鬼是諸難處是
愚人生處是身邪行是身邪行報是口邪行是
口邪行報是意邪行是意邪行報是殺生是
殺生報是不與取是不與取報是邪婬是邪
婬報是妄語是妄語報是兩舌是兩舌報是

津圖 054　維摩詰所說經卷下

食之使不消也有異聲聞念是飯少而此大
衆人人當食化菩薩曰勿以聲聞小德小智
稱量如來无量福慧四海有竭此飯无盡使
一切人食揣若須弥乃至一劫猶不能盡所
以者何无盡戒定智慧解脫解脫知見功德
具足者所食之餘終不可盡於是鉢飯悉飽
衆會猶故不賜其諸菩薩聲聞天人食此飯
者身安快樂譬如一切樂莊嚴國諸菩薩也
又諸毛孔皆出妙香亦如衆香國主諸樹之
香

尒時須菩提聞說是經深解義趣涕淚悲泣
而白佛言希有世尊佛說如是甚深經典
我從昔來所得慧眼未曾得聞如是之經世尊
若復有人得聞是經信心清淨則生實相當
知是人成就第一希有功德世尊是實相者
則是非相是故如來說名實相世尊我今得
聞如是經典信解受持不足為難若當來
世後五百歲其有衆生得聞是經信解受持是
人則為第一希有何以故此人无我相人相衆
生相壽者相所以者何我相即是非相人相
衆生相壽者相即是非相何以故離一切諸
相則名諸佛

津圖 055　金剛般若波羅蜜經

善女天欲知尒時流水長者子者今我身是
長子水空今羅睺羅是次子水藏今阿難是
時十千魚者今十千天子是是故我今為其
授阿耨多羅三藐三菩提記尒時樹神現半
身者今汝身是

津圖 056　金光明經卷四

化衆生而起於空不捨有為法而起无相示現受生而起无作護持正法起
方便力以度衆生起四攝法以敬事一切起除慢法於身命財起三堅法於六念
中起思念法於六和敬起質直心正行善法起於淨命心淨歡喜起近賢聖
不憎惡人起調伏心以出家法起於深心以如說行起於多聞以无諍法起空
閑處趣向佛慧起於宴坐解衆生縛起脩行地以具相好及淨佛土起福
德業知一切衆生心念如應說法起於智業知一切法不取不捨入一相門起於
慧業斷一切煩惱一切鄣礙一切不善法起一切善業以得一切智慧一切善法起
於一切助佛道法如是善男子是為法施之會若菩薩住是法施會者為
大施主亦為一切世間福田世尊維摩詰說是法時婆羅門衆中二百人皆
發阿耨多羅三藐三菩提心我時心得清淨歎未曾有稽首礼維摩
詰足即解瓔珞價直百千以上之不肯取我言居士願必納受隨意所與維
摩詰乃受瓔珞分作二分持一分施此會中一最下乞人持一分奉彼難勝如來
一切衆會皆見光明國土難勝如來又見珠瓔在彼佛上變成四柱寶臺
四面嚴飾不相鄣蔽時維摩詰現神變已作是言若施主等心施一最下乞
人猶如如來福田之相无所分別等于大悲不求果報是則名曰具足法施城中一最
下乞人見是神力聞其所說即發阿耨多羅三藐三菩提心故我不任詣彼問
疾如是諸菩薩各各向佛說其本緣稱述維摩詰所言皆曰不任詣彼問疾

維摩詰經卷上

津圖 057　維摩詰所說經卷上

神名金毗羅 神名和耆羅 神名𢘻佉羅 神名安陁羅
神名摩尼羅 神名宋林羅 神名因持羅 神名波耶羅
神名摩休羅 神名真陁羅 神名照頭羅 神名毗伽羅
救脫菩薩語阿難言此諸鬼神別有七千以
為眷屬皆悉叉手低頭聽佛世尊說是瑠璃
光如來本願功德莫不一時捨鬼神形得受
人身長得度脫無衆惱患若人疾急厄難之
日當以五色縷結其名字得如願已然後解
結令人得福灌頂章句法應如是
佛說是經時比丘僧八千人諸菩薩三万六
千人俱諸天龍鬼神八部大王無不歡喜阿
難從坐而起前白佛言世尊演說此經當何
名之佛言此經凡有三名一名藥師瑠璃光
本願功德二名灌頂章句十二神王結願神呪
三名拔除過罪生死得度佛說經竟大衆人
民作礼奉行

藥師經

津圖 058　灌頂拔除過罪生死得度經

復次曼殊室利若諸有情雖於如来受諸學
處而破尸羅有雖不破尸羅而破軌則有於
尸羅軌則雖得不壞然毀正見有雖不毀正
見而棄多聞於佛所說契經深義不能解了
有雖多聞而增上慢由增上慢覆蔽心故自
是非他嫌謗正法為魔伴黨如是愚人自行
耶見復令无量俱胝有情墮大險坑此諸有
情應於地獄傍生鬼趣流轉无窮若得聞此
藥師瑠璃光如来名号便捨惡行脩諸善法

津圖 059　藥師琉璃光如來本願功德經

尒時世尊復告曼殊室利童子言曼殊室利
有諸衆生不識善惡唯懷貪悋不知布施及
施果報愚癡无智闕於信根多聚財寶勤加
守護見乞者来其心不喜設不獲已而行施
時如割身肉深生痛惜復有无量慳貪有情
積集資財於其自身尚不受用何況能與父
母妻子奴婢作使及来乞者彼諸有情從此
命終生餓鬼界或傍生趣由昔人間曾得暫
聞藥師瑠璃光如来名故今在惡趣暫得憶
念彼如来名即於念時從彼處没還生人中
得宿命念畏惡趣苦不樂欲樂好行惠施讚
歎施者一切所有悉无貪惜漸次尚能以頭
目手足血宍身分施来求者況餘財物

津圖 060　藥師琉璃光如來本願功德經

又舍利子極樂世界淨佛土中晝夜六時常
雨種種上妙天花光澤香潔細耎雜色雖令
見者身心適悅而不貪著增長有情无量无
數不可思議殊勝功德彼有情類晝夜六時
常持供養无量壽佛每晨朝時持此天花於
一食頃飛至他方无量世界供養百千俱胝
諸佛於諸佛所各以百千俱胝花樹持散供
養還至本處遊天住等舍利子彼佛土中有
如是等衆妙綺飾功德莊嚴甚可愛樂是故
名為極樂世界

津圖 061　稱讚淨土佛攝受經

數幾何文殊師利言其數无量不可稱計非
口所宣非心所測且待須臾自當有證所言
未竟无數菩薩坐寶蓮華從海踊出詣靈鷲
山住在虛空此諸菩薩皆是文殊師利之所
化度具菩薩行皆共論說六波羅蜜本聲聞
人在虛空中說聲聞行今皆修行大乘空義
文殊師利謂智積曰於海教化其事如是尒
時智積菩薩以偈讚曰
大智德勇健　化度无量衆　今此諸大會　及我皆已見
演暢實相義　開闡一乘法　廣度諸群生　令速成菩提

津圖 062　妙法蓮華經卷四

濟拔衆■厄難　超度生死流
娑伽羅龍王欲説二偈
我念過去世　曾作人中王　慳悋於寶藏　今受龍王身
又願諸國王　慈惠普拯濟　治化以正法　莫復受龍身
和脩吉龍王欲説二偈半
我雖受龍身　不受熱沙苦　又於過去世　曾作人中王
貪濁著世樂　今受龍王身　又願諸國王　厭離於世樂
如囚厭於獄　超出三界門
得叉迦龍王欲説二偈半
又我於過去　曾作人中王　妻子及奴婢　悉皆用布施
坐以一瞋故　今受龍王身　又願諸國王　謙敬以仁義
莫復自豪貴　後受龍王身

津圖 063　陀羅尼雜集卷三

我念過去世　生於閻浮提　富留得自在　諂曲不端直
今雖作鬼王　猶受鬼神苦
毗摟勒叉天王欲說三偈
我今作鬼王　得離三塗苦　涉應四天下　救諸病苦者
憶念過去世　曾作人中王　放逸惡五欲　今受鬼王身
又頭人中王　謹慎不放逸　度脫諸衆生　普得涅槃樂
毗沙門天王　欲說一偈半
我於往昔循菩提　為衆生故作鬼王　衆生久處無明闇
我以金鈹開其眼　慧眼既開度生死　生死既度昇泥洹
難陀龍王欲說二偈半
我現處龍宮　欲度諸龍衆　聞諸菩薩等　各各說妙行
諸天龍神等　咸皆側耳聽　天衆及龍衆　歡喜不自勝

如是慰喻有疾菩薩令其歡喜文殊師利言居士有疾
菩薩云何調伏其心維摩詰言有疾菩薩應作是念
今我此病皆從前世妄想顛到諸煩惱生无有實法
誰受病者所以者何四大合故假名為身四大无主身
亦无我又此病起皆由着我是故於我不應生着既知
病本即除我想及衆生想當起法想應作是念但以
衆法合成此身起唯法起滅唯法滅又此法者各不相
知起時不言我起滅時不言我滅彼有疾菩薩為滅
法想當作是念此法想者亦是顛倒顛倒者即是大
患我應離之云何為離離我我所云何離我我所謂
離二法云何離二法謂不念内外諸法行於平等云何平

津圖 064　維摩詰所說經卷中

外道者樂諸見菩薩於諸見而不動文殊師利言居
士所疾爲何等相維摩詰言我病无形不可見又問此
病身合耶心合耶答曰非身合身相離故亦非心合
心如幻故又問地大水大火大風大於此四大何大之病答
曰是病非地大亦不離地大水大風大亦復如是而衆生
病從四大起以其有病是故我病尒時文殊師利問維
摩詰言菩薩應云何慰喻有疾菩薩維摩詰言說
身无常不說厭離於身說身有苦不說樂於涅槃說
身无我而說教導衆生說身空寂不說畢竟寂滅說
悔先罪而不說入於過去以己之疾愍於彼疾當識宿世
无數劫苦當念饒益一切衆生憶所脩福念於淨命

梵音深妙　令人樂聞　各於世界　講說正法
種種因緣　以无量喻　照明佛法　開悟衆生
若人遭苦　猒老病死　為說涅槃　盡諸苦際
若人有福　曾供養佛　志求勝法　為說緣覺
若有佛子　脩種種行　求无上慧　為說淨道
文殊師利　我住於此　見聞若斯　及千億事
如是衆多　今當略說　我見彼土　恒沙菩薩
種種因緣　而求佛道　或有行施　金銀珊瑚
真珠摩尼　車璖馬瑙　金鋼諸珎　奴婢車乘
寶飾輦轝　歡喜布施　迴向佛道　願得是乘
三界第一　諸佛所歎　或有菩薩　駟馬寶車
欄楯華蓋　軒飾布施　復見菩薩　身肉手足
及妻子施　求无上道　又見菩薩　頭目身體
欣樂施與　求佛智慧　文殊師利　我見諸王
往詣佛所　問无上道　便捨樂土　宮殿臣妾
剃除鬚髮　而被法服　或見菩薩　而作比丘
獨處閑靜　樂誦經典　又見菩薩　勇猛精進
入於深山　思惟佛道　又見離欲　常處空閑
深脩禪定　得五神通　又見菩薩　安禪合掌
以千万偈　讚諸法王　復見菩薩　智深志固
能問諸佛　聞悉受持　又見佛子　定慧具足
以无量喻　為衆講法　欣樂說法　化諸菩薩

津圖 065　妙法蓮華經卷一

千眼菩薩惣攝身印第一

先起立端身並脚齊立右脚微曲少許先以左手斜下以中指无名指並屈著掌中小指食指大毋指散斜仰掌向上次以右手亦然屈肘與膊齊掌向前此是惣攝身印若欲降伏魔怨及諸外道邪見稠林令入正道者當作此印誦陁羅尼廿一遍必如所願呪曰

那上謨曷囉二合怛那二合哆囉二合夜耶一那謨阿唎耶二婆路咭帝攝代二合囉耶三菩提薩埵跛耶二合四摩訶薩埵跛耶五摩訶迦盧尼迦耶六怛姪他七阿去跛陁阿跛陁跛唎跛帝九娷醯褱醯十莎婆訶

津圖 066　千眼菩薩總攝身印第一

於是普光莊嚴菩薩知大衆意前礼佛足白
佛言世尊我等昔來慧力微弱不能善解決
定大乘深妙之義及善知識所有恩德如佛
前說恩重難議唯願世尊爲諸大衆說於親
近善知識法佛言善哉善哉善男子乃能爲
諸衆生問如斯法諦聽諦聽善思念之當爲
汝說善男子善知識者有大功德能令汝等
於貪欲瞋恚愚癡耶見五蓋五欲衆塵勞中
建立佛法不起一心大功德譬如有人持堅
牢船度於大海不動身心而到彼岸善知識
者亦復如是以大願船處生死海運載汝等
不動身心到涅槃岸善男子譬如有人欲行
嶮路持託一人善於伎藝鎧仗備有并好寶
車駕以五馬身心無畏得達無難善知識者
亦復如是法身壯大善於方便六度伎藝慈
悲鎧仗皆悉備有乘於大乘駕五神通運載
汝等得無所畏離於三塗生死諸難善男子

津圖 067　法句經

名利 於有情無悲 遠聞及少聞 不修治妙定 論曰如是名爲善等十法
障淨善等其相云何頌曰 善菩提攝受 有慧無亂障 迴向不怖慳 自在
名善等
論曰如是善男子等十種淨法誰有前說幾種障耶頌曰
如是善等十各有前三障 論曰善有三種障一无加行二非處加行三不如理加行
菩提有三種一不生善法二不起正思惟三不具資糧未圓滿發菩提心名爲攝受
此有三障一闕種姓二闕善友三心極疲猒性有慧者謂菩薩於此性有三
種障一闕正行二鄙者共住三惡者共住此中鄙者謂愚癡類樂毀壞他名爲
惡者无乱有三障一顛倒麁重二煩惱等三障中隨一有餘性三能成熟解脫
慧未成熟性障斷滅名无障此有三障一俱生麁障二懈怠性三放逸性
迴向有三障令心向餘不向无上正等菩提一貪著諸有二貪著資財三心下
劣性不怖有三障一信重補特伽羅二於法无勝解三如言而思義不慳有三
障一尊重名譽利養恭敬二於諸有情心无悲愍自在有三障一令不得自
在一遠聞生長能感惟法業故二少聞三不脩治勝三摩地 復此如是
諸障於善等十條義中有十能作民於義應知此名十能作者一生起能作
如眼等於眼識等二安住能作如四食於有情三任持能作謂能任持如
起世間於有情世間四照了能作如光明於諸色五變壞能
作如火等於所熟等六分離能作如鎌等於所斷等七轉變能作如金師等轉變金
等成鐶釧等八信解能作如烟等於火等九顯了能作如因於宗十至得能作如
聖道等於涅槃等依如是義故說頌曰 能作有十種 謂生住持照 變分離轉
變信解顯至得 如識因食等 燈火鎌工巧 烟因聖道等 於識等所依

津圖 068　辯中邊論卷一

以千万偈　讚諸法王　復見菩薩　智深志固
能問諸佛　聞悉受持　又見佛子　定慧具足
以无量喻　為衆講法　欣樂說法　化諸菩薩
破魔兵衆　而擊法鼓　又見菩薩　寂然宴默
天龍恭敬　不以為喜　又見菩薩　處林放光
濟地獄苦　令入佛道　又見佛子　未嘗睡眠
經行林中　懃求佛道　又見具戒　威儀无缺
淨如寶珠　以求佛道　又見佛子　住忍辱力
增上慢人　惡罵捶打　皆悉能忍　以求佛道
又見菩薩　離諸戲咲　及癡眷屬　親近智者

津圖 069　妙法蓮華經卷一

種種因緣而求佛道　或有行施　金銀珊瑚
真珠摩尼車璖馬瑙　金鋼諸珎　奴婢車乘
寶飾輦轝歡喜布施　迴向佛道　願得是乘
三界第一諸佛所歎　或有菩薩　駟馬寶車
欄楯華蓋軒飾布施　復見菩薩　身肉手足
及妻子施求无上道　又見菩薩　頭目身體
欣樂施與求佛智慧　文殊師利　我見諸王
往詣佛所問无上道　便捨樂土　宮殿臣妾
剃除鬚髮而披法服　或見菩薩　而作比丘
獨處閑靜樂誦經典　又見菩薩　勇猛精進
入於深山思惟佛道　又見離欲　常處空閑

此是釋迦牟尼如来无所著等正覺於十二年中為无事僧說是戒經從
是已後廣分別說諸比丘尼自為樂法樂沙門者有慚有愧樂學戒者當於
中學　明人能護戒　能得三種樂　名譽及利養　死則生天上　當觀如是處
有智勤護戒　戒淨有智慧　便得第一道　如過去諸佛　及以未来者　現在諸世尊
能勝一切憂　皆共尊敬戒　此是諸佛法　若有自為身　欲求於佛道　當尊重正法
此是諸佛教　七佛為世尊　滅除諸結使　說是七戒經　諸縛得解脫　已入於涅槃
諸戲永滅盡　尊行大仙說　聖賢稱譽戒　弟子之所行　入寂滅涅槃　世尊涅槃時
興起於大悲　集諸比丘眾　与如是教戒　莫謂我涅槃　淨行者无護　我今說戒經
亦善說毗尼　我雖般涅槃　當視如世尊　此經久住世　佛法得熾盛　以是熾盛故
得入於涅槃　若不持此戒　如所應布薩　喻如日沒時　世界皆闇冥　當護持是戒
如犛牛愛尾　和合一處坐　如佛之所說　我已說戒經　眾僧布薩竟
我今說戒經　所說諸功德　施一切眾生　佛道

津圖 070　四分比丘尼戒本

諸大姉我已說戒經序已說八波羅夷法已說十七僧伽婆
尸沙法已說三十尼薩耆波逸提已說一百七十八波逸提已說八波
羅提提舍尼法已說衆學法已說七滅諍法此是佛所說戒經
半月半月說戒經中來若更有餘佛法是中皆共和合應當學
忍辱第一道 佛說爲无最 出家惱他人 不名爲沙門 此是毗婆尸
如來无所著等正覺說是戒經 譬如明眼人 能避嶮惡道 世有聰明人
能遠離諸惡 此是尸棄如來无所著等正等覺說是戒經
不謗亦不嫉 當奉行於戒 飲食知止足 常樂在空閑 心定樂精進
是名諸佛教 此是毗葉羅如來无所著等正覺說是戒經
譬如蜂採華 不壞色與香 但取其味去 比丘入聚落 不違戾他事 不觀作不作
但自觀身行 若正若不正 此是拘留孫如來无所著等正覺說是戒經
心莫作放逸 聖教當勤學 如是无憂愁 心定入涅槃 此是拘那含牟尼如來
无所著等正覺說是戒經 一切惡莫作 當奉行諸善 自淨其志意

梵天言云何比丘隨佛語隨佛教答言若比
丘稱讚毀辱其心不動是名隨佛教若比丘
不隨文字語言是名隨佛語又比丘滅一切
諸相是名隨佛教不違於義是名隨佛語若
比丘守護於法是名隨佛教不逆佛語是名
隨佛語梵天言云何比丘能守護法答言若
比丘不逆平等不壞法性是名能守護法梵
天言云何比丘親近於佛答言若比丘於諸法
中不見有法若近若遠是名親近於佛梵
天言云何比丘給侍於佛答言若比丘身口
意无所作是名給侍於佛梵天言誰能供養
佛答言不起福業不起无動業者梵天言誰
能見佛答言若不著肉眼不著天眼不著慧
眼是能見佛

津圖 071　思益梵天所問經卷三

調御丈夫天人師佛世尊憍曇彌是一切衆
生喜見佛及六千菩薩轉次授記得阿耨多
羅三藐三菩提尒時羅睺羅母耶輸陁羅比
丘尼作是念世尊於授記中獨不說我名佛
告耶輸陁羅汝於來世百千万億諸佛法中
脩菩薩行為大法師漸具佛道於善國中當
得作佛号具足千万光相如來應供正遍知
明行足善逝世間解无上士調御丈夫天人
師佛世尊佛壽无量阿僧祇劫尒時摩訶波
闍波提比丘尼及耶輸陁羅比丘尼并其眷
屬皆大歡喜得未曾有即於佛前而說偈言
世尊導師　安隱天人　我等聞記　心安具足
諸比丘尼說是偈已白佛言世尊我等亦能
於他方國土廣宣此經

津圖 072　妙法蓮華經卷四

尒時世尊復告曼殊室利童子言曼殊室利
有諸衆生不識善惡唯懷貪悋不知布施及
施果報愚癡无智闕於信根多聚財寶勤加
守護見乞者来其心不喜設不獲已而行施
時如割身肉深生痛惜復有无量慳貪有情
積集資財於其自身尚不受用何况能與父
母妻子奴婢作使及来乞者彼諸有情從此
命終生餓鬼界或傍生趣由昔人間曽得暫
聞藥師瑠璃光如来名故今在惡趣暫得憶
念彼如来名即於念時從彼處沒還生人中
得宿命念畏惡趣苦不樂欲樂好行惠施讚
歎施者一切所有悉无貪惜漸次尚能以頭
目手足血肉身分施来求者况餘財物
復次曼殊室利若諸有情雖於如来受諸學
處而破尸羅有雖不破尸羅而破軌則有於
尸羅軌則雖得不壞然毀正見有雖不毀正
見而棄多聞於佛所說契經深義不能解了
有雖多聞而增上慢由增上慢覆蔽心故自
是非他嫌謗正法為魔伴黨如是愚人自行
邪見復令无量俱胝有情墮大險坑此諸有
情應於地獄傍生鬼趣流轉无窮若得聞此

津圖 073　藥師琉璃光如來本願功德經

割廉而不劌
治人事天莫
之重積德重
然能知其然
是以深根國
治大國若亨
其鬼不神其神
亦不傷人夫兩
大國者下流天
勝牡故大國以
大國則聚大國

津圖 074　老子

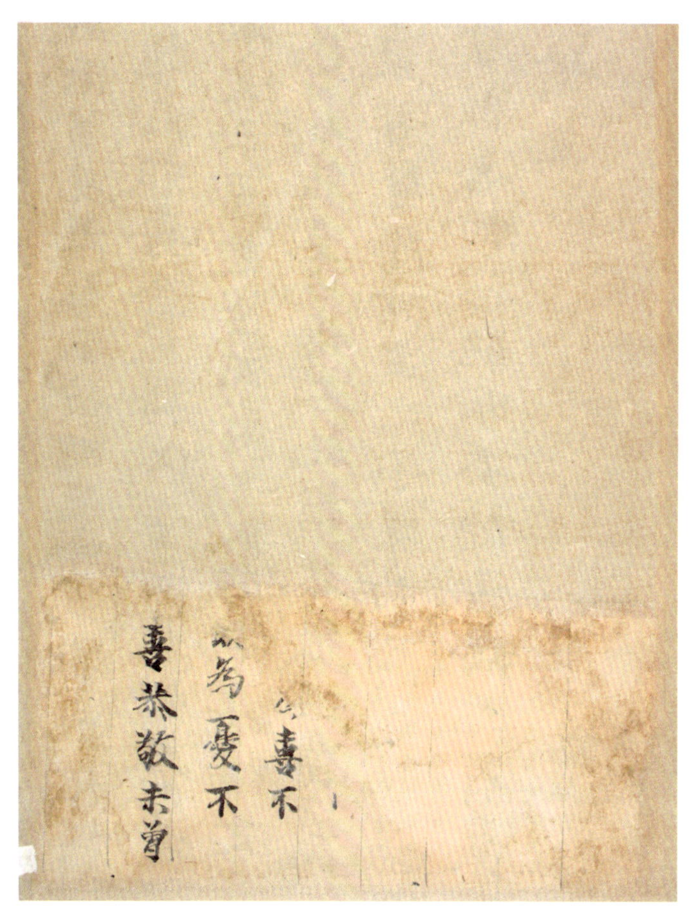
喜不
為憂不
喜恭敬未曾

津圖 074 背　維摩詰所說經卷下

陵没不能為
師子虎狼熊羆毒蛇惡蝎
蚰蜒蚊蝱等怖若能至心憶念彼佛恭
敬供養一切怖畏皆得解脫若他國侵擾盜
賊反亂憶念恭敬彼如來者亦皆解脫
復次曼殊室利若有淨信善男子善女人等
乃至盡形不事餘天唯當一心歸佛法僧受
持禁戒若五戒十戒菩薩四百戒苾芻二百
五十戒苾芻尼五百戒於所受中或有毀犯怖
墮惡趣若能專念彼佛名號恭敬供養者
必定不受三惡趣生或有女人臨當產時受
於極苦若能至心稱名禮讚恭敬供養彼如
來者眾苦皆除所生之子身分具足形色端
正見者歡喜利根聰明安隱少病無有非人
奪其精氣

津圖 075　藥師琉璃光如來本願功德經

為也結習未盡華著身耳結習盡者華不著
也舍利弗言天止此室其已久如荅曰我止
此室如耆年解脫舍利弗言止此久邪天曰
耆年解脫亦何如久舍利弗嘿然不荅天曰
如何耆舊大智而嘿荅曰解脫者無所言說
故吾於是不知所云天曰言說文字皆解脫相
所以者何解脫者不內不外不在兩間文字亦
不內不外不在兩間是故舍利弗無離文字說
解脫也所以者何一切諸法是解脫相舍利
弗言不復以離婬怒痴為解脫乎天曰佛為
增上慢人說離婬怒痴為解脫耳若無增上
慢者佛說婬怒痴性即是解脫舍利弗

津圖 076　維摩詰所說經卷中

二十八波羅隸二十九道迦差初几反三十阿三磨
三履三十一佛馱毗吉利袠帝三十二達磨波利
差猜離反帝三十三僧伽涅瞿沙祢三十四婆舍
婆舍輸地三十五曼哆邏三十六曼哆邏叉夜
多三十七郵樓哆三十八郵樓哆憍舍來加反
三十九惡叉邏四十惡叉治多治四十一阿婆盧
四十二阿摩若荏蔗反那多夜四十三
世尊是陁羅尼神呪六十二億恒河沙等諸
佛所說若有侵毀此法師者則為侵毀是諸
佛已時釋迦牟尼佛讚藥王菩薩言善哉善
哉藥王汝愍念擁護此法師故說是陁羅尼

津圖 077　妙法蓮華經卷七

於時世尊讚嘆上首諸大菩薩善哉善哉善
男子汝等能於如来發隨喜心
尒時弥勒菩薩及八千恒河沙諸菩薩衆皆
作是念我等從昔已来不見不聞如是大菩
薩摩訶薩衆從地踊出住世尊前合掌供
養問訊如来時弥勒菩薩摩訶薩知八千恒
河沙諸菩薩等心之所念并欲自決所疑合
掌向佛以偈問曰

無量千万億　大衆諸菩薩　昔所未曾見　願両足尊説
是從何所来　以何因緣集　巨身大神通　智慧叵思議
其志念堅固　有大忍辱力　衆生所樂見　為從何所来
一一諸菩薩　所將諸眷属　其數無有量　如恒河沙等
或有大菩薩　將六万恒沙　如是諸大衆　一心求佛道
是諸大師等　六万恒河沙　倶来供養佛　及護持是經
將五万恒沙　其數過於是　四万及三万　二万至一万
一千一百等　乃至一恒沙　半及三四分　億万分之一
千万那由他　万億諸弟子　乃至於半億　其數復過上
百万至一万　一千及一百　五十與一十　乃至三二一
單己無眷属　樂於獨處者　倶来至佛所　其數轉過上
如是諸大衆　若人行籌數　過於恒沙劫　猶不能盡知
是諸大威德　精進菩薩衆　誰為其説法　教化而成就
從誰初發心　稱揚何佛法　受持行誰經　修習何佛道
如是諸菩薩　神通大智力　四方地震裂　皆從中踊出
世尊我昔来　未曾見是事　願説其所從　國土之名号
我常遊諸國　未曾見是衆　我於此衆中　乃不識一人
忽然從地出　願説其因緣　今此之大會　無量百千億
是諸菩薩等　皆欲知此事　是諸菩薩衆　本末之因緣
無量德世尊　唯願決衆疑

津圖 078　妙法蓮華經卷五

弥東方作佛一名阿閦在歡喜國二名須弥
頂東南方二佛一名師子音二名師子相南
方二佛一名虛空住二名常滅西南方二佛
一名帝相二名梵相西方二佛一名阿弥陁
二名度一切世間苦惱西北方二佛一名多
摩羅跋旃檀香神通二名須弥相北方二佛
一名雲自在二名雲自在王東北方佛名壞
一切世間怖畏第十六我釋迦牟尼佛於娑
婆國土成阿耨多羅三藐三菩提諸比丘我
等為沙弥時各各教化無量百千萬億恒河
沙等衆生從我聞法為阿耨多羅三藐三菩
提此諸衆生于今有住聲聞地者我常教化
阿耨多羅三藐三菩提是諸人等應以是法
漸入佛道所以者何如來智慧難信難解尒
時所化無量恒河沙等衆生者汝等諸比丘
及我滅度後未來世中聲聞弟子是也我滅
度後復有弟子不聞是經不知不覺菩薩所
行自於所得功德生滅度想當入涅槃我於
餘國作佛更有異名是人雖生滅度之想入

津圖 079　妙法蓮華經卷三

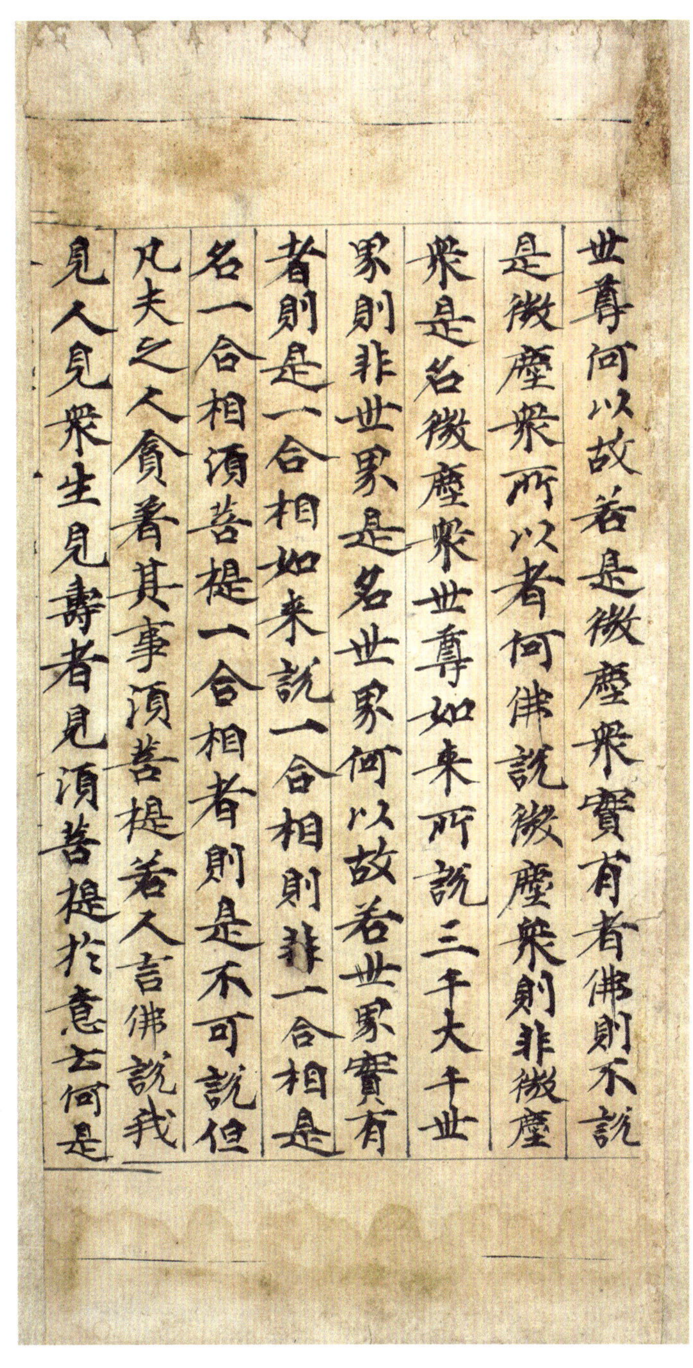
世尊何以故若是微塵衆實有者佛則不說
是微塵衆所以者何佛說微塵衆則非微塵
衆是名微塵衆世尊如來所說三千大千世
界則非世界是名世界何以故若世界實有
者則是一合相如來說一合相則非一合相是
名一合相須菩提一合相者則是不可說但
凡夫之人貪著其事須菩提若人言佛說我
見人見衆生見壽者見須菩提於意云何是

津圖 080　金剛般若波羅蜜經

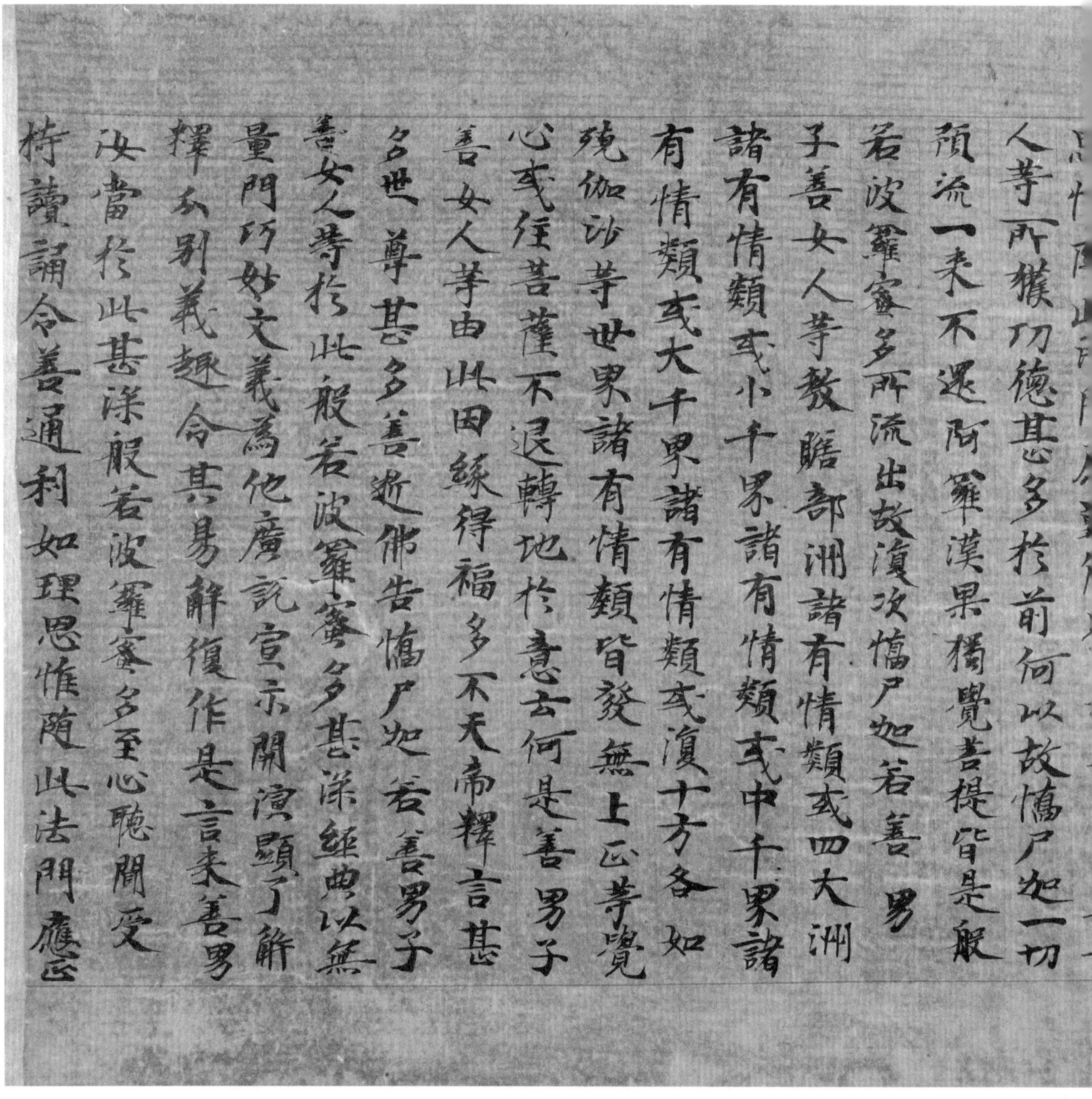
人等所獲功德甚多於前何以故憍尸迦一切
預流一來不還阿羅漢果獨覺菩提皆是般
若波羅蜜多所流出故復次憍尸迦若善男
子善女人等教贍部洲諸有情類或四大洲
諸有情類或小千界諸有情類或中千界諸
有情類或大千界諸有情類或復十方各如
殑伽沙等世界諸有情類皆發無上正等覺
心或住菩薩不退轉地於意云何是善男子
善女人等由此因緣得福多不天帝釋言甚
多世尊甚多善逝佛告憍尸迦若善男子
善女人等於此般若波羅蜜多甚深經典以無
量門巧妙文義為他廣說宣示開演顯了解
釋分別義趣令其易解復作是言來善男
汝當於此甚深般若波羅蜜多至心聽聞受
持讀誦令善通利如理思惟隨此法門應正

津圖 081　大般若波羅蜜多經卷五〇四

提於意云何是善男子善女人等由此因緣得
福多不天帝釋言甚多世尊甚多善逝佛告
憍尸迦若善男子善女人等於此般若波羅
蜜多甚深經典以無量門巧妙文義為他廣
說宣示開演顯了解釋分別義趣令其易解
復作是言來善男子汝當於此甚深般若波

津圖 081 背　外題

[illegible]本荅曰無住為本
又問無住孰為本荅曰無住則無本文殊師
利從無住本立一切法
尒時維摩詰室有一天女見諸大人聞所說法
便現其身即以天華散諸菩薩大弟子上華
至諸菩薩即皆墮落至大弟子便著不墮一
切弟子神力去華不能令去尒時天問舍利
弗何故去華荅曰此華不如法是以去之天曰
勿謂此華為不如法所以者何是華無所分
別仁者自生分別想耳若於佛法出家有所
分別為不如法若無所分別是則如法觀諸菩
薩華不著者以斷一切分別想故譬如人畏
時非人得其便如是弟子畏生死故色聲
香味觸得其便已離畏者一切五欲無能

津圖 082　維摩詰所說經卷中

也文殊師利又問何謂為悲答曰菩薩所作
功德皆與一切衆生共之何謂為喜答曰有
所饒益歡喜無悔何謂為捨答曰所作福祐無
所悕望文殊師利又問生死有畏菩薩當何
所依維摩詰言菩薩於生死畏中當依如
来功德之力文殊師利又問菩薩欲依如来
功德力者當住度脫一切衆生又問欲度衆生
當何所除答曰欲度衆生除其煩惱又問欲除
煩惱當何所行答曰當何正念又問云何行於
正念答曰當行不生不滅又問何法不生何
法不滅答曰不善不生善法不滅又問善
不善孰為本答曰身為本又問身孰為本
答曰欲貪為本又問欲貪孰為本答曰虛妄

體者是非法自體若是法自體者離彼生
不能感得自所愛果而能轉彼非法以為正法
不應道理　若是非法自體者自是不愛
舍餘不愛果法者不應道理如是
天世間毒呪術所攝不能為害
當知此呪術方亦復如是今應問彼汝　何所
欲如呪術方能息外毒亦能息內貪瞋癡毒
為不尒邪若能息者无處无時无有一人貪
瞋癡等靜息可得故不中理若不能息者汝
呪術方能息外毒亦能息餘非法
汝何所欲此呪術方為遍
行邪不遍行邪若遍行者自所愛親不先用
祠不應道理若不遍者此呪功能便非決定
不應道理又汝何所欲此呪功能為唯能轉
尊果邪若唯轉自者於果无能不應道

津圖 083　瑜伽師地論卷七

時則有樂欲若
有大自在便應无始常
有出生此亦不應道理若言亦取餘為因者此
因不可得故不應道理又於彼欲无有自在
而言於世間物有自在者不應道理如是由
功用文屬不攝故有用无用故為因性故皆
非如理說
諸如有一若沙門若婆羅門
起如是見立如是論若於彼祠中呪術為先
害諸生命若能祠者若所害者若諸助伴彼
一切皆得生天問何因緣故彼諸外道起如
是見立是如論答此違理論諂誑所起不由
遂於諍競惡劫起時諸婆
羅門法為欲食肉妄起此

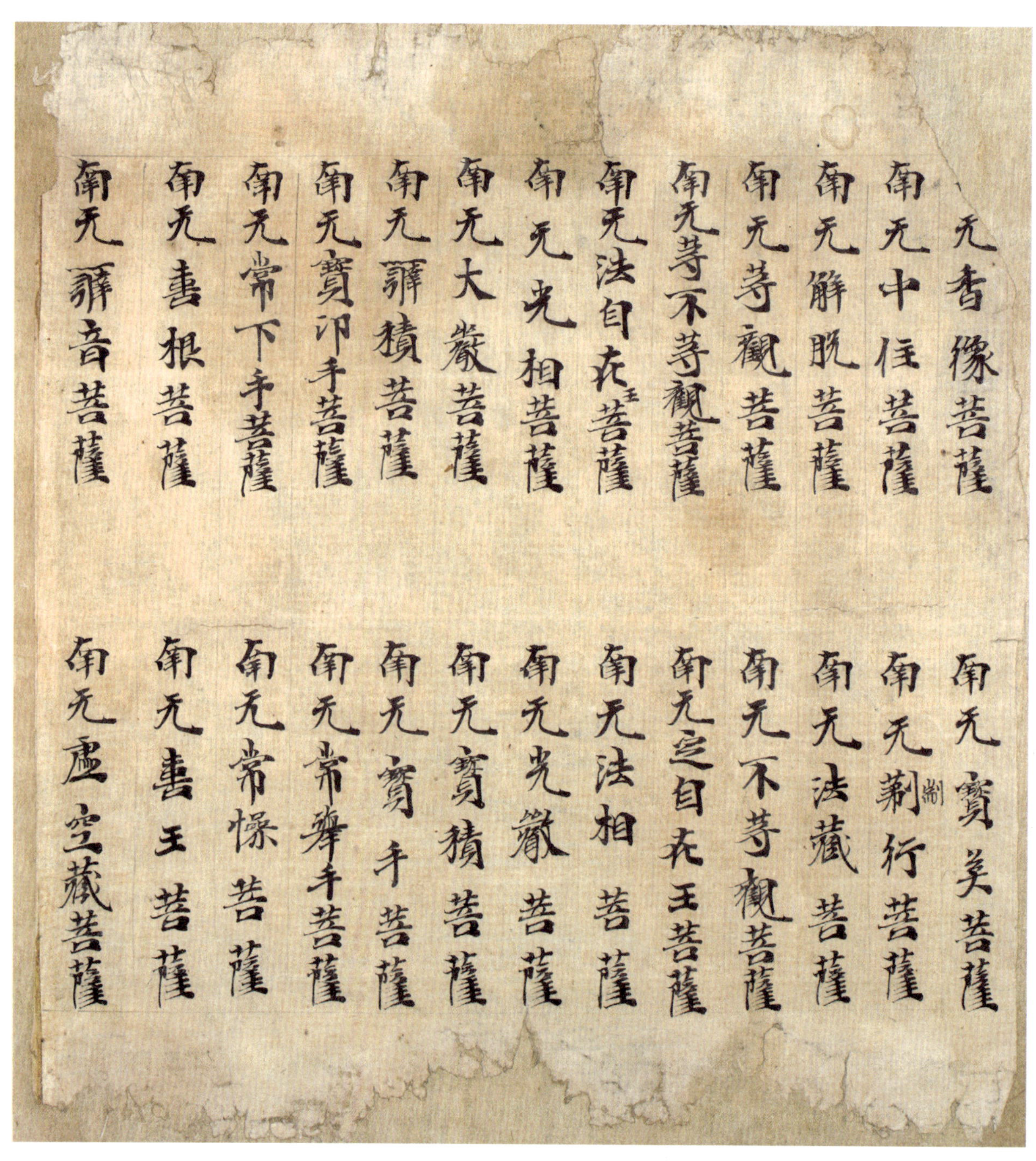
无香像菩薩
南无中住菩薩
南无解脫菩薩
南无等觀菩薩
南无等不等觀菩薩
南无法自在王菩薩
南无光相菩薩
南无大嚴菩薩
南无辯積菩薩
南无寶印手菩薩
南无常下手菩薩
南无善根菩薩
南无辯音菩薩
南无寶美菩薩
南无剃行菩薩
南无法藏菩薩
南无不等觀菩薩
南无之自在王菩薩
南无法相菩薩
南无光嚴菩薩
南无寶積菩薩
南无寶手菩薩
南无常舉手菩薩
南无常慘菩薩
南无善王菩薩
南无虛空藏菩薩

津圖 084　大通方廣懺悔滅罪莊嚴成佛經卷上

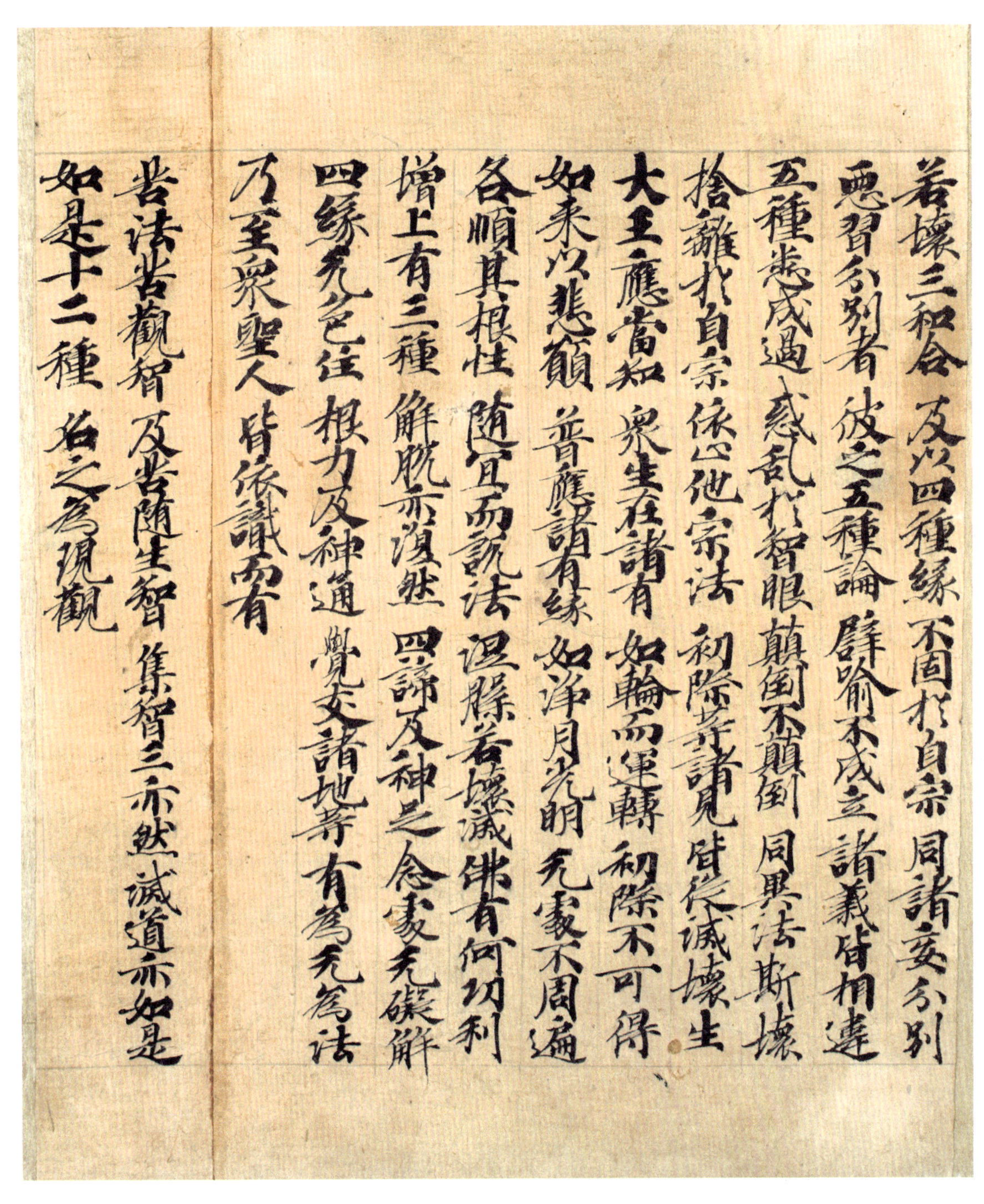

若壞三和合　及以四種緣　不固於自宗　同諸妄分別
惡習分別者　彼之五種論　譬喻不成立　諸義皆相違
五種悉成過　惑亂於智眼　顛倒不顛倒　同異法斯壞
捨離於自宗　依止他宗法　初際等諸見　皆從識壞生
大王應當知　衆生在諸有　如輪而運轉　初際不可得
如來以悲願　普應諸有緣　如淨月光明　无處不周遍
各順其根性　隨宜而說法　涅槃若壞滅　佛有何功利
增上有三種　解脫亦復然　四諦及神足　念處无礙解
四緣无色定　根力及神通　覺支諸地等　有為无為法
乃至衆聖人　皆依識而有
苦法苦觀智　及苦隨生智　集智三亦然　滅道亦如是
如是十二種　名之為現觀

津圖 085　大乘密嚴經卷上

身心不動聽佛所說謂如食頃是時衆中无
有一人若身若心而生懈惓日月燈明佛於
六十小劫說是經已即於梵魔沙門婆羅門
及天人阿脩羅衆中而宣此言如來於今日
中夜當入无餘涅槃時有菩薩名曰德藏日
月燈明佛即授其記告諸比丘是德藏菩
薩次當作佛号曰淨身多陁度阿羅訶三
藐三佛陁授記已便於中夜入无餘涅槃佛
滅度後妙光菩薩持妙法蓮華經滿八十小
劫為人演說日月燈明佛八子皆師妙光妙
光教化令其堅固阿耨多羅三藐三菩提是
諸王子供養无量百千万億佛已皆成佛道
其最後成佛者名曰燃燈八百弟子中有一
人号曰求名貪著利養雖復讀誦衆經而
不通利多所忘失故号求名是人亦以種諸
善根因緣故得值无量百千万億諸佛供
養恭敬尊重讚歎弥勒當知尒時妙光菩
薩豈異人乎我身是也求名菩薩汝身是也今
見此瑞與本无異是故惟忖今日如來當說
大乘經名妙法蓮華教菩薩法佛所護念尒
時文殊師利於大衆中欲重宣此義而說
偈言

津圖 086　添品妙法蓮華經卷一

勝自言正受者八中前二相正受者一切有心定對除色中亂故无想者謂二无心
定對除心亂次四正受是八背捨捨者謂下有色相外觀色二內无色相外觀色
三淨背捨四空處五識處六不用處七非想處八滅盡定前三背捨貪次四背捨
下地謂空處背第四禪識處背空乃至非想背不用處第八背一切心心數法
故名背捨亦名八解脫今此四中隨法者是第八滅定謂滅廿一心心數法還得
廿一非色非心法以補心處故曰隨法正受二心想者謂四空二定即四五六七四背
捨次一除入正受者謂八除猶捨入者解即分前三背捨以為此八初二各二謂內
有色想外觀色若多若少次內无色想外觀若多若少第三為四謂青
黃赤白亦名八勝處八制入次一切入正受者是十一切入即以第三背捨為四勝處
及觀色本四大故八并空處識處故十所言道者即十一枝道亦云依成論十一
定具一清淨持戒二得善知識三守護根本四飲食知量五初夜損於睡眠
六具六善覺七具善行者分八具善信解九具解脫處十无障十一无著依
舍利弗阿毗曇解十一枝道云何十一枝道身念處是名一枝道云何二枝道定
慧是云何三枝道有覺有觀定无覺无觀定空定无相无願等是云何四
枝道定四念處四正勤四神足四禪四无色定四向道四[illegible]定四斷等是云何五枝
道五根五力五解脫入五出界五觀定五生解脫法等是道云何六枝道六念六
向出六界六猗分法六抗回法六无諍正覺等是云何七枝道七覺七相七定回
緣法等是云何八枝道八聖道八解脫八勝入等是云何九枝道九滅九次第九
相等是云何十枝道十直法等是十直者正見正覺正語正業正命正精進

津圖 087　論八背捨

[illegible] 念其死不久
我今應當教 令得於道果 即為方便說 涅槃真實法
世皆不牢固 如水沫泡焰 汝等咸應當 疾生厭離心
諸人聞是法 皆得阿羅漢 具足六神通 三明八解脫
最後第五十 聞一偈隨喜 是人福勝彼 不可為譬喻
如是展轉聞 其福尚无量 何况於法會 初聞隨喜者
若有勸一人 將引聽法華 言此經深妙 千万劫難遇
即受教往聽 乃至須臾聞 其人之福報 今當分別說
世世无口患 齒不踈黃黑 脣不厚褰缺 无有可惡相
舌不乾黑短 鼻高脩且直 額廣而平正 面目悉端嚴
為人所喜見 口氣无臭穢 優鉢華之香 常從其口出
若故詣僧坊 欲聽法華經 須臾聞歡喜 今當說其福
後生天人中 得妙象馬車 珎寶之輦輿 及乘天宮殿
若於講法處 勸人坐聽經 是福因緣得 釋梵轉輪座
何况一心聽 解說其義趣 如說而脩行 其福不可限

津圖 088　妙法蓮華經卷六

尼菩薩共生一處
瘖瘂口氣不臭舌常无病口亦
垢黑不黄不踈亦不缺落不差不曲脣不下
垂亦不褰縮不麁澁不瘡緊亦不缺壞
亦不喎斜不厚不大亦不棃黑无諸可惡鼻
不匾㔸亦不曲戾面色不黑亦不狹長亦不窊
曲无有一切不可喜相脣舌牙齒悉皆嚴好
鼻脩高直面貌圓滿眉高而長額廣平正
人相具足世世所生見佛聞法信受教誨阿逸
多汝且觀是勸於一人令往聽法功德如此何
況一心聽說讀誦而於大衆為人分別如說脩
行尒時世尊欲重宣此義而說偈言
若人於法會　得聞是經典　乃至於一偈　隨喜為他說
如是展轉教　至于第五十　最後人獲福　今當分別之

扶持甕起　尋復擗地　舉手悲哀　號天而哭
乍復讚歎　其弟功德　是時大王　以離愛子
其心迷沒　氣力惙然　憂惱涕泣　并復思惟
是最小者　我所愛重　无常大鬼　奄便吞食
其餘二子　今雖存在　而為憂火　之所焚燒
或能為是　喪失命根　我宜速往　至彼林中
迎載諸子　急還宮殿　其母在後　憂苦逼切
心肝分裂　或能失命　若見二子　慰喻其心
可使終保　餘年壽命　尒時大王　駕乘名象
與諸侍從　欲至彼林　即於中路　見其二子
號天扣地　稱弟名字　時王即前　抱持二子
悲號涕泣　隨路還宮　速令二子　覲見其母
佛告樹神　汝今當知　尒時王子　摩訶薩埵
捨身飼虎　今我身是　尒時大王　摩訶羅陁
於今父王　輸頭檀是　尒時王妃　今摩耶是
第一王子　今彌勒是　第二王子　今調達是
尒時虎者　今瞿夷是　時虎七子　今五比丘
及舍利弗　目揵連是

津圖 089　金光明經卷四

諸大姊我今欲說波羅提木叉戒汝等諦聽善心念之若自知
有犯者即應自懺悔不犯者默然默然者知諸大姊清淨若
有他問者亦如是答如是比丘尼在於衆中乃至三問憶念有
罪不懺悔者得故妄語罪故妄語者佛說障道法若彼比丘尼
憶念有罪欲求清淨者應懺悔懺悔得安樂諸大姊我已說
戒經序今問諸大姊是中清淨不如是三諸大姊是中清淨默然
故是事如是持　諸大姊是八波羅夷法半月半月說戒經中來
若比丘尼作婬欲犯不淨行乃至共畜生是比丘尼波羅
夷不共住
若比丘尼在聚落若空處不與懷盜心取隨所盜物若為王
若王大臣所捉若縛若殺若駈出國汝是賊汝癡汝无所知若比
丘尼作如是不與取是比丘尼波羅夷不共住
若比丘尼故自手斷人命持刀授與人若歎死譽死勸死咄人
用此惡活為寧死不生作如是心念无數方便歎死譽死勸死
是比丘尼波羅夷不共住
若比丘尼實無所知自歎譽言我得過人法入聖智勝法我
知是我見是後於異時若問若不問欲求清淨故作如是言諸
大姊我實不知不見而言我知我見虛誑妄語除增上慢是比
丘尼波羅夷不共住

津圖 090　四分比丘尼戒本

菩提如恒河中所有沙數如是沙等恒河
於意云何是諸恒河沙寧為多不須菩提言
甚多世尊但諸恒河尚多无數何况其沙須
菩提我今實言告汝若有善男子善女人以
七寶滿尒所恒河沙數三千大千世界以用
布施得福多不須菩提言甚多世尊佛告須
菩提若善男子善女人於此經中乃至受持
四句偈等為他人說而此福德勝前福德
尊重正教分第十二
復次須菩提隨說是經乃至四句偈等當知
處一切世間天人阿脩羅皆應供養如佛
塔廟何况有人盡能受持讀誦須菩提當知
是人成就最上第一希有之法若是經典所
在之處則為有佛若尊重弟子

津圖 091　金剛般若波羅蜜經

者主月蓋從八万四千人來入維摩詰舍見
其室中菩薩甚多諸師子坐高廣嚴好皆大
歡喜礼衆菩薩及大弟子却住一面諸地神
虛空神及欲色界諸天聞此香氣亦皆來入
維摩詰舍時維摩詰語舍利弗等諸大聲聞
仁者可食如來甘露味飯大悲所熏无以限意
食之使不消也有異聲聞念是飯少而此大
衆人人當食化菩薩曰勿以聲聞小德小
智稱量如來无量福慧四海有竭此飯无盡使一
切人食揣若須弥乃至一劫猶不能盡所以
者何无盡戒定智慧解脫解脫知見功德具
足者所食之餘終不可盡於是鉢飯悉飽衆
會猶故不賜其諸菩薩聲聞天人食此飯者
身安快樂譬如一切樂莊嚴國諸菩薩也又
諸毛孔皆出妙香亦如衆香國土諸樹之香

津圖 092　維摩詰所說經卷下

唐人寫經是鈔書不是臨帖就各體觀自在處玩好既久得行間靜氣使佳極力要好有意學醜皆非自然

寫經是經生做活偶出士大夫也是做經生的功課當具下筆不欲過好不得過醜與八股時期寒士替人鈔書院卷子正復相似耳

大方

量衆生得樂憐愍饒益諸天人故是諸菩薩行菩薩道時以四事攝无量百千衆生所謂布施愛語利益同事亦以十善道成就衆生自行初禪亦教他人令行初禪乃至自行非有想非无想處亦教他人令行乃至非有想非无想處

朱弢自青島來呂美濃命為贈因言唐人寫經字體遂拈筆為此或不甚遠尚未自然耳 大方

踏莎行 用朱弢韻

望海疑烟看花迷霧天涯芳草無尋處小樓鎮日數歸期東山底事來何暮 信步嬉遊攤書對語閒中客裏堪依據一回相見一回忙匆匆舊雨如新雨

行年五十話意都如孺

予朱弢當信余能過活也

大方

方爾謙跋

唐人寫經殘卷（三）

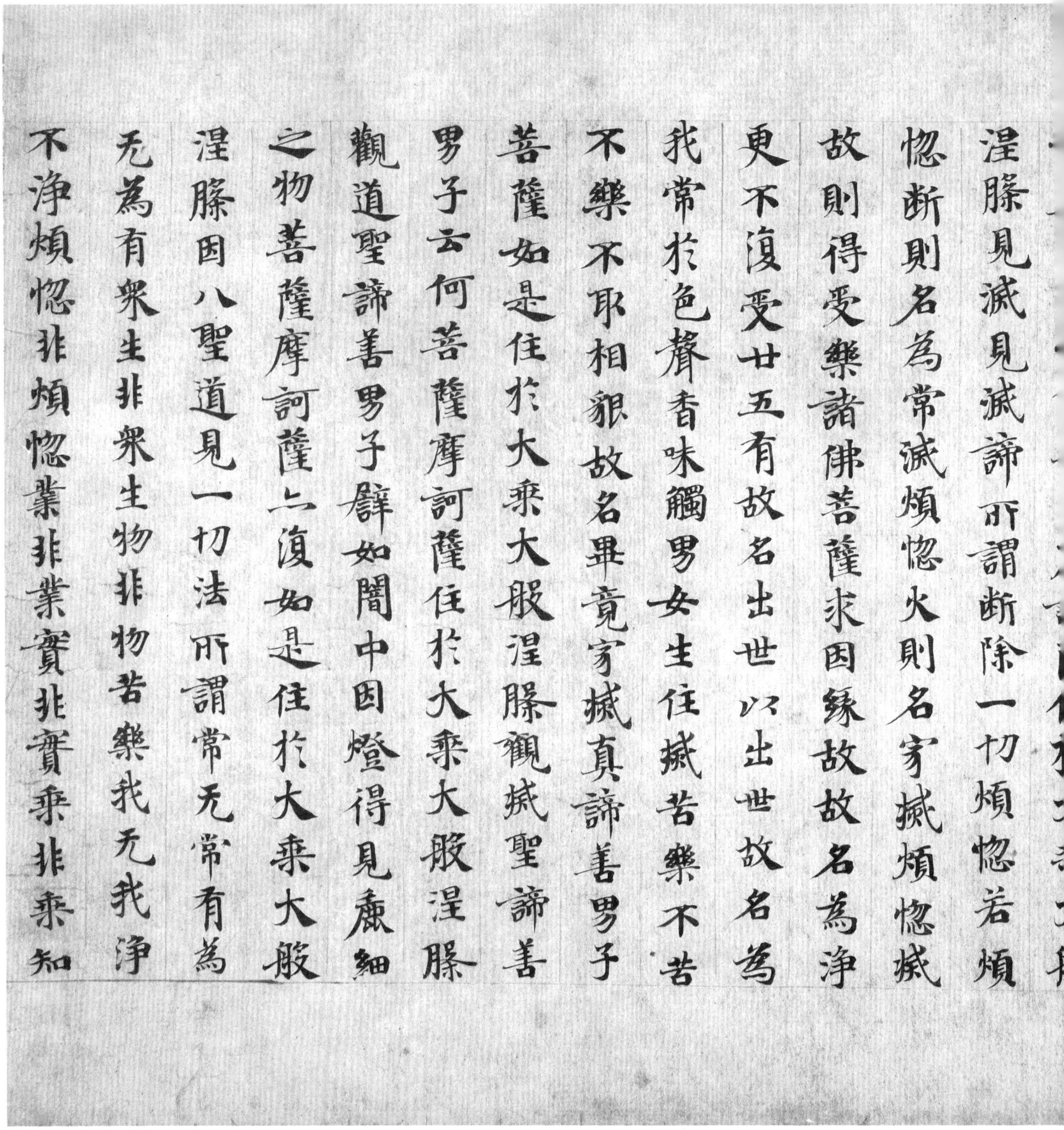

涅槃見滅見滅諦所謂断除一切煩惱若煩
惱断則名為常滅煩惱火則名寂滅煩惱滅
故則得受樂諸佛菩薩求因緣故名為淨
更不復受廿五有故名出世以出世故名為
我常於色聲香味觸男女生住滅苦樂不苦
不樂不取相貌故名畢竟寂滅真諦善男子
菩薩如是住於大乘大般涅槃觀滅聖諦善
男子云何菩薩摩訶薩住於大乘大般涅槃
觀道聖諦善男子譬如闇中因燈得見麁細
之物菩薩摩訶薩亦復如是住於大乘大般
涅槃因八聖道見一切法所謂常无常有為
无為有衆生非衆生物非物苦樂我无我淨
不淨煩惱非煩惱業非業實非實乘非乘知

津圖 093　大般涅槃經卷一三

復如是於父母所而生悪心能拔大智舍利
弗等无上深固菩提根栽唯除菩薩是名畢
風善男子云何彗星辟如彗星出現天下一
切人民飢饉病瘦嬰諸苦惱愛之彗星亦復
如是能斷一切善根種子令凡夫人孤窮飢
饉生煩惱病流轉生死受種種苦唯除菩薩
是名彗星善男子菩薩摩訶薩住於大乘大
般涅槃觀察愛結如是九種善男子以是義
故諸凡夫人聲聞緣覺有苦有苦諦而无真
實諸菩薩等解苦无苦是故无苦而有真諦
諸凡夫人有集无諦聲聞緣覺有集有集諦
諸菩薩等解集无集是故无集而有真諦聲
聞緣覺有滅非真菩薩摩訶薩有滅有真諦
聲聞緣覺有道非真菩薩摩訶薩有道有真

樹下三昧七日過七日已仏從定起作是念我所得
法甚深微妙難解難見寂漠无爲智者所知
非思所及衆生樂著三界窟宅集此諸業
何緣能悟十二因緣甚深微妙難見之法
又復息一切行截斷諸流盡息愛源无餘
泥洹道復甚深若我說者徒自疲勞瑞應
下品大意亦尔並與今說相會故略舉也次
明仏息大化云我寧不說法疾入於涅槃者只
以默然不說名爲涅槃可謂釋迦掩室於摩
竭瑞應上品大經並存斯義釋論第七品
正如今意也　尋念過去仏下有十一行偈是
第四明以四三乘化衆生得也又爲六階初一行以
三乘擬宜次四行半諸仏加勸次一行釋迦受

津圖 094　法華經疏

也言始生者得仏之始也起而觀道樹逍遥経
行其間念報樹恩欲以大乗化物也或有説言
觀衆生有可樹立者欲立之於大乗也今謂
觀樹之事在諸本起中義如前釋也於巳七日
中者是得仏後未轉法輪前有三七日餘處或云五
七日釋論第七巻云五十七日弥妙塞律言亦三昧、
七日瑞應本起似三七日或似二七日皆見迹不同樓
事各異、其間有花嚴八會等非所知也思惟
如是事者指下所明仏慧之事欲以之化物也
我所我所得智慧微妙最第一者此如大品大
如品云諸仏阿耨多羅三藐三菩提甚深難
見難解一切世間所不能信今謂菩提是如来
真知體窮、窮微非世間之所知解也次一行明
物无大機者如弥沙塞律第十九巻云仏受提

如王所言世无良醫治惡業者今有大師名
迦羅鳩馱迦旃延一切知見明了三世於一
念頃能見无量无邊世界聞聲亦尒能令衆
生遠離過惡猶如恒河若內若外所有諸罪
皆悉清淨是大良師亦復如是能除衆生內
外衆罪為諸弟子說如是法若人殺害一切
衆生心无慚愧終不墮惡猶如虛空不受塵
水有慚愧者即入地獄猶如大水潤漯於地
一切衆生悉是自在天之所化自在天喜衆
生安樂自在天瞋衆生苦惱一切衆生若罪
若福乃是自在之所為作云何當言人有罪
福譬如工匠作機關木人行住坐卧唯不能
言衆生亦尒自在天者喻如工匠木人者喻
衆生身如是造化誰當有罪如是大師今者
近在王舍城住唯願速往如其見者衆罪消
滅王即荅言審有是人能滅我罪我當歸依

津圖 095　大般涅槃經卷一九

心議也
歎我名并讚此土令彼菩薩增益功德彼菩
薩言其人何如乃作是化德力无畏神足若斯
佛言甚大一切十方皆遣化往施作佛事饒
益衆生於是香積如來以衆香鉢盛滿香
飯與化菩薩時彼九百万菩薩俱發聲言我
欲詣娑婆世界供養釋迦牟尼佛并欲見維摩
詰等諸菩薩衆佛言可往攝汝身香无令彼
諸衆生起惑著心又當捨汝本形勿使彼國
求菩薩者而自鄙恥又汝於彼莫懷輕賤而作
㝵想所以者何十方國土皆如虛空又諸佛為
欲化諸樂小法者不盡現其清淨土耳時
化菩薩既受鉢飯與彼九百万菩薩俱承
佛威神及維摩詰力於彼世界忽然不現
須臾之間至維摩詰舍維摩詰即化作九百
万師子之坐嚴好如前諸菩薩皆坐其上化
菩薩以滿鉢香飯與維摩詰飯香普熏毗耶
離城及三千大千世界時毗耶離婆羅門居
士等聞是香氣身意快然歎未曾有於是長

津圖 096　維摩詰所說經卷下

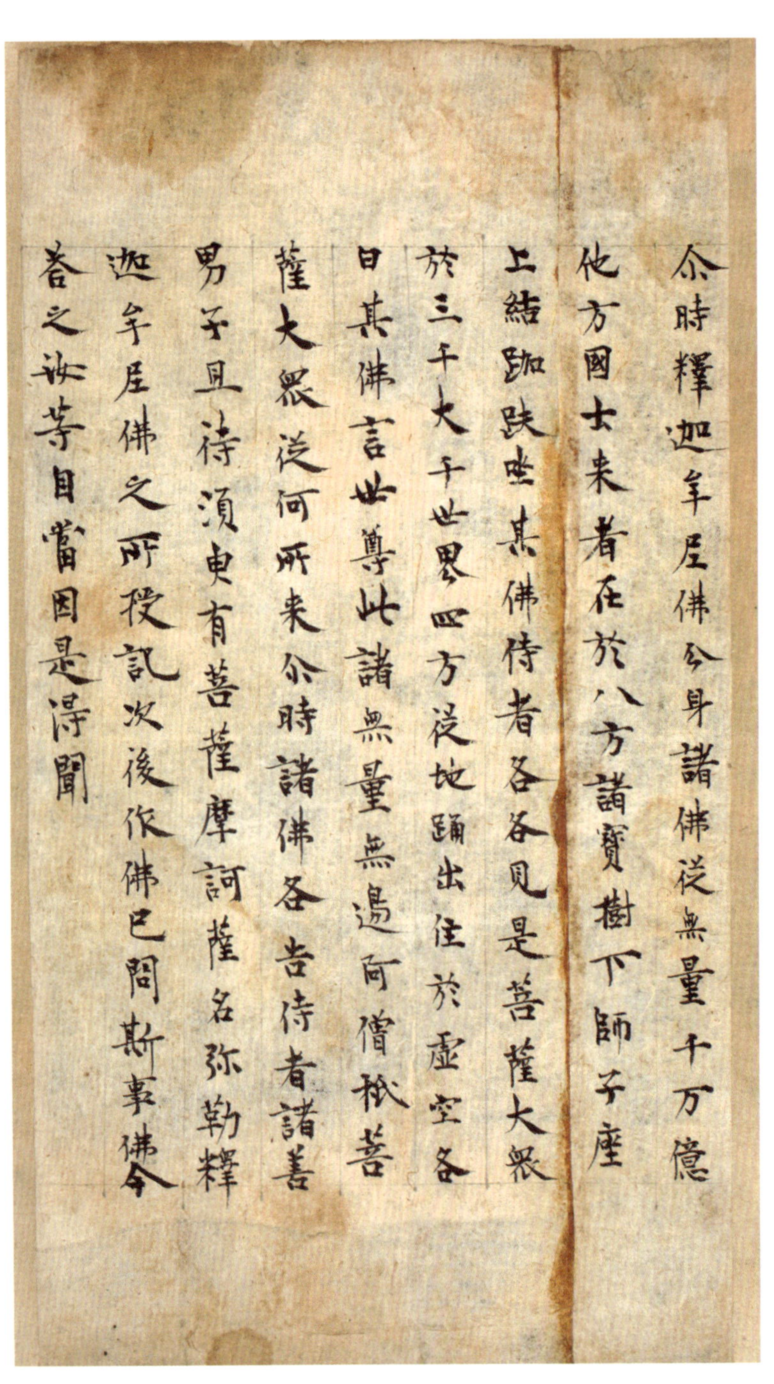

尒時釋迦牟尼佛分身諸佛從無量千万億
他方國土来者在於八方諸寶樹下師子座
上結跏趺坐其佛侍者各各見是菩薩大衆
於三千大千世界四方從地踊出住於虛空各
白其佛言世尊此諸無量無邊阿僧祇菩
薩大衆從何所来尒時諸佛各告侍者諸善
男子且待須臾有菩薩摩訶薩名弥勒釋
迦牟尼佛之所授記次後作佛已問斯事佛今
荅之汝等自當因是得聞

津圖 097　妙法蓮華經卷五

建立道場求於十方現住國土无上如來放
大悲光來灌其頂阿難如是末世清淨比丘
若比丘尼白衣檀越心滅貪婬持佛淨戒於
道場中發菩薩願出入澡浴六時行道如是
不寐經三七日我自現身至其人前摩頂安
慰令其開悟
我蒙如來无上悲誨心已

大佛頂經卷第七

大佛頂如來密因修證了義諸菩薩萬行首楞嚴經第七

一名中印度那蘭陁大道

場經扵灌頂部錄出別行

阿難汝問攝心我今先說入三摩地修學妙
門求菩薩道要先持此四種律儀皎如氷霜
自不能生一切枝葉心三口四生必无因阿
難如是四事若不失遺心尚不緣色香味觸
一切魔事云何發生若有宿習不能滅除汝
教是人一心誦我佛頂光明摩訶薩怛多般
怛羅无上神呪斯是如來无見頂相无為心
佛從頂發輝坐寶蓮花所說心呪且汝宿世
與摩登伽歷劫因緣恩愛習氣非是一生及
與一劫我一宣揚愛心永脫成阿羅漢彼尚
婬女无心修行神力冥資速證无學云何汝
等在會聲聞求最上乘決定成佛譬如以塵
揚于順風有何艱險若有末世欲坐道場
先持比丘清淨禁戒要當選擇戒清淨者第
一沙門以為其師若其不遇真清淨僧汝戒
律儀必不成就戒成已後著新淨衣然香閑

津圖 098　大佛頂如來密因修證了義諸菩薩萬行首楞嚴經卷七

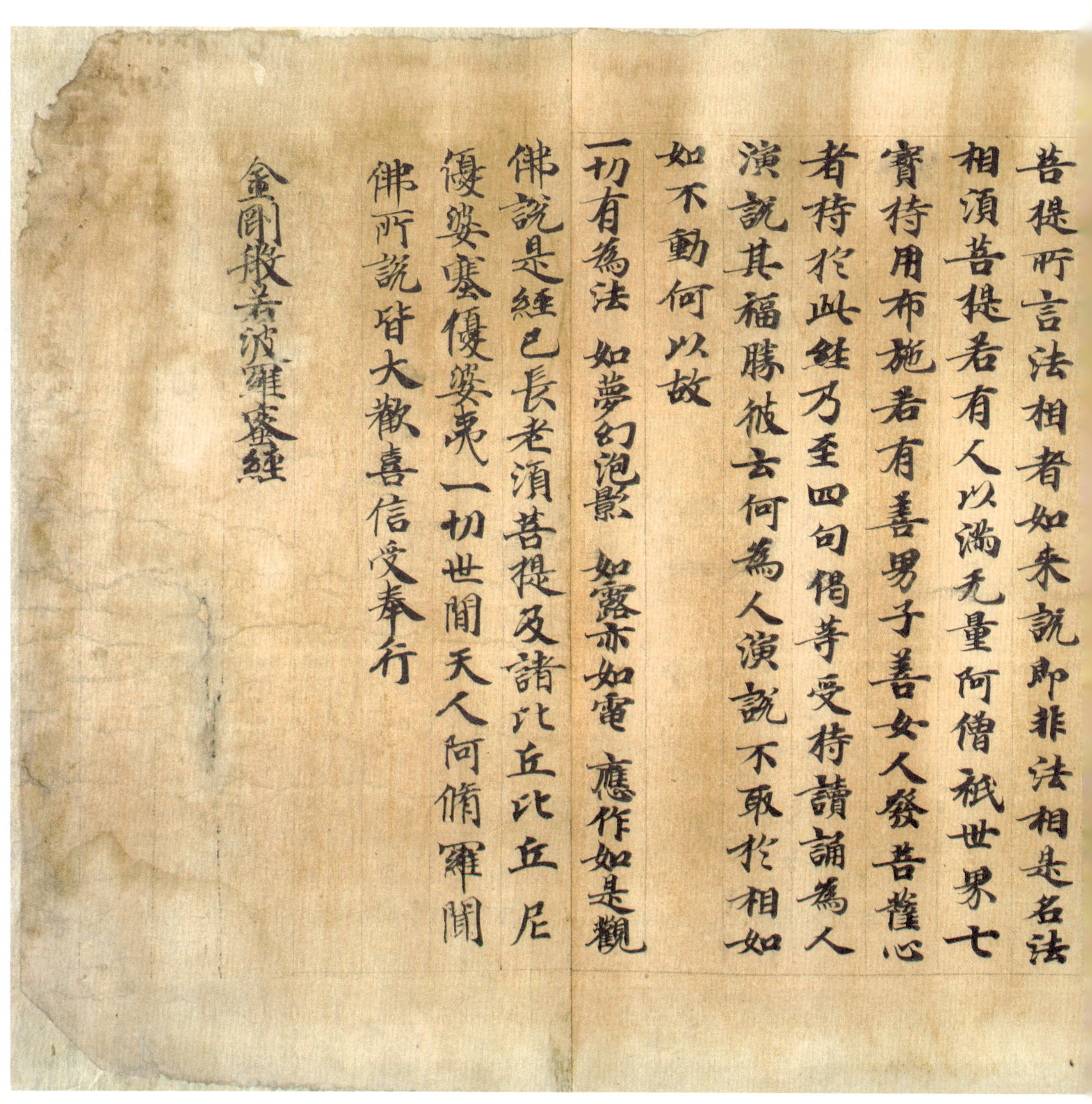

菩提所言法相者如来説即非法相是名法
相須菩提若有人以滿无量阿僧祇世界七
寶持用布施若有善男子善女人發菩薩心
者持於此經乃至四句偈等受持讀誦為人
演説其福勝彼云何為人演説不取於相如
如不動何以故
一切有為法　如夢幻泡影　如露亦如電　應作如是觀
佛説是經已長老須菩提及諸比丘比丘尼
優婆塞優婆夷一切世間天人阿脩羅聞
佛所説皆大歡喜信受奉行
金剛般若波羅蜜經

津圖 099　金剛般若波羅蜜經

須菩提若善男子善女人以三千大千世界碎為微塵於意云何是微塵衆寧為多不甚多世尊何以故若是微塵衆實有者佛則不說是微塵衆所以者何佛說微塵衆則非微塵衆是名微塵衆世尊如來所說三千大千世界則非世界是名世界何以故若世界實有者則是一合相如來說一合相則非一合相是名一合相須菩提一合相者則是不可說但凡夫之人貪著其事

須菩提若人言佛說我見人見衆生見壽者見須菩提於意云何是人解我所說義不世尊是人不解如來所說義何以故世尊說我見人見衆生見壽者見即非我見人見衆生見壽者見是名我見人見衆生見壽者見須菩提發阿耨多羅三藐三菩提心者於一切

見人見衆生見壽者見須菩提發向耨多羅
三藐三菩提心者於一切法應如是知如是
見如是信解不生法相須菩提所言法相如
来説即非法相是名法相須菩提若有人以
滿无量向僧祇世界七寶持用布施若有善
男子善女人發菩薩心者持於此經乃至四
句偈等受持讀誦為人演説其福勝彼云何
為人演説不取於相如如不動何以故
一切有為法 如夢幻泡影 如露亦如電 應作如是觀
佛説是經已長老須菩提及諸比丘比丘尼
優婆塞優婆夷一切世間天人向脩羅聞佛
所説皆大歡喜信受奉行

津圖 100　金剛般若波羅蜜經

若来若去若坐若卧是人不解我所説義何
以故如来者无所從来亦无所去故名如来
須菩提若善男子善女人以三千大千世界
碎為微塵於意云何是微塵衆寧為多不
甚多世尊何以故若是微塵衆實有者佛則
不説是微塵衆所以者何佛説微塵衆則非
微塵衆是名微塵衆世尊如来所説三千大千
世界則非世界是名世界何以故若世界實
有者則是一合相如来説一合相則非一合
相是名一合相須菩提一合相者則是不可
説但凡夫之人貪著其事須菩提若人言佛
説我見人見衆生見壽者見須菩提於意云
何是人解我所説義不世尊是人不解如来
所説義何以故世尊説我見人見衆生見壽

音王如来既已滅度正法滅後於像法中增
上慢比丘有大勢力尒時有一菩薩比丘名
常不輕得大勢以何因緣名常不輕是比丘
凡有所見若比丘比丘尼優婆塞優婆夷皆
悉礼拜讚歎而作是言我深敬汝等不敢輕
慢所以者何汝等皆行菩薩道當得作佛而
是比丘不專讀誦經典但行礼拜乃至遠見
四衆亦復故往礼拜讚歎而作是言我不敢
輕於汝等汝等皆當作佛故四衆之中有生
瞋恚心不淨者惡口罵詈言是无智比丘從
何所来自言我不輕汝而與我等受記當得
作佛我等不用如是虛妄受記如此經歷多
年常被罵詈不生瞋恚常作是言汝當作佛

津圖 101　妙法蓮華經卷六

勢乃往古昔過无量无邊不可思議阿僧祇
劫有佛名威音王如來應供正遍知明行足
善逝世間解无上士調御丈夫天人師佛世
尊劫名離衰國名大成其威音王佛於彼世
中為天人阿脩羅説法為求聲聞者説應四
諦法度生老病死究竟涅槃為求辟支佛者
説應十二因緣法為諸菩薩因阿耨多羅三
藐三菩提説應六波羅蜜法究竟佛慧得大
勢是威音王佛壽四十万億那由他恒河沙
劫正法住世劫數如一閻浮提微塵像法
住世劫數如四天下微塵其佛饒益衆生已然
後滅度正法像法滅盡之後於此國土復有
佛出亦号威音王如來應供正遍知明行足

敬作禮圍繞以諸華香而散其處
復次須菩提若善男子善女人受持讀誦此
經若為人輕賤是人先世罪業應墮惡道以
今世人輕賤故先世罪業則為消滅當得阿
耨多羅三藐三菩提須菩提我念過去无量
阿僧祇劫於然燈佛前得值八百四千万億
那由他諸佛悉皆供養承事无空過者若復
有人於後末世能受持讀誦此經所得功德
於我所供養諸佛功德百分不及一千万億
分乃至筭數譬喻所不能及須菩提若善男
子善女人於後末世有受持讀誦此經所得
功德我若具說者或有人聞心則狂亂狐疑
不信須菩提當知是經義不可思議果報亦
不可思議

津圖 102　金剛般若波羅蜜經

須菩提若有善男子善女人初日分以恒河
沙等身布施中日分復以恒河沙等身布施
後日分亦以恒河沙等身布施如是无量百
千万億劫以身布施若復有人聞此經典信
心不逆其福勝彼何況書寫受持讀誦為人
解說須菩提以要言之是經有不可思議不
可稱量无邊功德如來為發大乘者說為發
最上乘者說若有人能受持讀誦廣為人說
如來悉知是人悉見是人皆得成就不可量
不可稱无有邊不可思議功德如是人等則
為荷擔如來阿耨多羅三藐三菩提何以故
須菩提若樂小法者著我見人見衆生見壽
者見則於此經不能聽受讀誦為人解說須
菩提在在處處若有此經一切世間天人阿

言善[illegible][illegible]今諦
女人發阿耨多羅三藐三菩提心應如是住
如是降伏其心唯然世尊願樂欲聞
佛告須菩提諸菩薩摩訶薩應如是降伏其
心所有一切眾生之類若卵生若胎生若濕
生若化生若有色若無色若有想若無想
若非有想若非無想我皆令入無餘涅槃而滅
度之如是滅度無量無數無邊眾生實無眾
生得滅度者何以故須菩提若菩薩有我相
人相眾生相壽者相即非菩薩
復次須菩提菩薩於法應無所住行於布施
所謂不住色布施不住聲香味觸法布施須
菩提菩薩應如是布施不住於相何以故若
菩薩不住相布施其福德不可思量須菩提
於意云何東方虛空可思量不不也世尊須
菩提南西北方四維上下虛空可思量不不
也世尊須菩提菩薩無住相布施福德亦復
如是不可思量須菩提菩薩但應如所教住
須菩提於意云何可以身相見如來不不也
世尊不可以身相得見如來何以故如來所
說身相即非身相佛告須菩提凡所有相皆
是虛妄若見諸相非相則見如來

津圖 103　金剛般若波羅蜜經

即得一切怨人而自降伏
廿九日夜取白檀香作末
種種花澡浴清淨著新淨衣
沉水香面向東結跏趺坐想千手千眼觀世音
薩如在頂上誦大身咒一千八遍此是最上
悉地祕之切能又取芥子烏麻著一處和搗為
末以三指撮少許咒之一遍擲著火中至滿
日別一百八遍然後所作悉皆成就
菩薩廣大无畏印第十六
起立並足先以右手仰乘左肘膝頭左手亦如之
若常於舍利像前誦大身咒一千八遍速得无
畏施於衆生三昧門又取槐香白芥子昌蒲捨
多婆利外國藥名以此等物内火中燒之火燒之時應於
佛前或在壇淨處誦大身咒一咒一燒滿一百八遍
復以香花供養咒法所為之願悉皆成就所為
之者皆悉剋果若餘咒无驗以此咒咒之亦皆成
就若欲乞夢誦此咒并作印印眼即有夢隨
所欲見皆得見之若人无福所向不諧者日誦一
百八遍咒滿七日諸有所求一切皆得尒時菩薩
在娑竭羅龍宮海法會說法見諸龍衆受大
苦惱愍諸龍衆為度苦惱及諸衆生悉得離苦
无諸怨害尒時龍女獻一寶珠價直娑婆世界
為求此法故吾為廣說是姥陀羅尼法離諸苦
難尒時水精菩薩為欲利益讙持此咒而說咒曰

津圖 104　千手千眼觀世音菩薩姥陀羅尼身經

菩提耶如來有所說法耶須菩提言如我解
佛所說義無有定法名阿耨多羅三藐三菩
提亦無有定法如來可說何以故如來所說
法皆不可取不可說非法非非法所以者何
一切賢聖皆以無爲法而有差別
須菩提於意云何若人滿三千大千世界七
寶以用布施是人所得福德寧爲多不須菩
提言甚多世尊何以故是福德即非福德
性是故如來說福德多若復有人於此經中受
持乃至四句偈等爲他人說其福勝彼何以故
須菩提一切諸佛及諸佛阿耨多羅三藐三
菩提法皆從此經出須菩提所謂佛法者即
非佛法

津圖 105　金剛般若波羅蜜經

須菩提白佛言世尊頗有衆生得聞如是言
說章句生實信不佛告須菩提莫作是說如
來滅後後五百歲有持戒脩福者於此章句
能生信心以此為實當知是人不於一佛二佛
三四五佛而種善根已於無量千萬佛所
種諸善根聞是章句乃至一念生淨信者須
菩提如來悉知悉見是諸衆生得如是無量
福德何以故是諸衆生無復我相人相衆生
相壽者相無法相亦無非法相何以故是諸
衆生若心取相則為著我人衆生壽者若取
法相即著我人衆生壽者何以故若取非法
相即著我人衆生壽者是故不應取法不應
取非法以是義故如來常說汝等比丘知我

長跪合掌發是願言我今持是无價寶珠及
以天冠為供養大心衆生故此人來世不久
當成阿耨多羅三藐三菩提我於彼佛莊嚴
國界得授記者令我寶冠化成供具如是諸
天子等各各長跪發弘誓願亦復如是時諸
天子作是願已是諸寶冠化作五百万億寶
宮一一寶宮有七重園一一園七寶所成一
一寶百億光明一一光明中有五百億蓮華
一一蓮華化作五百億七寶行樹一一樹葉
有五百億寶色一一寶色有五百億閻浮檀
金光一一閻浮檀金光中出五百億諸天寶
女一一寶女住立樹下執百億寶无數瓔珞
樂時樂音中演說不退轉地法輪之
梨色一切衆色入頗梨色
出衆音衆音演說

津圖 106　觀彌勒菩薩上生兜率天經

陁目佉ㄗ羅尼空慧陁羅尼无礙性陁羅尼
大解脫无相陁羅尼尒時世尊以一音聲說
百億陁羅尼門說此陁羅尼已尒時會中有
一菩薩名曰弥勒聞佛所說應時即得百萬
億陁羅尼門即從座起整衣服叉手合掌住
立佛前尒時優波離亦從座起頭面作礼而
白佛言世尊世尊往昔於毗尼中及諸經藏
說阿逸多次當作佛此阿逸多具凡夫身未
斷諸漏此人命終當生何處其人今者雖復
出家不脩禪定不斷煩惱佛記此人成佛无
疑此人命終生何國土佛告優波離諦聽諦
聽善思念之如來[illegible]遍知今於此衆說弥勒
菩薩摩訶薩阿耨多羅三藐三菩提記此人
從今十二年後命終必得往生兜率天上尒
時兜率陁天上有五億天子一一天子皆脩

[illegible]
如旋火輪未有休息阿難如水成氷氷還成
水汝觀地性麁為大地細為微塵至隣虚塵
折彼極微色邊際相七分所成更折隣虚即
實空性阿難若此隣虚折成虚空當知虚空
出生色相汝今問言由和合故出生世間諸
變化相汝且觀此一隣虚塵用幾虚空和合
而有不應隣虚合成隣虚又隣虚塵折入空
者用幾色相合成虚空若色合時合色非空
若空合時合空非色色猶可折空云何合汝
元不知如來藏中性色真空性空真色清淨
本然周遍法界隨衆生心應所知量循業發現
世間無知惑為因緣及自然性皆識心分別
計度但有言說都無實義

津圖 107　大佛頂如來密因修證了義諸菩薩萬行首楞嚴經卷三

無則意與法及意界三本非因緣非自然性
阿難白佛言世尊如来常說和合因緣一切
世間種種變化皆因四大和合發明云何如
来因緣自然二俱排擯我今不知斯義所屬
唯垂哀愍開示衆生中道了義無戲論法
尒時世尊告阿難言汝先猒離聲聞緣覺諸
小乘法發心勤求無上菩提故我今時為汝
開示第一義諦如何復將世間戲論妄想因
緣而自纏繞汝雖多聞如說藥人真藥現前
不能分別如来說為真可憐愍汝今諦聽吾
當為汝分別開示亦令當来脩大乘者通達
實相阿難默然承佛聖旨
阿難如汝所言四大和合發明世間種種變
化阿難若彼大性體非和合則不能與諸大

作[illegible]作[illegible]道術道以行角形慧行解形是名
後有得六神通自如實知能為他說故說自
知作證我生已盡梵行已立如是廣說
如來十力有七種一者自性二者分別三者
不共四者平等五者造業六者次第七者差別
自性者有說五根自性有說智慧自性智慧
自性者說處非處智力不說處非處信等力
如是處非處智力餘力亦如是分別者略說
有三種一者時分別過去未來現在入一切智
二者種分別一切有為法自相共相入一切種
三者衆生分別一切衆生界入一切利益如
是三種分別廣說則有无量
不共者如來十力不與聲聞辟支佛共等者〔平等〕
一切如來十力平等无軟中上

津圖 108　菩薩地持經卷一〇

羊毛光故名惡色白淨有二種如是像類乘
中陰生如明月光波羅捺衣故名好色起於
惡貳是名惡貳身口意惡行種種耶見是名
惡見身口意惡行種種耶見惡行成就誹謗
賢聖是名惡見誹謗計著耶見耶因耶果緣
是造作一切耶業造耶業已受現世樂未来
苦報成現世苦未来苦報是名受耶法因成
就種種惡法生惡道中是名因彼名色分離
是名身壞生分都盡是名命終非法惡行是
名為惡受煩苦觸長夜无間是名惡趣隨煩
下處背大悲等是名為墮增上可猒是名遲
染與上相違是名淨分乘善行生是名善趣
所受自然是名為天
一切漏无餘斷一切使對治无漏心 无漏 智

一波囉 二合 部多囉怛那里怛他孽哆野 此云多寶如來 由稱多寶如來名號加持故
能破一切諸鬼多生已來慳悋惡業即得福德圓滿　南謨婆誐嚩帝　素嚕
波耶怛他孽哆野 此云南无妙色身如來 由稱妙色身如來名號加持故能破諸鬼醜
陋惡刑即得色相具足　南謨婆誐嚩帝　尾布羅誐怛囉 二合 耶怛他孽哆野
此云南无廣博身如來 由稱廣博身如來名號加持故能令諸鬼咽喉寬大所施之
恣意充飽　南謨婆誐嚩帝　阿婆孕迦囉 二合 野怛他孽哆野 此云南无離怖畏如來
由稱離怖畏如來名號加持故能令諸鬼一切恐怖悉皆除滅離餓鬼趣
佛告阿難善男子等既稱四如來名號加持已彈指七下取於食器於淨
地上展臂瀉之作此施已於其四方有百千俱胝那由他恒河沙餓鬼各有
摩伽陀國七七斛食已悉皆飽滿是諸鬼等悉捨鬼身生於天上阿難若比
丘比丘尼優婆塞優婆夷常以此呪呪食施鬼便能具足无量福德則同供
養百千俱胝如來功德等无差別壽命延長增益色力善根具足一切非
人夜叉羅剎諸惡鬼神不敢侵害又能成就无量威德　若欲施諸婆羅
門仙以淨飲食滿盛一器即以前呪呪之七遍投淨流水如是作已即為以天美妙
之食供養百千俱胝恒河沙數婆羅門仙彼諸仙人等得呪食故以呪威德各
各成就根本所願諸善功德各各同時願呪是人令壽延長色力安樂又令
其人心所見聞正解清淨具足成就梵天勝行又同供養百千恒河沙如來功
德一切怨讎不能侵害若比丘比丘尼優婆塞優婆夷若欲供養佛法僧寶
應以香花及淨飲食以前神呪之呪滿足二十一遍奉獻三寶是善男子及善
女人則成以天餚饍遍奉供養滿十方界佛法僧寶亦讚為歎勸請隨喜

津圖 109　救拔焰口餓鬼陀羅尼經

利甚可怖畏住阿難前白阿難言却後三日汝命將盡即便生此餓鬼之中是
時阿難聞此語已心生惶怖問餓鬼言若我死後生餓鬼者行何方便得免
斯苦　尒時餓鬼白阿難言汝於明日若能布施百千那由他恒河沙數餓
鬼并百千婆羅門仙等以摩伽陀國所用之斛各施一斛食飲并及為我
三寶汝得增壽令我離於餓鬼之苦得生天上阿難見此焰口餓鬼身
瘦枯燋極醜口中火然咽如針鋒頭髮蓬亂牙爪長利又聞如是不順之說
甚大驚怖身毛皆竪即從坐起疾至佛所五體投地頂礼佛足身體戰
慄而白佛言願救我苦所以者何我住淨處念所授法見焰口鬼而語我言汝過
三日必當命盡生餓鬼中我即問言云何令我得免斯苦餓鬼答言汝今若能
施於百千那由他恒河沙數餓鬼及百千婆羅門仙等種種飲食汝得增壽
尊我今云何能辦若干餓鬼仙人等食尒時世尊告阿難言汝今勿怖我有
方便令汝能施若干百千恒河沙餓鬼及諸婆羅門仙等種種飲食勿生憂
惱佛告阿難有陀羅尼名曰無量威德自在光明勝妙力若有誦此陀羅
者即能充足俱胝那由他百千恒河沙數餓鬼及婆羅門仙等上妙飲食如
是等眾乃至一一皆得摩伽陀國所用之斛七七斛食阿難我於前世作婆羅
門於觀音菩薩及世間自在威德如來所受此陀羅尼故能施與無量餓
鬼及諸仙等種種飲食令諸餓鬼解脫苦身得生天上阿難汝今受持福德
壽命皆得增長尒時世尊即為阿難說此陀羅尼曰
那謨薩婆怛他蘖多引嚩無可反盧枳帝　唵　叄婆羅　叄婆羅　吽
佛告阿難若有善男子善女人欲求長壽福德增榮速能滿足檀波羅
[illegible]一淨器盛以淨水置少飯麨及諸餅等

山是如来餘　无上勝尊賜　我當承佛教　願仁清淨受
其女菴提遮即以偈歎曰
嗚呼大慈悲　知我在室已　今賜一味食　尋仰覩聖音
復以偈答彼化女曰　我常念所思　大聖之所行　未曾與汝異　何事不清淨
其化女聞菴提遮說偈已即没不現其女菴提遮以心念誦偈言
我夫今何在　願出見勝尊　願知我淨心　速来得同聞
尒時菴提遮淨心力故其夫道念即至其所是女菴提遮見其夫已心生歡喜偈
歎曰　嗚呼大勝尊　今随濟我願　不違破小戒　恐當不同聞
其夫見菴提遮偈言已即還以偈責曰
嗚呼汝大癡　不知善自宜　勞聖賜餘食　守戒竟何為
時女菴提遮即随其夫往詣佛所各白佛及諸大衆恭敬而立時女
菴提遮以偈歎曰　我念大慈悲　救護十方尊　欲說秘密藏
賜我淨餘飯　大聖甚難會　世忠有所疑　誰可問法者　發衆菩提基
尒時舍利弗即白佛言世尊此是何女人忽今来至此復說如是法偈
言得餘食佛告舍利弗言此是長者女復問曰從何而来何因至
此佛告舍利弗此女不從遠来只在此室雖有父母眷屬其夫不
在以自試敬順夫因緣故不從父母輙尒出遊現於大衆尒時舍利弗
白佛言是女以何善因故生此長者家其容若此復以何因緣故得
如是丈夫禁約若此不能自由見佛及僧佛即告舍利弗汝自問之時
舍利弗問其女曰汝以何因緣生此長者家復以何因緣得如是人為

津圖 110　救拔焰口餓鬼陀羅尼經　長者女菴提遮師子吼了義經

功德恒為諸佛憶念稱讚諸天鬼神恒來擁護即為滿足檀波羅蜜阿耨
汝隨我語如法修行廣宣流布令諸衆生普得見聞獲无量福是名救
餓口鬼及苦衆生陁羅尼呪 所稱四如來名号若不梵誦但漢稱亦得

佛說救拔餓口餓鬼陁羅尼經

佛說長者女菴提遮師子吼了義經

如是我聞一時佛住舍衛國祇樹給孤獨園與无量比丘比丘尼優
婆塞優婆夷菩薩摩訶薩衆俱尒時去舍衛城西二十餘里有
一村名長提有一婆羅門名婆私膩迦在其中住其人學問廣
博深信内典敬承佛教時婆羅門欲設大會至祇洹所請佛及僧
佛則受其請婆羅門還家又尅其時佛與大衆往詣彼村至婆
羅門舍尒時長者見佛歡喜踊躍不能自勝即率諸眷屬來奉
佛所各各礼佛恭敬而住其婆羅門有一長女名菴提遮先嫡
與人暫來還家侍省父母其女容貌端正其廣高遠用心柔下其
懷豁然能和夫妻侍養親族事夫如禁其儀无比出於群類父
母眷屬皆出見佛唯有此女獨在室内其女自以生來父母莫惻
其所由故名之菴提遮尒時如來即知長者有一女在室内未出亦
知其不出所由其若出者利益无量大衆及諸天人佛即告長者
言汝之眷屬出來盡邪其婆羅門束手長跪佛前以此女不出之
狀特之為恥嘿然未答佛則知其意仍告之言中時向至可設供邪
時婆羅門即承佛教赴設供養大衆及其長者眷屬中食已訖

是為无常義又問曰若知諸法畢竟不生不滅者即是常義云何說
為无常義耶答曰但以諸法自在變易无定明不自得隨如是知者故
說有无常義耶又問曰空以何為義答曰若能知諸法相未曾自空不
壞今有而能不空空不有有故說有空義又問曰若不空空不有有
者即无有事將何為空義耶其女菴提遮則以偈答曰
嗚呼真大德　不知實空義　色无有相自　豈非如空也　空若自有空
則不能容色　空不自空故　衆色從是生
尒時文殊師利又問曰頗有明知生而不生相為生所留者不答曰有雖
自明見其力未充而為生所留者是也又問曰頗有无知不識生性而畢
為生所留者不答曰无所以者何若不見生性雖回調伏少得安處
安之相常為對治若能見生性者雖在不安之處而吉相常為
[illegible]若不如是知者雖有種種勝辯談說甚深典籍而即是生滅心說
[illegible]相密要之言如盲辯色回他語故說得青黃赤白黑而不能自見
[illegible]之正相今不能見諸法者亦復如是但令為生所生為死所死而有所
[illegible]者乃於其人即无生死之義耶若為常无常所繫者亦復如是當
[illegible]息空者亦不自得空故說有空義耶　尒時佛告文殊師利如是
[illegible]遮所說真實无異日可令冷月可令熱是菴提遮所說不可
舍利弗復問其女曰汝之智慧辯才若此佛所稱歎我等聲聞之
云何不能離是女身色相也其女答曰我欲問大德即隨意答
[illegible]今現是男不舍利弗言我雖色是男而心非男也其女言大德

津圖 111　長者女菴提遮師子吼了義經

夫禁戒若此不能自由見佛及僧其女菴提遮以偈答曰
我以不爲主　主此長者家　又不執女相　得是清淨夫　我在內室中　以爲自在境
是今未曾越　聖知賜我餘　嗚呼今大德　不知真實由　絲豪不曾越　故名大自在
我雖內室中　尊如目前現　仁稱阿羅漢　常隨不能見　大聖非是色　亦不離色身
聲聞見淺智　誰是大力人　嗚呼今大德　隨聖少方便　不知本元由　於我生倒見
尒時舍利弗嘿然而心私自念言此是何女人其辯若此我所不及佛即知其
意而告之曰勿退於問答生於異心是女人已經值无量諸佛所說是法藥
勿疑之也　尒時文殊師利問菴提遮曰汝今知生死義耶答曰以佛
力故知又問曰若知者生以何爲義答曰生以不生生爲生義又問曰云
何不生生爲生義耶答曰若能明知地水火風四緣畢竟未曾自得有所
和合而能隨其所宜有所說者以爲生義又問曰若知地水火風畢竟不
自得有所和合爲生義者即應无有生相将何爲生義答曰雖在生
處而无生者是爲正生故說有義文殊又問曰死以何爲義耶答曰死
以不死爲死義又問曰云何以不死死爲死義耶答曰若能明知地
水火風畢竟不自得有所散而能隨其所宜有所說者是爲死義又問
曰若知地水火風畢竟不自得有所散者即无死相将何爲死義答曰
雖在死處其心不亡者是爲正死故說有義文殊師利又問曰常以何
爲義答曰若能明知諸法畢竟生滅變易无定如幻相而能隨其所
宜有所說者是爲常義又問曰若知諸法畢竟生滅无定如幻相者
即是无常義云何将爲常義耶答曰諸法生而不自得生滅而不自

是人持戒功德報　佛於一劫説不盡　況餘凡俗知其邊　福等虛空無有量
當知功德廣莊嚴　釋迦如來僧寶衆　是故不聽在家者　毀辱打罵出家僧
縱見沙門犯戒時　當寬其意勿嫌毀　如入芳叢採妙花　不應摘選枯枝葉
廣大清淨佛法海　多有持戒精進者　其中縱有犯威儀　白衣不應生毀謗
譬如田中新苗稼　於中亦有稗莠草　應可一種敬良田　不應揀選生分別
是以世尊制諸人　不聽毀謗沙門衆　唯當尊重生敬心　同此受勝諸天報
佛日滅沒雖久遠　僧寶連輝傳法燈　由如龍王降甘雨　大地萌芽普洽潤
和合僧寶亦如是　雨於如來妙法雨　滋潤枯渴諸群生　長養善牙功德種
於多劫中宿植因　得為如來弟子衆　處在賢聖海法中　飲妙解脱甘露味
傳持世尊末代教　流化十方諸國土　利益一切諸衆生　令佛法輪恒不絶
佛法久後滅沒時　伽藍精舍毀成聚　龕塔尊像併荒良　設欲供養難可得
譬盡僧形不可見　何況得聞於正法　人身難得生人中　佛法難逢今已遇
如何於妙良福田　不種當來功德種　資路懸遠不可涉　當辦資糧備前所
善福田中不種植　當來崄路之資糧　是故諸人應善思　聞彼僧中應惠施
依經我略讚僧寶　功德無量遍虛空　迴施一切諸群生　願共當來值彌勒
讚僧功德經一卷
佛説救拔焰口餓鬼陀羅尼經
爾時世尊在迦毗羅城尼俱律那僧伽藍所與諸比丘并諸菩薩無數衆會
前後圍繞而為説法　爾時阿難獨居淨處念所授法即於其夜三更之後見
一餓鬼名曰焰口其形醜陋身體枯瘦口中火然咽如針鋒頭髮蓬亂爪牙長

津圖 112　讚僧功德經　救拔焰口餓鬼陀羅尼經

是故智者善思量 勿於僧中起輕慢 善自防護口業非 莫謗此持彼犯戒
若一惡言毀沙門 當墮泥犁受極苦 從地獄出得人身 即招聾盲瘖瘂報
世間多有愚癡之 謗說僧尼諸過惡 因茲墮落惡道中 永劫沉淪沒苦海
大悲世尊禮大眾 尊敬和合大德僧 諸佛尚自致敬懃 何況凡夫輕慢眾
世間多有信心人 崇重世尊弟子者 聞說三寶短長時 忍於僧中起耶見
因此退敗諸善人 毀壞如來清淨眾 不見賢劫千世尊 是故智者應思忖
昔有俱迦離菩薩 以一惡言罵僧眾 猶落鉾頭磨地獄 舌被犁耕數千歲
亦有迦葉佛弟子 謗毀无量世間人 承斯惡業捨殘形 還受耕舌地獄苦
沙門懷惡毀諸人 尚招无量口業報 何況无戒白衣人 罵僧免墮惡道者
是故智人不應罵 乃至草木塼瓦等 況毀清淨出家人 習行離欲善法者
縱使欲火熾燒心 汙點尸羅清淨戒 不久速能自懺除 還入如來聖眾位
如人暫迷失其道 有自還能尋本路 苾芻雖犯世尊禁 雖然暫犯還能滅
如人平地蹴脚時 有足還能而速起 苾芻雖暫缺尸羅 雖犯不久還能補
猶如世間金寶器 雖破其價一種貴 木器縱然全不漏 不可比於破寶器
破禁苾芻雖无戒 初心出家功德勝 百千万億白衣人 功德縱多不及彼
出家弟子能堪任 繼嗣如來末代法 万億无量在俗人 不能須臾弘聖教
家下犯禁破戒僧 供養由獲万億報 是故世尊讚勝因 天上人中受尊貴
是故殷懃勸諸人 勿毀如來僧寶眾 今生習惡因緣故 當來業氏亦毀佛
緣茲身口意業交 永斷世間人天種 當墮三途惡道中 億劫沉淪无休息
若於清眾起惡信 无有毀謗名僧罪 常能防護口業過 不謗如來僧寶眾

說是偈已其比丘尼優婆塞優婆夷天及人
羅三藐三菩提心有五千衆於中得无生法
若有得心解脫者其无量聲聞衆而於佛法
重
佘時佛告舍利弗是女人非是凡世已值
如是師子吼了義經利益无量衆生我
佛已是女人不久當成正覺是
法要即能生寶信者皆已久聞是
生正信是故應諦受是師子吼了
阿難言汝當受持此長者女菴提
遮章句次第付囑於汝汝當
悉受已佘時大衆聞女
說无量各自如說脩行

是如大德所言雖在女相其心即非女也舍利弗言汝今現爲夫所

此其女答曰大德能自信己之所言不舍利弗言我之自言

女答曰若自信者大德前言說我色是男而心非男者即

所二用也若大德自信此言者即於我所不生有夫之惡見大德

我女相以我女色故壞大德心也而以自見彼女者則不能於法

世舍利弗言我於汝所不敢生於惡見其女答曰但以對世尊故

言也若實不生惡見者云何說我言汝今現爲夫所拘執

利弗言我以久離習故有此之言非實心也其女問

退意答我大德既言久離男女相者大德色久離耶心久離耶

不答尒時菴提遮以偈頌言

畢竟不生見　誰爲作女人　於色起不淨　若論色久離

津圖 113　長者女菴提遮師子吼了義經

婆阿脩羅迦樓羅緊那羅摩睺羅伽人非人
等一切語言如是三千大千世界十方无量
无邊不可說不可說三千大千世界亦復如是
善男子我唯知此菩薩所言不虛法門云何
能說諸菩薩行彼諸菩薩隨順深入衆生一
切相海隨順深入衆生一切施設海隨順深
入諸名号海隨順深入諸語言海隨順深入
諸句相續海隨順深入諸解脫句次第海隨
順深入諸解脫句相續次第海隨順深入諸
如來海隨順深入分別諸句海隨順深入一切
衆生諸語言海逮得一切圓滿莊嚴微妙音
聲出生分別諸文字輪善男子於此南方有
一國土名曰住林彼有長者名曰解脫汝詣
彼問云何菩薩向菩薩道脩菩薩道成菩薩
道思菩薩道時善財童子於良醫所聞此法

津圖 114　大方廣佛華嚴經卷四六

眾生不令墜落三惡道故菩薩爲大地生長
一切諸善根故菩薩爲大海具足无盡功德
藏故菩薩爲日明淨慧光普照世間破癡闇
故菩薩爲須弥山王功德善根峯高大故菩
薩爲月令一切眾生悉清涼故菩薩爲大炬
悉能降伏一切魔故菩薩爲善丈夫於法城
中爲君王故菩薩爲火能燒眾生諸貪愛故
菩薩爲雲雨甘露法故菩薩爲正見悉能長
養諸妙根故菩薩爲方顯法海故菩薩爲橋
令諸眾生度生死海故尒時良醫稱揚讚嘆
善財童子及諸菩薩已即從口中放大光雲
普照三千大千世界照已時大千世界大神
力天乃至諸梵天等悉詣良醫時彼良醫即
爲方便隨順分別廣演顯現說論守疾徵光
經時彼大衆聞此經已於阿耨多羅三藐三
菩提得不退轉所應作已還來本生告善財

遍光一一化佛放无量億百千光明一一光
明復化无數百千化佛此想現時行者自見
身諸毛孔出金色光遍照一切若餘境起當
疾除滅如此心想疾於猛風須臾之頃見无
數化佛行者心利如明眼人執頗梨鏡自觀
面像行者觀像亦復如是此想成已當作是
念諸佛世尊住大寂滅身心清淨无來无去
如我身者四大五陰所共合成如芭蕉中樹
无堅實如水上沫如水中月如鏡中像如熱
時燭如野馬行如揵闥婆城作是想已諸像
尋滅有金色光於金光閒有金佛影如鏡中
像行住坐卧四威儀現一切色此想成時當
念如來我身時見諸佛影眉閒光明猶如白
糸空中清淨至行者前行者見已當作是念

津圖 115　觀佛三昧海經卷九

頭是時衆像放大光明照行者身光照身時
行者自見身黃金色此想成已出定歡喜復
更至心禮敬諸佛脩諸功德以是功德迴向
菩提
尒時復當更起想念我今想見衆多金像行
坐隨意未見神通起心作想請諸行像及菩
薩像作十八變應念即作十八種變見滿十
方一切衆像踊身空中作十八變威神自在
普現色身令行者見見已歡喜請一切像令
轉法輪應念即時一一衆像異口同音讚歎
持戒讚歎念佛想聞此已心大歡喜復加精
進以精進故心想得成心想成時見十方界
一切大地山河石壁皆悉變化為金剛地金

我為世尊　無能及者　安隱衆生　故現於世
為大衆說　甘露淨法　其法一味　解脫涅槃
以一妙音　演暢斯義　常為大乘　而作因緣
我觀一切　普皆平等　無有彼此　愛憎之心
我無貪著　亦無限礙　恒為一切　平等說法
如為一人　衆多亦然　常演說法　曾無他事
去來坐立　終不疲厭　充足世間　如雨普潤
貴賤上下　持戒毀戒　威儀具足　及不具足
正見邪見　利根鈍根　等雨法雨　而無懈倦
一切衆生　聞我法者　隨力所受　住於諸地
或處人天　轉輪聖王　釋梵諸王　是小藥草
知無漏法　能得涅槃　起六神通　及得三明
獨處山林　常行禪定　得緣覺證　是中藥草

津圖 116　妙法蓮華經卷三

日光掩蔽　地上清涼　靉靆垂布　如可承攬
其雨普等　四方俱下　流澍無量　率土充洽
山川險谷　幽邃所生　卉木藥草　大小諸樹
百穀苗稼　甘蔗蒲萄　雨之所潤　無不豐足
乾地普洽　藥木並茂　其雲所出　一味之水
草木叢林　隨分受潤　一切諸樹　上中下等
稱其大小　各得生長　根莖枝葉　華菓光色
一雨所及　皆得鮮澤　如其體相　性分大小
所潤是一　而各滋茂　佛亦如是　出現於世
譬如大雲　普覆一切　既出于世　為諸眾生
分別演說　諸法之實　大聖世尊　於諸天人
一切眾中　而宣是言　我為如來　兩足之尊
出于世間　猶如大雲　充潤一切　枯槁眾生
皆令離苦　得安隱樂　世間之樂　及涅槃樂

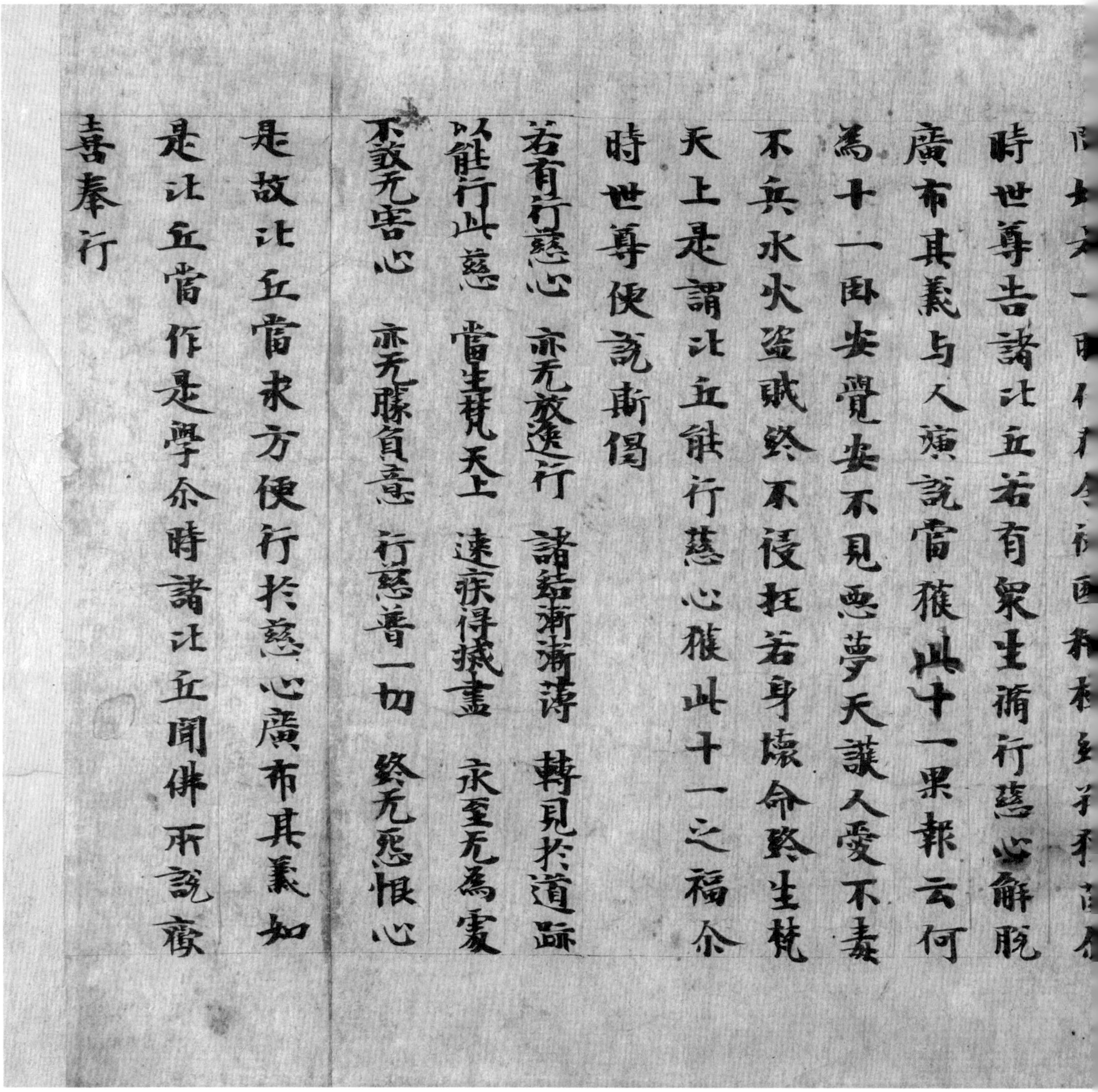

時世尊告諸比丘若有衆生脩行慈心解脫
廣布其義与人演說當獲此十一果報云何
為十一卧安覺安不見惡夢天護人愛不毒
不兵水火盜賊終不侵枉若身壞命終生梵
天上是謂比丘能行慈心獲此十一之福尒
時世尊便說斯偈
若有行慈心　亦无放逸行　諸結漸漸薄　轉見於道跡
以能行此慈　當生梵天上　速疾得滅盡　永至无為處
不殺无害心　亦无勝負意　行慈普一切　終无怨恨心
是故比丘當求方便行於慈心廣布其義如
是比丘當作是學尒時諸比丘聞佛所說歡
喜奉行

津圖 117　增壹阿含經卷四七

一面立尒時目連白世尊曰提婆達兜問許
敬奉无量興居輕利遊步康彊亦復問訊阿
難並作是說如来見記六十劫中成辟支佛
号名曰南无設我以右脅卧阿鼻地獄中終
不辭設尒時世尊告曰善哉善哉目連多所
饒益多所潤及愍念群萌天人得安佚諸如
来聲聞漸撼盡涅槃之處是故目連常當念
加成就三法所以然者若當提婆達兜循行
善法身三口四意三者彼人終身不貪利養
亦不造五逆罪入阿鼻地獄中所以然者夫
人貪利養者无有恭敬之心向於三寶亦復
不奉持禁戒不具足身口意行當貪專意身
口意行如是目連當作是學尒時目連聞佛

又見諸如來　自然成佛道　身色如金山　端嚴甚微妙
如淨瑠璃中　內現真金像　世尊在大衆　敷演深法義
一一諸佛土　聲聞衆无數　因佛光所照　悉見彼大衆
或有諸比丘　在於山林中　精進持淨戒　猶如護明珠
又見諸菩薩　行施忍辱等　其數如恒沙　斯由佛光照
又見諸菩薩　深入諸禪定　身心寂不動　以求无上道
又見諸菩薩　知法寂滅相　各於其國土　說法求佛道
尒時四部衆　見日月燈佛　現大神通力　其心皆歡喜
各各自相問　是事何因緣　天人所奉尊　適從三昧起
讚妙光菩薩　汝為世間眼　一切所歸信　能奉持法藏
如我所說法　唯汝能證知　世尊既讚歎　令妙光歡喜
說是法華經　滿六十小劫　不起於此座　所說上妙法
是妙光法師　悉皆能受持　佛說是法華　令衆歡喜已

津圖 118　妙法蓮華經卷一

豈異人乎我身是也求名菩薩汝身是也今
見此瑞與本无異是故惟忖今日如来當說
大乘經名妙法蓮華教菩薩法佛所護念尒
時文殊師利於大衆中欲重宣此義而說偈
言
我念過去世　无量无數劫　有佛人中尊　号日月燈明
世尊演說法　度无量衆生　无數億菩薩　令入佛智慧
佛未出家時　所生八王子　見大聖出家　亦隨脩梵行
時佛說大乘　經名无量義　於諸大衆中　而為廣分別
佛說此經已　即於法座上　跏趺坐三昧　名无量義處
天雨曼陀華　天鼓自然鳴　諸天龍鬼神　供養人中尊
一切諸佛土　即時大震動　佛放眉間光　現諸希有事
此光照東方　万八千佛土　示一切衆生　生死業報處

津圖 118 背　金剛般若波羅蜜經

須菩提於意云何發阿耨多羅三藐三菩提心

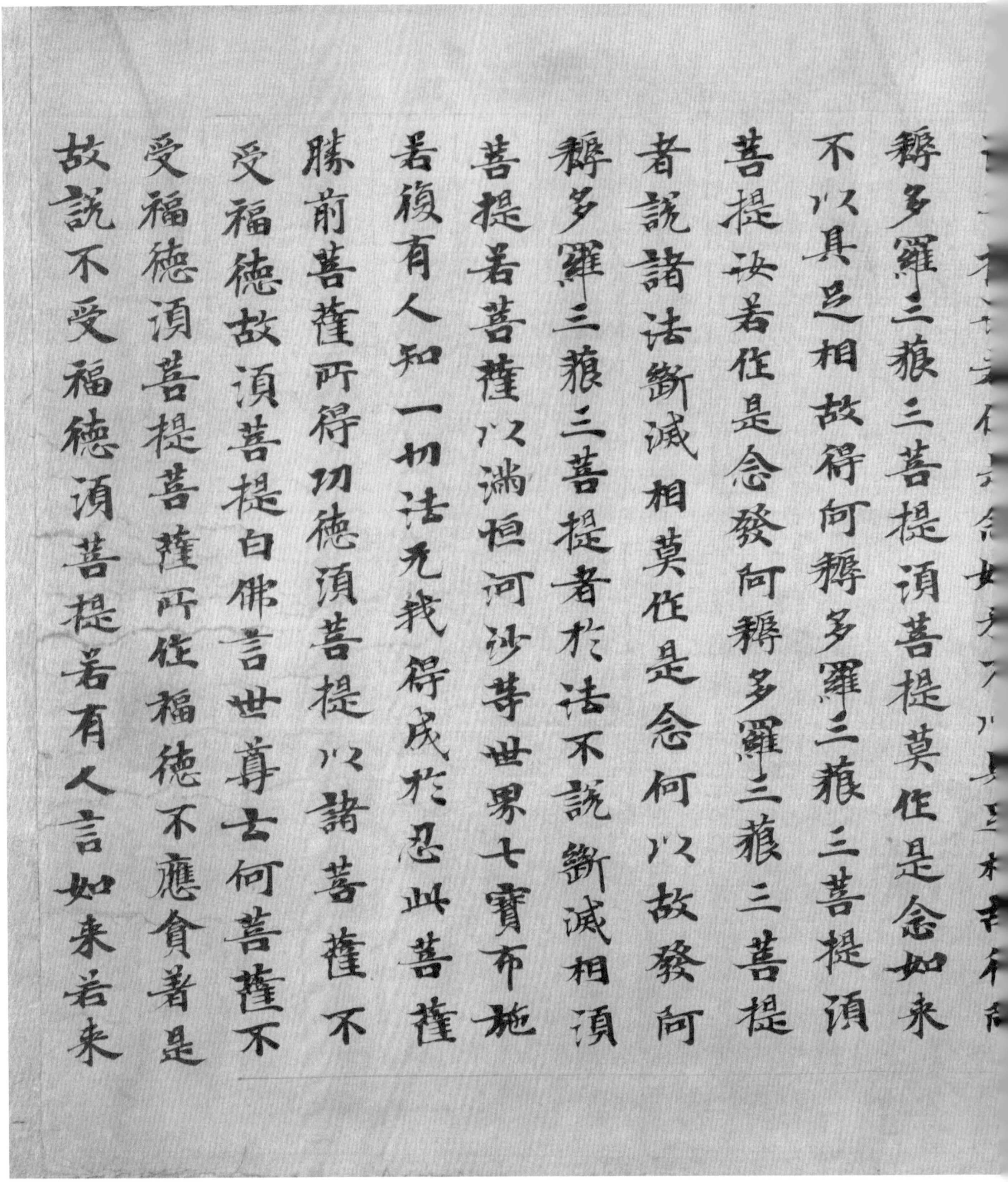
耨多羅三藐三菩提須菩提莫作是念如來
不以具足相故得阿耨多羅三藐三菩提須
菩提汝若作是念發阿耨多羅三藐三菩提
者說諸法斷滅相莫作是念何以故發阿
耨多羅三藐三菩提者於法不說斷滅相須
菩提若菩薩以滿恒河沙等世界七寶布施
若復有人知一切法无我得成於忍此菩薩
勝前菩薩所得功德須菩提以諸菩薩不
受福德故須菩提白佛言世尊云何菩薩不
受福德須菩提菩薩所作福德不應貪著是
故說不受福德須菩提若有人言如來若來

津圖 119　金剛般若波羅蜜經

須菩提於意云何汝等勿謂如來作是念我
當度衆生須菩提莫作是念何以故實无有
衆生如來度者若有衆生如來度者如來則
有我人衆生壽者須菩提如來說有我者則
非有我而凡夫之人以爲有我須菩提凡夫
者如來說則非凡夫須菩提於意云何可以
三十二相觀如來不須菩提言如是如是以
三十二相觀如來佛言須菩提若以三十二
相觀如來者轉輪聖王則是如來須菩提白
佛言世尊如我解佛所說義不應以三十二
相觀如來尒時世尊而說偈言
若以色見我 以音聲求我 是人行邪道 不能見如來

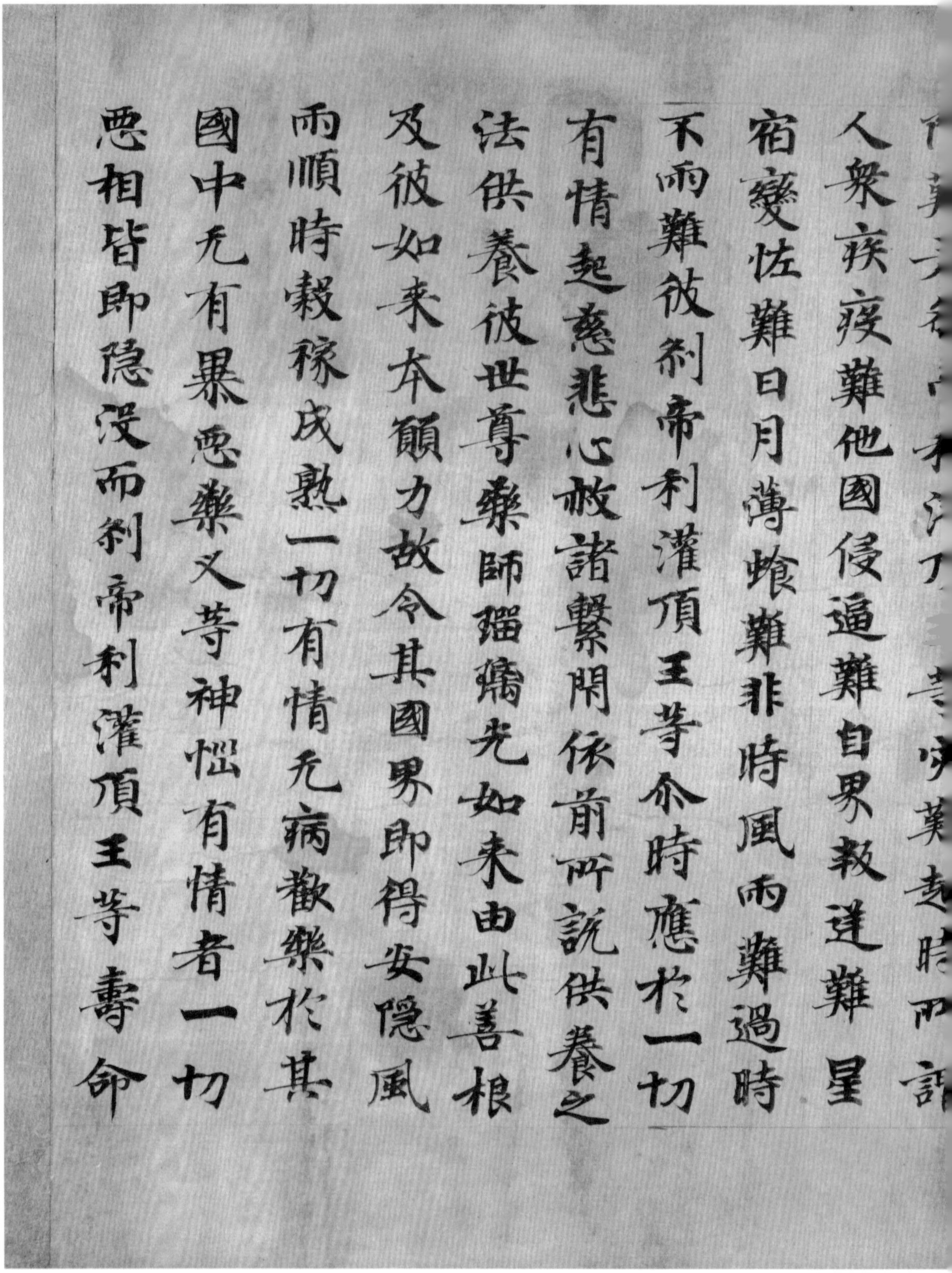

人衆疾疫難他國侵逼難自界叛逆難星
宿變怪難日月薄蝕難非時風雨難過時
不雨難彼刹帝利灌頂王等尒時應於一切
有情起慈悲心赦諸繫閉依前所説供養之
法供養彼世尊藥師瑠璃光如來由此善根
及彼如來本願力故令其國界即得安隱風
雨順時穀稼成熟一切有情无病歡樂於其
國中无有暴惡藥叉等神惱有情者一切
惡相皆即隱没而刹帝利灌頂王等壽命

津圖 120　藥師琉璃光如來本願功德經

尒時阿難問救脫菩薩曰善男子應云何
恭敬供養彼世尊藥師瑠璃光如来續命幡
燈復云何造救脫菩薩言大德若有病人欲
脫病苦當為其人七日七夜受持八分齋戒
應以飲食及餘資具隨力所辦供養苾芻
僧晝夜六時礼拜供養彼世尊藥師瑠璃光
如来讀誦此經四十九遍然四十九燈造彼如
来形像七軀二像前各置七燈二燈量大
如車輪乃至四十九日光明不絕造五色綵幡
長四十九搩手應放雜類衆生至四十九可

我此弟子　大目揵連　捨是身已　得見八千
二百万億　諸佛世尊　為佛道故　供養恭敬
於諸佛所　常脩梵行　於无量劫　奉持佛法
諸佛滅後　起七寶塔　長表金剎　華香伎樂
而以供養　諸佛塔廟　漸漸具足　菩薩道已
於意樂國　而得作佛　号多摩羅　栴檀之香
其佛壽命　二十四劫　常為天人　演說佛道
聲聞无量　如恒河沙　三明六通　有大威德
菩薩无數　志固精進　於佛智慧　皆不退轉
佛滅度後　正法當住　四十小劫　像法亦尒
我諸弟子　威德具足　其數五百　皆當授記
於未來世　咸得成佛
我及汝等　宿世因緣　吾今當說　汝等善聽

津圖 121　妙法蓮華經卷三

尒時世尊復告大衆我今語汝是大目揵連
當以種種供具供養八千諸佛恭敬尊重讃
歎諸佛滅後各起塔廟高千由旬縱廣正等
五百由旬以金銀琉璃車渠馬瑙真珠玫瑰
七寶合成衆華瓔珞塗香末香燒香繒盖
幢幡以用供養過是已後當復供養二百万
億諸佛亦復如是當得成佛号曰多摩羅跋
栴檀香如来應供正遍知明行足善逝世間
解无上士調御丈夫天人師佛世尊劫名喜
滿國名意樂其土平正頗梨爲地寶樹莊嚴散
真珠華周遍清淨見者歡喜多諸天人菩薩
聲聞其數无量佛壽廿四小劫正法住世卌
小劫像法亦住四十小劫尒時世尊欲重宣此

晝夜六時慇重至心作如是
說我從无始生死以来於三寶所脩行成就所
有善根乃至施與傍生一摶之食或以善言
和解諍訟或受三歸及諸學處或復懺悔
勸請隨喜所有善根我今作意悉皆攝取
迴施一切衆生无悔悋心是解脫分善根所
攝如佛世尊之所知見不可稱量无礙清淨如
是所有功德善根悉以迴施一切衆生不住相
心不捨相心我亦如是功德善根悉以迴施一
切衆生願皆獲得如意之手擊空出寶滿
衆生願富樂无盡智慧无窮妙法辯才悉
皆无滯共諸衆生同證阿耨多羅三藐三菩

津圖 122　金光明最勝王經卷三

生諸善根本未成熟者令成熟已成熟者令
解脫无作无動遠離闠閙寂靜无為自在安
樂過於三世能現三世出於聲聞獨覺之境
諸大菩薩之所修行一切如來體无有異此
等皆由勸請功德善根力故如是法身我今
已得是故若有欲得阿耨多羅三藐三菩提
者於諸經中一句一頌為人解說功德善根
尚无限量何況勸請如來轉大法輪久住於世
莫般涅槃
時天帝釋復白佛言世尊若善男子善女人
為求阿耨多羅三藐三菩提故脩三乘道所
有善根云何迴向一切智智佛告天帝善男

種伎樂又與無數諸天龍夜叉乾闥婆阿修
羅迦樓羅緊那羅摩睺羅伽人非人等大眾
圍繞各現威德神通之力到娑婆世界耆闍
崛山中頭面礼釋迦牟尼佛右繞七帀白佛
言世尊我於寶威德上王佛國遙聞此娑婆
世界說法華經與无量无邊百千万億諸菩
薩眾共來聽受唯願世尊當為說之若善男
子善女人於如來滅後云何能得是法華經
佛告普賢菩薩若善男子善女人成就四法
於如來滅後當得是法華經一者為諸佛護
念二者殖眾德本三者入正定聚四者發救
一切眾生之心善男子善女人如是成就四
法於如來滅後必得是經尒時普賢菩薩
白佛言世尊於後五百歲濁惡世中其有受

津圖 123　妙法蓮華經卷七

礼佛而出佛告大衆於意云何妙莊嚴王豈
異人乎今華德菩薩是其淨德夫人今佛前
光照莊嚴相菩薩是哀愍妙莊嚴王及諸眷
屬故於彼中生其二子者今藥王菩薩藥上
菩薩是是藥王藥上菩薩成就如此諸大功
德已於无量百千万億諸佛所殖衆德本成
就不可思議諸善功德若有人識是二菩薩
名字者一切世間諸天人民亦應礼拜佛説
是妙莊嚴王本事品時八万四千人遠塵離
垢於諸法中得法眼淨

妙法蓮華經普賢菩薩勸發品第二十八

尒時普賢菩薩以自在神通威德名聞與大
菩薩无量无邊不可稱數從東方來所經諸

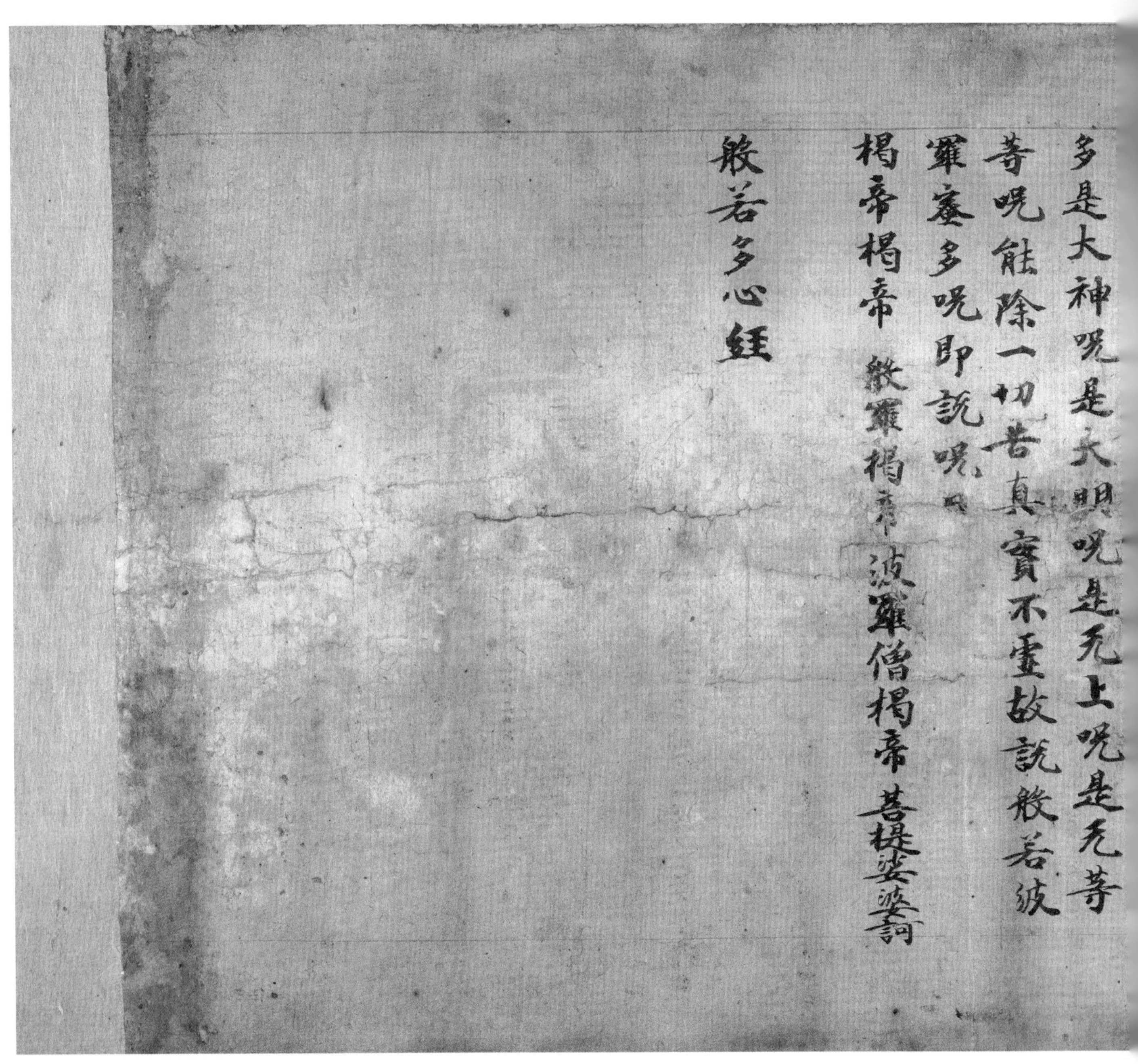

多是大神呪是大明呪是无上呪是无等
等呪能除一切苦真實不虛故説般若波
羅蜜多呪即説呪曰
揭帝揭帝 般羅揭帝 波羅僧揭帝 菩提娑婆訶
般若多心經

津圖 124　般若波羅蜜多心經

般若多心經一卷
觀自在菩薩行深般若波羅蜜多時照見
五蘊皆空度一切苦厄舍利子色不異空空
不異色色即是空空即是色受想行識亦復
如是舍利子是諸法空相不生不滅不垢不淨不
增不減是故空中无色无受想行識无眼
耳鼻舌身意无色聲香味觸法无眼界乃
至无意識界无无明亦无无明盡乃至亦无老
死亦无老死盡无苦集滅道无智亦无德以
无所得故菩提薩埵依般若波羅蜜多故
心无罣礙无罣礙故无有恐怖遠離顛倒夢
想究竟涅槃三世諸佛依般若波羅蜜多故

日月或見童男子童自身上有乳樹或果花菓樹或見黑丈夫
口中吐火爛怖走而去或見惡馬入水中狀似相闘退失而走或見白
食乳粥或見有香氣白花若見如上相者即知罪滅若有五逆
罪業重不得見如上者相應當更誦滿七十万遍决定得見如前、
相貌復次我今説此陁羅尼功能所作之事若於佛像前或於
塔前若清淨處以瞿摩夷塗地作四肘方曼荼羅復以花香幡
蓋飲食燈明燭火隨力所辦依法供養若欲求願先須念誦加持香
水散於八方上下結界既結已於曼荼羅四角及其中央皆各置一
香水之瓶行者於西面向東方蹲跪念誦一千八遍其香水瓶即便自
轉隨意東西任以高下或以淨瓦鉢燒香薰之内外感滿香水并好
香花置曼荼羅中依前瓶法而作念誦其鉢則轉與瓶无異若
欲得知一切成就不成就事即燒香發願啓聖者願决疑心若、
右轉即知成就左轉即不成就　又取好花念誦一百八遍遣童子洗浴
清淨着新淨衣擲童子身上以香末塗手捧花掩面復以白手更取別
[illegible]鏡面

津圖 125　七俱胝佛母准泥大明陀羅尼經

佛說七俱胝佛母准泥大明陁羅尼経

金剛智三蔵譯

如是我聞一時婆伽梵在名稱大城祇樹給孤獨園尒時世尊思惟
觀察愍念未來諸衆生故說過去七俱胝准那如來等佛母准泥
陁羅尼乃至我今同說大明曰　若有苾蒭〻尼鄔波索迦鄔波斯迦受
持讀誦此陁羅尼滿九十万遍无量劫來五無間罪等一切諸罪悉
滅无餘生所在處皆得值遇諸佛菩薩所有資具隨意充足无量
百生悉得出家若是在家𦬇修持戒行堅固不退速得成就无上
菩提恒生天上常為諸天之所愛敬亦常守護若下生人間常為
帝王家子或貴族家生其家无有灾橫病苦惱害不墮三惡道趣
諸有所作无不諧偶所出言教人皆信受誦此陁羅尼滿十万遍者
得見諸聲聞緣覺𦬇佛若有重罪不得見者更誦滿十万遍
即得境界中吐出黑飯或見昇宮殿或登白山及上樹或見大地
旋水或騰空自在或見天女与妙言辭或見大集會中聽說妙法或見拔

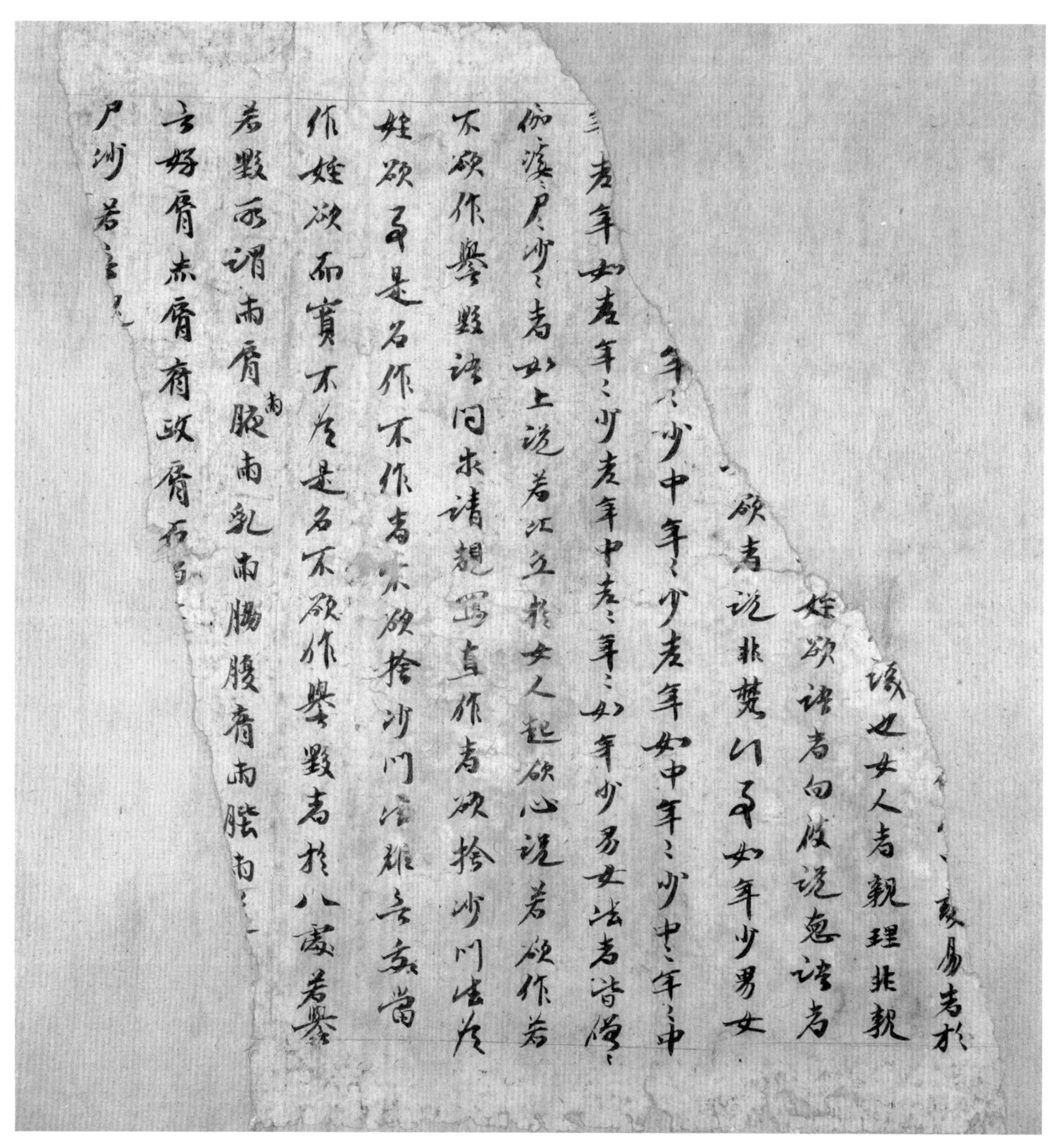

津圖 126　摩訶僧祇律卷五

淨无缺漏　求於
復行忍辱　住於調柔地　設衆惡来加　其
諸有得法者　懷於增上慢　爲此所輕惱　如是亦能忍
若復勤精進　志念常堅固　於无量億劫　一心不懈息
又於无數劫　住於空閑處　若坐若經行　除睡常攝心
以是因緣故　能生諸禪定　八十億万劫　安住心不亂
持此一心福　願求无上道　我得一切智　盡諸禪定際
是人於百千　万億劫數中　行此諸功德　如上之所說
有善男女等　聞我說壽命　乃至一念信　其福過於彼
若人悉无有　一切諸疑悔　深心須臾信　其福爲如此
其有諸菩薩　无量劫行道　聞我說壽命　是則能信受
如是諸人等　頂受此經典　願我於未来　長壽度衆生
如今日世尊　諸釋中之王　道場師子吼　說法无所畏
我等未来世　一切所尊敬　坐於道場時　說壽亦如是
若有深心者　清淨而質直　多聞能總持　隨義解佛語
如是諸人等　於此无有疑
又阿逸多若有聞佛壽命長遠解其言趣是

津圖 127　妙法蓮華經卷五

羅剎而有九尾尾如鐵叉復有八頭頭上有
十八角有六十四眼一眼中皆悉迸出諸鐵
丸燒罪人肉然其一瞋一怒皆吼之時聲如
霹靂復有无量自然刀輪空中而下從罪
人頂入從足而出於是罪人痛徹骨髓苦切
肝心是經无量歲求生不得求死不得如是
等報今日皆悉稽顙慚愧懺悔其餘地獄刀
山劒樹身首脫落罪報懺悔鑊湯爐炭地獄
燒煮罪報懺悔鐵床銅柱地獄燋然罪報懺
悔刀輪火車地獄擗轢罪報懺悔拔舌犁耕
地獄楚痛罪報懺悔吞啖鐵丸烊銅灌口地
獄五內消爛罪報懺悔鐵碓鐵磨地獄骨肉
灰粉罪報懺悔黑繩鐵網地獄支節分離罪

津圖 128　佛名經卷一一

南无東方調伏佛　南无南方金剛藏佛
南无西方登法界佛　南无北方无邊眼佛
南无東南方无憂德佛　南无西南方壞諸怖畏佛
南无西北方勇猛伏佛　南无東北方大力光明佛
南无下方歡喜路佛　南无上方香上王佛
弟子等從无始以来至於今日所有罪障然
其重者第一唯有阿鼻地獄如經所明今當
略說其相此獄周帀有七重鐵城復有七重
鐵網羅覆其上下有七重刀林无量猛火縱
廣八万四千由旬罪人之身遍滿其中罪業
因緣不相妨㝵上火徹下下火徹上東西南北
通徹交過如魚在熬脂膏皆盡此中罪苦
亦復如是其城四門有四大銅狗其身縱廣
四十由旬[illegible]復有无量[illegible]

来不以具足相故得阿耨多羅三藐三菩提
須菩提汝若作是念發阿耨多羅三藐三菩
提者說諸法斷滅莫作是念何以故發阿耨
多羅三藐三菩提者於法不說斷滅相須菩
提若菩薩以滿恒河沙等世界七寶布施若
復有人知一切法无我得成於忍此菩薩勝
前菩薩所得功德須菩提以諸菩薩不受福
德故須菩提白佛言世尊云何菩薩不受福
德須菩提菩薩所作福德不應貪著是故說
不受福德須菩提若有人言如来若来若去
若坐若卧是人不解我所說義何以故如来
者无所從来亦无所去故名如来

津圖 129　金剛般若波羅蜜經

須菩提於意云何汝等勿謂如来作是念我
當度衆生須菩提莫作是念何以故實无有
衆生如来度者若有衆生如来度者如来則
有我人衆生壽者須菩提如来説有我者則
非有我而凡夫之人以為有我須菩提凡夫者
如来説則非凡夫須菩提於意云何以卅二相
觀如来不須菩提言如是如是以卅二相
觀如来佛言須菩提若以卅二相觀如来
者轉輪聖王則是如来須菩提白佛言世尊
如我解佛所説義不應以卅二相觀如来尒
時世尊而説偈言
若以色見我　以音聲求我　是人行邪道　不能見如来

億莊嚴其國佛壽十二小劫正法住世二十
小劫像法亦住二十小劫尒時世尊欲重宣
此義而說偈言
諸比丘衆　皆一心聽　如我所說　真實无異
是迦栴延　當以種種　妙好供養　供養諸佛
諸佛滅後　起七寶塔　亦以華香　供養舍利
其冣後身　得佛智慧　成等正覺　國土清淨
度脫无量　万億衆生　皆為十方　之所供養
佛之光明　无能勝者　其佛号曰　閻浮金光
菩薩聲聞　斷一切有　无量无數　莊嚴其國

津圖 130　妙法蓮華經卷三

尒時世尊復告諸比丘衆我今語汝是大迦
旃延於當來世以諸供具供養奉事八千億
佛恭敬尊重諸佛滅後各起塔廟高千由旬
縱廣正等五百由旬以金銀瑠璃車渠馬瑙
真珠玫瑰七寶合成衆華瓔珞塗香末香燒
香繒蓋幢幡供養塔廟過是已後當復供
養二万億佛亦復如是供養是諸佛已具菩薩
道當得作佛号曰閻浮那提金光如來應供
正遍知明行足善逝世間解无上士調御丈
夫天人師佛世尊其土平正頗梨為地寶樹
莊嚴黄金為繩以界道側妙華覆地周遍清

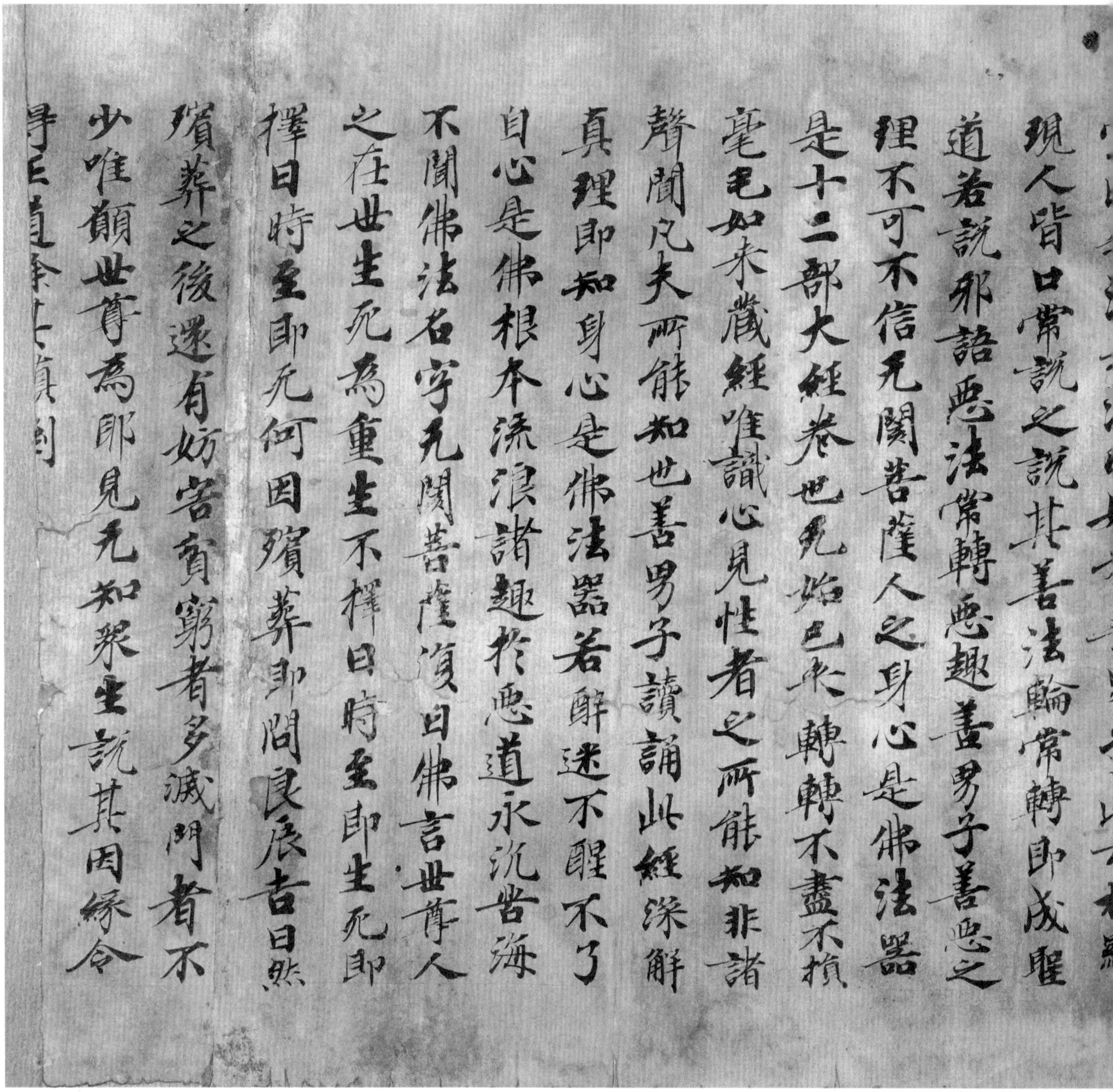
現人皆口常說之說其善法輪常轉即成聖
道若說邪語惡法常轉惡趣善男子善惡之
理不可不信无關菩薩人之身心是佛法器
是十二部大經卷世无始已來轉轉不盡不損
毫毛如來藏經唯識心見性者之所能知非諸
聲聞凡夫所能知世善男子讀誦此經深解
真理即知身心是佛法器若醉迷不醒不了
自心是佛根本流浪諸趣於惡道永沉苦海
不聞佛法名字无聞菩薩復白佛言世尊人
之在世生死為重生不擇日時至即生死即
擇日時至即死何因殯葬即問良辰吉日然
殯葬之後還有妨害貧窮者多滅門者不
少唯願世尊為耶見无知衆生說其因緣令
得正道除其顛倒

津圖 131　天地八陽神咒經

平等供養得无漏身成菩提道号普光如
來應正等覺劫名大滿國号无邊一切人
民皆行菩薩无所法復次善男子此八陽經
行在閻浮提在在處處有八菩薩諸梵天
王一切明靈圍遶此經香華供養如佛无異
若善男子善女人等為諸衆生講說此經深
達實相得甚深理即知身心佛身法心所以
能知即知惠眼常見種種无盡色色即是空
空即是色受想行識亦空即是妙色身如來
耳常聞種種无盡聲聲即是空空即是聲是
妙音聲如來鼻常嗅種種无盡香香即是空
空即是香香是香積如來舌常了種種盡味
味即是空空即是味是法喜如來身覺種
種无盡觸觸即是空空即是觸是智明如

若比丘無病自爲炙身故在露地然火若教人
然除時因緣波逸提
若比丘藏他比丘衣鉢坐具針筒若自藏教人
藏下至戲笑者波逸提
若比丘與比丘比丘尼式叉摩那沙彌沙彌尼衣
後不語主還取著者波逸提
若比丘得新衣應作三種壞色一一色中隨意壞
若青若黑若木蘭若比丘不以三種壞色六十
若比丘故殺畜生命者波逸提
若比丘知水有蟲飲用者波逸提
若比丘故惱他比丘令須臾間不樂者波逸提
若比丘知他比丘犯麁惡罪覆藏者波逸提
年滿二十應受大戒若比丘知年不滿二十與受
受大戒此人不得戒彼比丘可呵癡故波逸提
若比丘知諍事如法懺悔已後更發舉者波
逸提
若比丘知賊伴結要共同道行乃至一村間者
波逸提

津圖 132　四分律比丘戒本

若比丘水中嬉戲者波逸提
若比丘以指相擊攊者波逸提
若比丘不受諫者波逸提
若比丘恐怖他比丘者波逸提
若比丘半月洗浴無病比丘應受不得過 除

大聖仙巖寺四分戒本經一卷
大聖仙巖寺四分戒本經一卷
大聖仙巖

津圖 132 背　雜寫

名天以害其父故到人天以是義故婆藪仙
人唱言煞羊得人天樂是名地獄又復地者
者名長以煞生故得壽命長故名地
當知實无地獄大王如種麦得
時佛告觀世音菩薩當愍此无盡意菩薩及
四衆天龍夜叉乾闥婆阿脩羅迦樓羅緊那
羅摩睺羅伽人非人等故受是瓔珞即時觀
世音菩薩愍諸四衆及於天龍人非人等受
其瓔珞分作二分一分奉釋迦牟尼佛一分
奉多寶佛塔无盡意觀世音菩薩有如是自
在神力遊於娑婆世界尒時无盡意菩薩以
偈問曰
世尊妙相具　我今重問彼　佛子何因緣　名爲觀世音
具足妙相尊　偈荅无盡意　汝聽觀音行　善應諸方所
弘誓深如海　歷劫不思議　侍多千億佛　發大清淨願
我爲汝略說　聞名及見身　心念不空過　能滅諸有苦
假使興害意　推落大火坑　念彼觀音力　火坑變成池

津圖 133　妙法蓮華經卷七

[illegible]
无罪[illegible]无於[illegible]　住王舍城唯願王
速往王若見者衆罪除滅王語大臣審能如
是除滅我罪我當歸依
復有大臣名曰吉德復往王所作如是言王
今何故面无光澤如日中燈如晝時月如失
國君如荒敗土大王今者四方清夷无諸怨
敵而今何故如是愁苦為身苦邪為心苦乎
有諸王子常生此念我今何時當得自在大
王今者已果所願自在王領摩伽陁國先王
寶藏具足而得唯當恣意縱情受樂如是愁
苦何用經懷王即荅言我今云何得不愁惱
譬如愚人但貪其味不見利刀如食雜毒不
見其過我亦如是如鹿見草不見深穽如鼠
貪食不見猫狸我亦如是見現在樂不見未
來不善苦果曾從智者聞如是言寧於一日
受三百鑽不於父母生一念惡我今已近地
獄熾火云何當得不愁惱邪大臣復言誰來
語王言有地獄如刺頭利誰之所造飛鳥異
色復誰所作水性潤澤石性堅鞕如風動性
如火熱性一切万物自死自生誰之所作言
地獄者直是智者文辭造作言地獄者為有

津圖 134　大般涅槃經卷一九

迦羅鳩馱迦旃延一切知見明了三世於一
念須能見无量无邊世界聞聲亦尒能令衆
生遠離過惡猶如恒河若内若外所有諸罪
皆悉清淨是大良師亦復如是能除衆生内
外衆罪爲諸弟子説如是法若人煞害一切
衆生心无慚愧終不墮惡猶如虚空不受塵
水有慚愧者即入地獄猶如大水潤濕於地
一切衆生悉是自在天之所作自在天喜衆
生安樂自在天瞋衆生苦惱一切衆生若罪
若福乃是自在之所爲作云何當言人有罪
福譬如工匠作機關木人行住坐卧唯不能
言衆生亦尒自在天者譬如工匠木人者譬
衆生身如是造化誰當有罪如是大師今者

津圖 135　大般涅槃經卷一九

麦種稻得稻煞地獄者還得地獄煞害於人
應還得人大王今當聽臣所說實无煞害若
有我者實亦无害若无我者復无所害何以
故若有我我者常不變易以常住故不可煞害
不破不壞不繫不縛不瞋不喜猶如虛空云
何當有煞害之罪若无我者諸法无常以无
常故念念壞滅念念滅故煞者死者皆念念
滅若念念滅誰當有罪大王如火燒木火則
无罪如斧斫樹斧亦无罪如鐮刈草鐮實无
罪如刀煞人刀實非人刀既无罪人云何罪
如毒煞人毒實非人毒藥无罪人云何罪一
切万物皆亦如是實无煞害云何有罪唯願
大王莫生愁苦何以故
若常愁苦　愁遂增長　如人喜眠　眠則滋多

舍利子是諸法空相不生不滅不垢不淨不
增不減是故空中無色無受想行識無眼耳
鼻舌身意無色聲香味觸法無眼界乃至無
意識界無無明亦無無明盡乃至無老死亦
無老死盡無苦集滅道無智亦無得以無所
得故菩提薩埵依般若波羅蜜多故心無罣
礙無罣礙故無有恐怖遠離顛倒夢想究竟
涅槃三世諸佛依般若波羅蜜多故得阿耨
多羅三藐三菩提故知般若波羅蜜多是大
神呪是大明呪是無上呪是無等等呪能除
一切苦真實不虛故說般若波羅蜜多呪即
說呪曰識弥識弥 羼彌諦羼彌諦 訣
揭諦揭諦 波羅揭諦 波羅僧揭諦 菩提莎婆訶
般若波羅蜜多心經

津圖 136　般若波羅蜜多心經

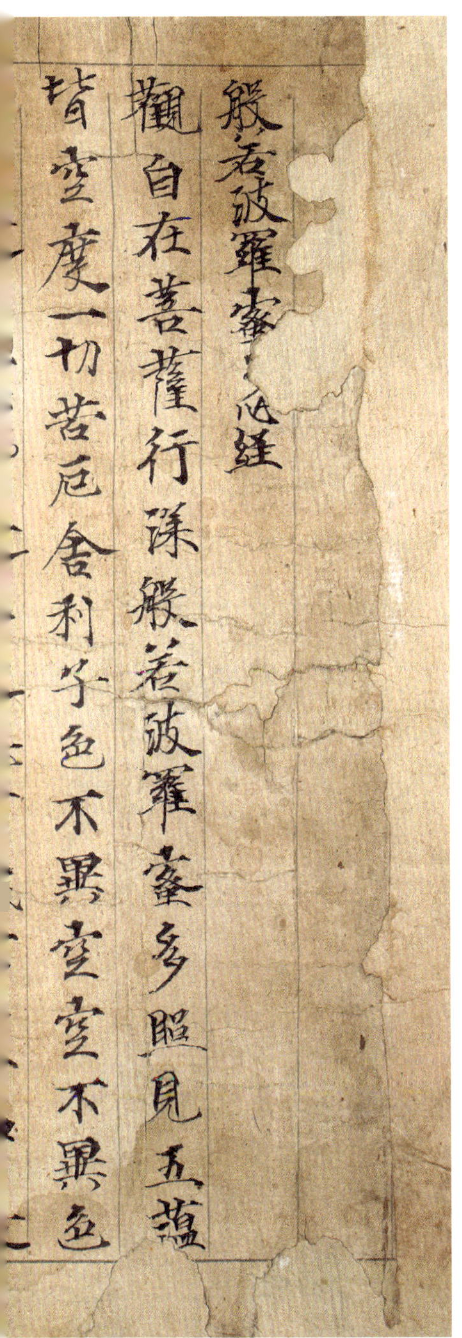

津圖 136 背　雜寫

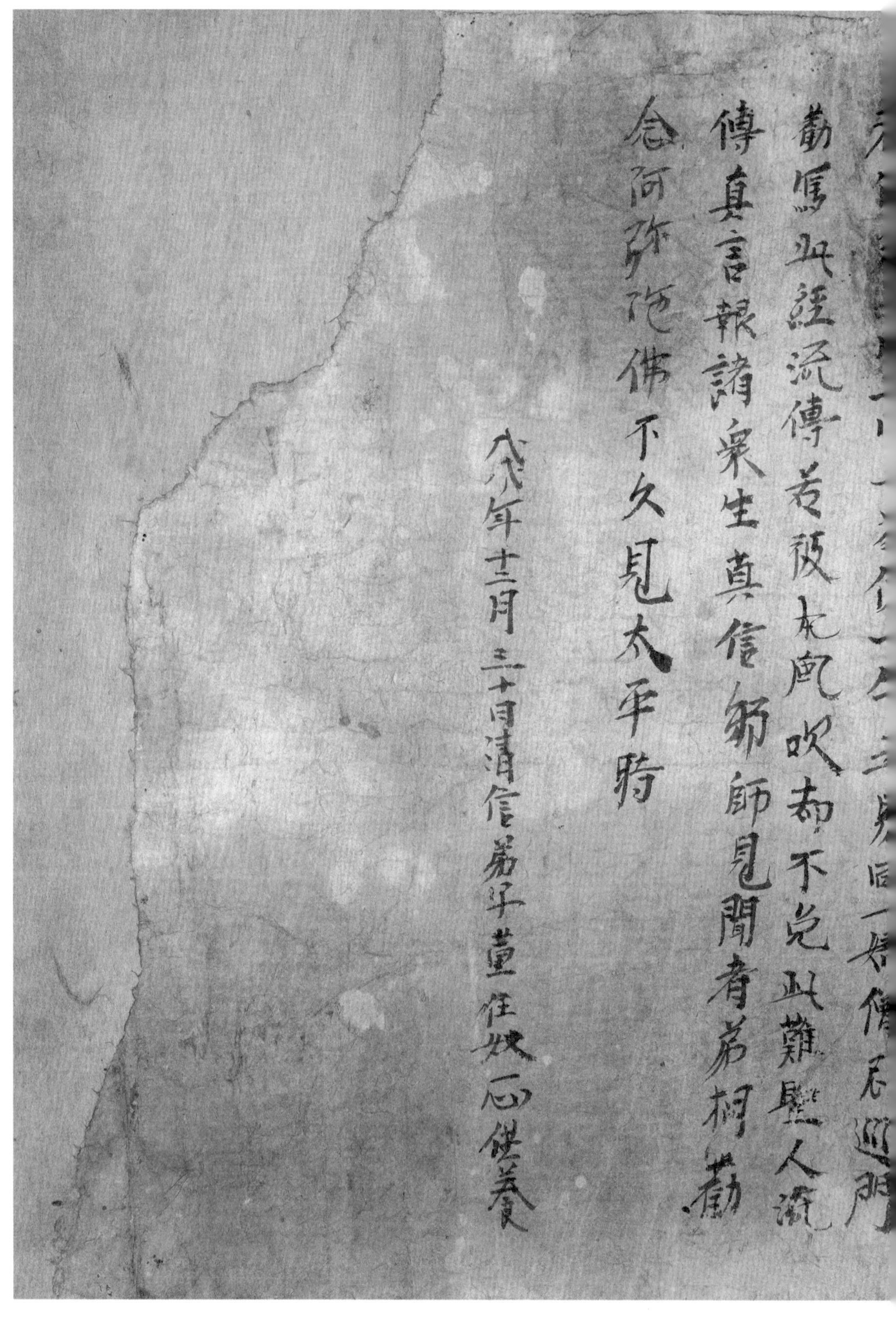

津圖 137　勸善經

勸善經一卷

勅左承相賈耽頒下諸州勸善諸衆生每日念阿弥陀佛一千口斷惡行善今年大熟無人收刈有數種死第一虐病死第二天行病死第三赤白痢死第四赤眼死第五人產生第六水痢死第七風病死今勸衆生寫此經一本免一門難寫兩本免六親見此經不寫者滅門門上榜之得過此難無者不可得此經其經從南來正月八日雷電霹靂空中有一童子年四歲又見一老人在路中有一蛇身長一丈々尺人頭鳥足遂呼老人曰為太山崩要女人万々衆

即十七神常當擁護不得離之使其人
獲无量福　神名四薩和　神名毗丘遮和
神名隨沙門　神名波波那　神名牛頭陁
神名金陁頭　神名那羅達　神名摩訶波和
神名四波和　神名馬頭陁　神名阿遮達
神名波頭和　神名和訶頭　神名摩由羅
神名摩訶摩　神名迦遮　神名遮　神
此十七神常當擁護使得所願即成
佛說延壽經

津圖 138　延壽命經

佛説延壽命經

尒時佛在香華國時與比丘比丘尼優婆塞優婆夷七万七千人俱有比丘名難達期壽欲終從佛求延命佛為說十七神名結黃縷百枚即延十八年有壽百歲延命二十歲常得安隱无諸惡害病者得愈癥者得語四百四病應時消除佛言諸有病者持此十七神名[illegible]

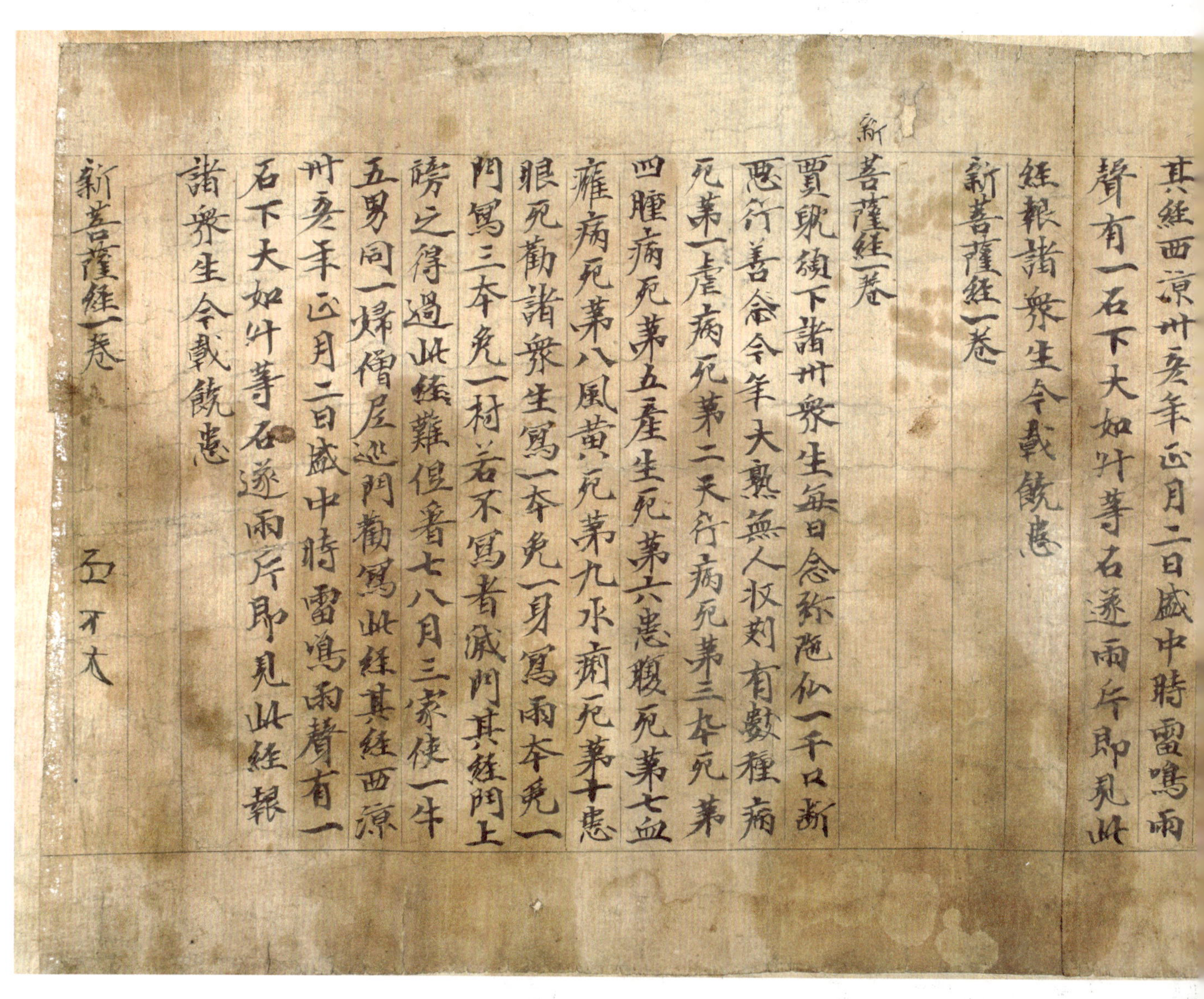
其經西涼州庚年正月二日盛中時雷鳴雨
聲有一石下大如斗善石遂兩斤即見此
經報諸衆生今載饑患
新菩薩經一卷

新菩薩經一卷
賈耽頒下諸州衆生每日念阿彌陀佛一千口斷
惡行善今年大熟無人收刈有數種病
死第一瘧病死第二天行病死第三卒死第
四腫病死第五產生死第六患腹死第七血
癰病死第八風黃病死第九水痢死第十患
眼死勸諸衆生寫一本免一身寫兩本免一
門寫三本免一村若不寫者滅門其經門上
謗之得過此經難但看七八月三家使一牛
五男同一婦僧尼巡門勸寫此經其經西涼
州庚年正月二日盛中時雷鳴雨聲有一
石下大如斗善石遂兩斤即見此經報
諸衆生今載饑患
新菩薩經一卷

津圖 139　新菩薩經

新菩薩經一卷

賈馱頌下諸州□□□每日念阿彌陀佛一千口斷惡行善令年大熟無人收刈有數種病死弟一瘧病死弟二天行病死弟三死弟四腫病死弟五產生死弟六患腹死弟七血痢病死弟八風黃病死弟九水痢死弟十患眼死勸諸眾生寫一本免一身寫兩本免一門寫三本免一村若不寫者滅

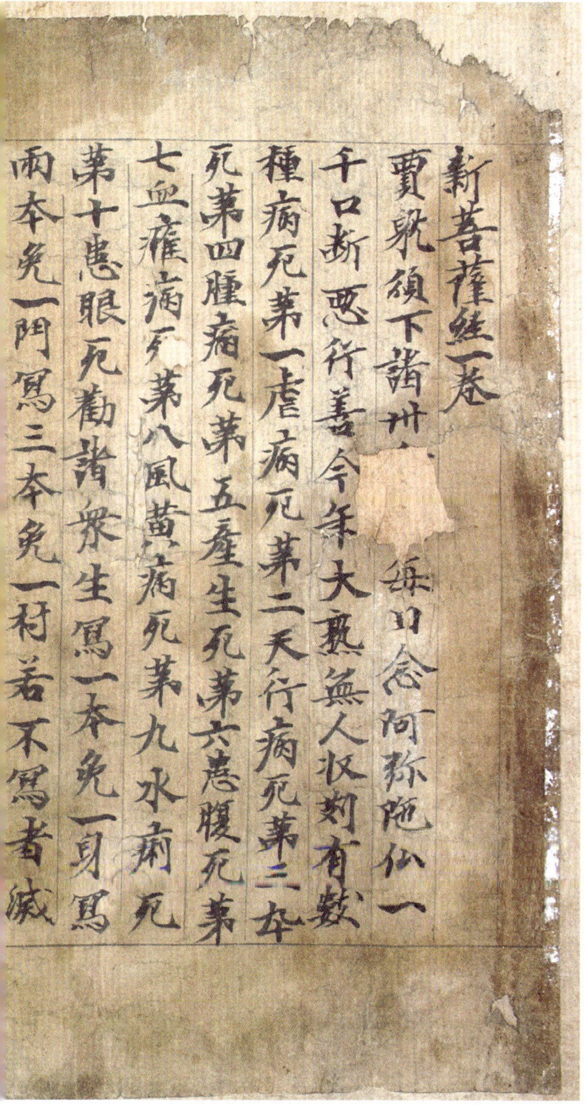

津圖 139 背　雜寫

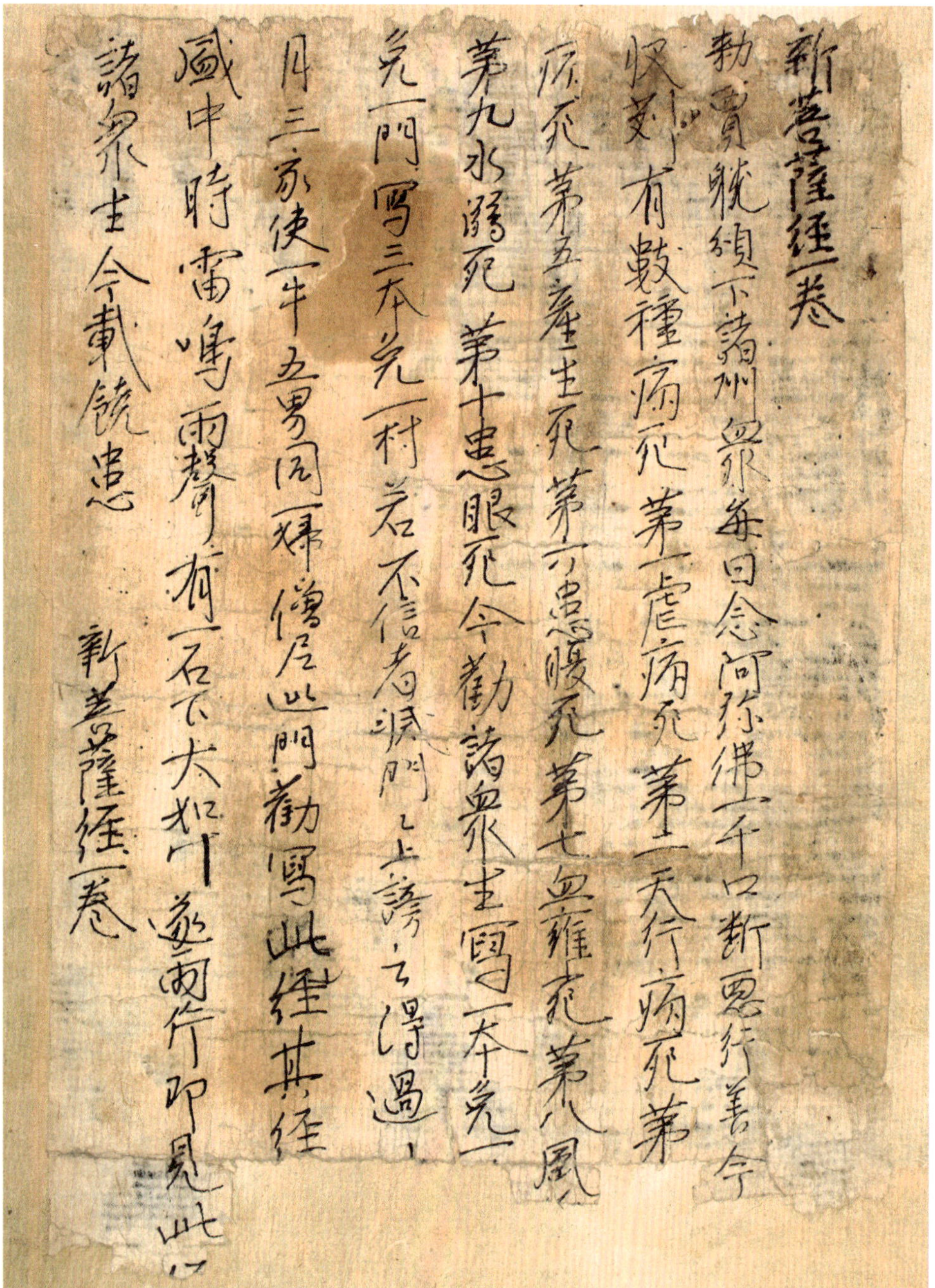

新菩薩經一卷
勅賈號須下諸州衆每日念阿彌佛一千口斷惡行善今
收刈少有數種病死第一瘧病死第二天行病死第
痢死第五產生死第六患腹死第七血癰死第八風
第九水痢死第十患眼死今勸諸衆生寫一本免一
門寫三本免一村若不信者滅門〻上謗〻得過〻
月三日家使一牛五男同一婦僧居此門勸寫此經其經
國中時雷鳴雨聲有一石下大如斗遂雨行印見此
諸衆生今載饒患
新菩薩經一卷

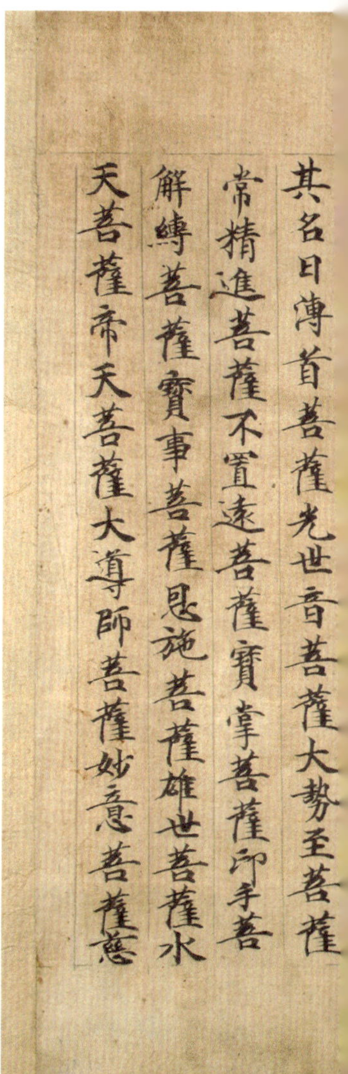
其名曰溥首菩薩光世音菩薩大勢至菩薩
常精進菩薩不置遠菩薩寶掌菩薩印手菩
解縛菩薩寶事菩薩恩施菩薩雄世菩薩水
天菩薩帝天菩薩大導師菩薩妙意菩薩慧

津圖 140　新菩薩經

正法華經光瑞品第一　　卷之一

聞如是一時佛遊王舍城靈鷲山與大比丘
衆俱比丘二千百一切無著諸漏已盡無復
欲塵已得自在逮得已利生死已索衆結即
斷一切由已獲度無極已脫於慧心解得度
名曰賢者智本際賢者大迦葉上時迦葉家
迦葉江迦葉舍利弗大目揵連迦旃延阿那
律劫賓菟牛呞離越辟利斯薄拘盧絺難陁
善意滿願子須菩提阿難羅云菩薩八万皆
不退轉堅住無上正真之道逮揔持法得大
辯才常講數不退轉法輪供養無數百千諸
佛於無量佛殖衆德本諸佛世尊所見咨嗟
身常行慈入如來慧善權普至大智度無極
從無數劫多所博聞名達十方救護無量百
千衆生遊於三界猶如日明解一切法如幻
如化野馬影響悉無所有住無所住雖見終
始亦無去來既見色像本無形貌現諸所生
永無起滅導利群黎不著三處分別空慧無

津圖 141　正法華經卷一

津圖 142　木捺佛像

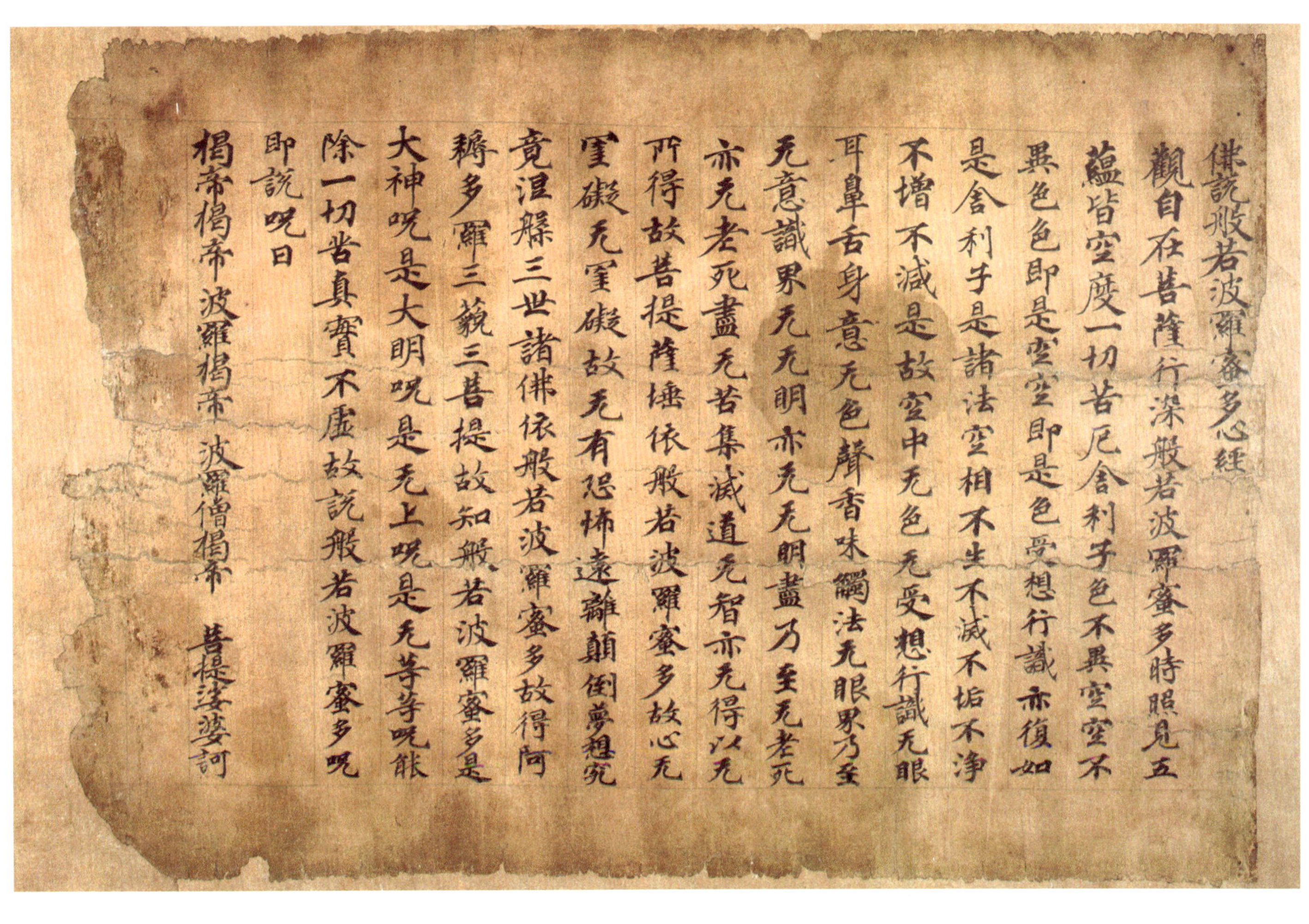

佛說般若波羅蜜多心經
觀自在菩薩行深般若波羅蜜多時照見五
蘊皆空度一切苦厄舍利子色不異空空不
異色色即是空空即是色受想行識亦復如
是舍利子是諸法空相不生不滅不垢不淨
不增不減是故空中无色无受想行識无眼
耳鼻舌身意无色聲香味觸法无眼界乃至
无意識界无无明亦无无明盡乃至无老死
亦无老死盡无苦集滅道无智亦无得以无
所得故菩提薩埵依般若波羅蜜多故心无
罣礙无罣礙故无有恐怖遠離顛倒夢想究
竟涅槃三世諸佛依般若波羅蜜多故得阿
耨多羅三藐三菩提故知般若波羅蜜多是
大神呪是大明呪是无上呪是无等等呪能
除一切苦真實不虛故說般若波羅蜜多呪
即說呪曰
揭帝揭帝 波羅揭帝 波羅僧揭帝 菩提薩婆訶

津圖 143　般若波羅蜜多心經

唐人寫經冊

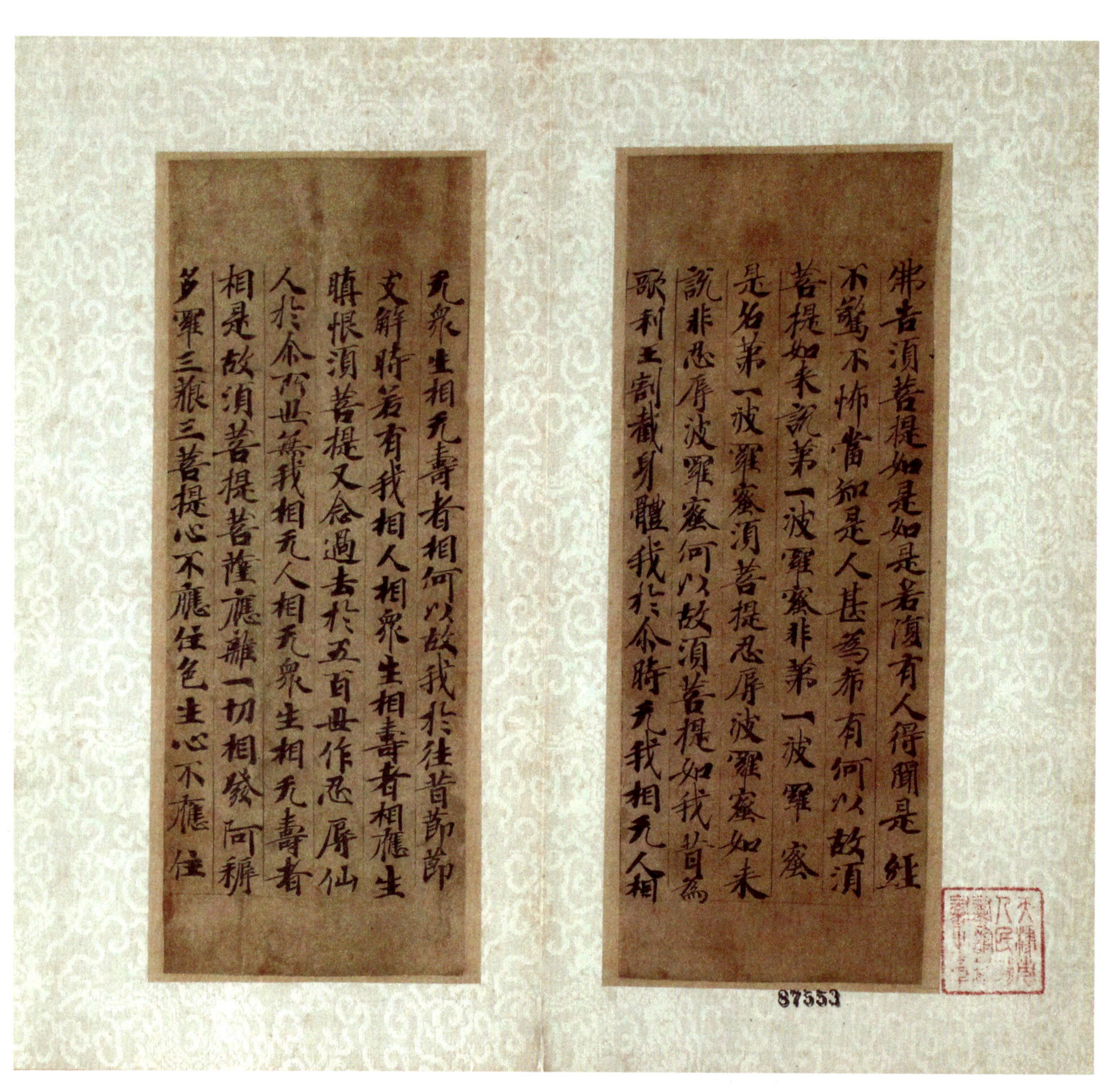

佛告須菩提如是如是若復有人得聞是經
不驚不怖當知是人甚爲希有何以故須
菩提如來說第一波羅蜜非第一波羅蜜
是名第一波羅蜜須菩提忍辱波羅蜜如來
說非忍辱波羅蜜何以故須菩提如我昔爲
歌利王割截身體我於尒時无我相无人相
无衆生相无壽者相何以故我於往昔節節
支解時若有我相人相衆生相壽者相應生
瞋恨須菩提又念過去於五百世作忍辱仙
人於尒所世無我相无人相无衆生相无壽者
相是故須菩提菩薩應離一切相發阿耨
多羅三藐三菩提心不應住色生心不應住

津圖 144　金剛般若波羅蜜經（一）

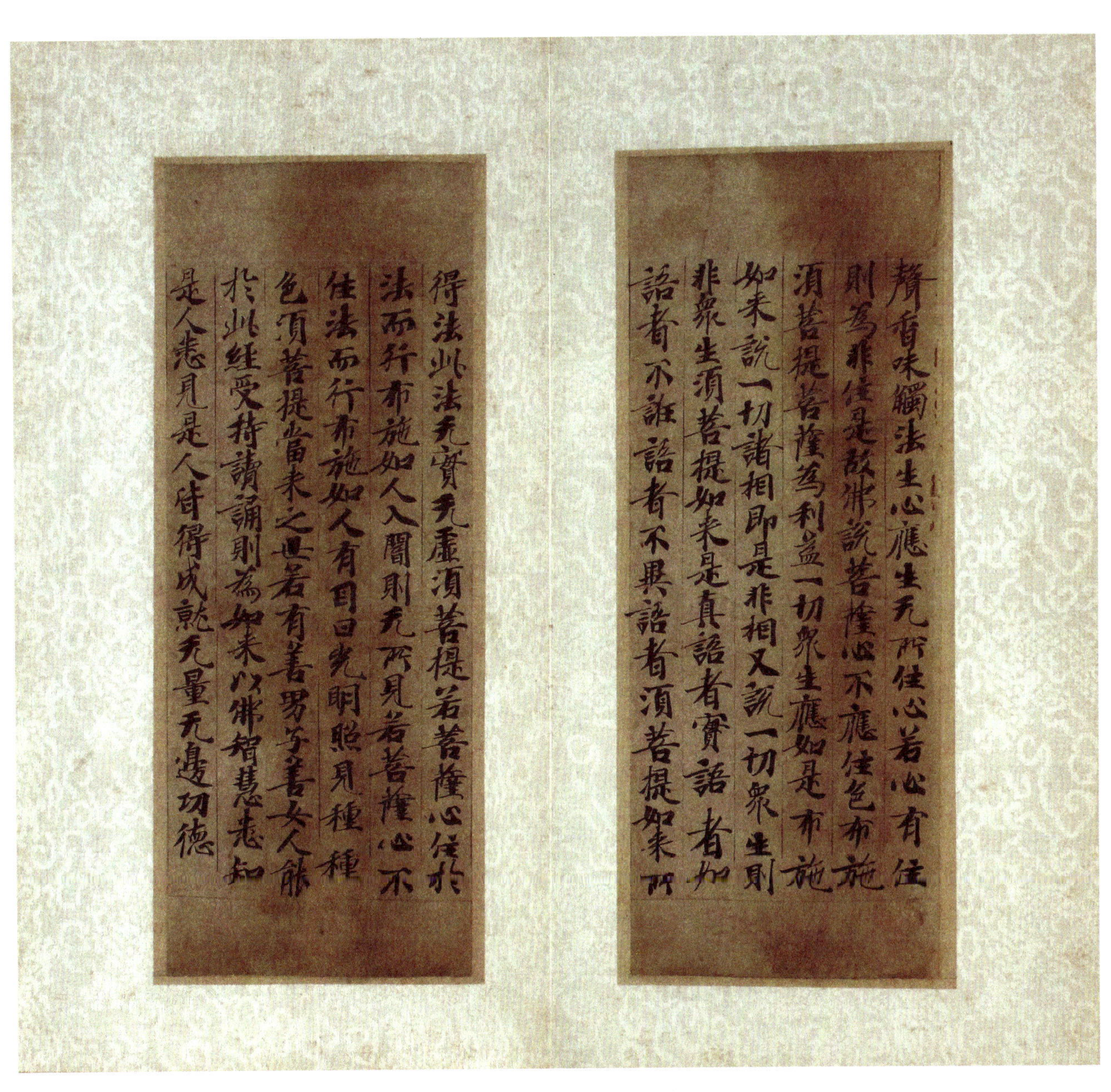

聲香味觸法生心應生无所住心若心有住
則為非住是故佛說菩薩心不應住色布施
須菩提菩薩為利益一切衆生應如是布施
如來說一切諸相即是非相又說一切衆生則
非衆生須菩提如來是真語者實語者如
語者不誑語者不異語者須菩提如來所
得法此法无實无虛須菩提若菩薩心住於
法而行布施如人入闇則无所見若菩薩心不
住法而行布施如人有目日光明照見種種
色須菩提當來之世若有善男子善女人能
於此經受持讀誦則為如來以佛智慧悉知
是人悉見是人皆得成就无量无邊功德

津圖 144　金剛般若波羅蜜經（二）

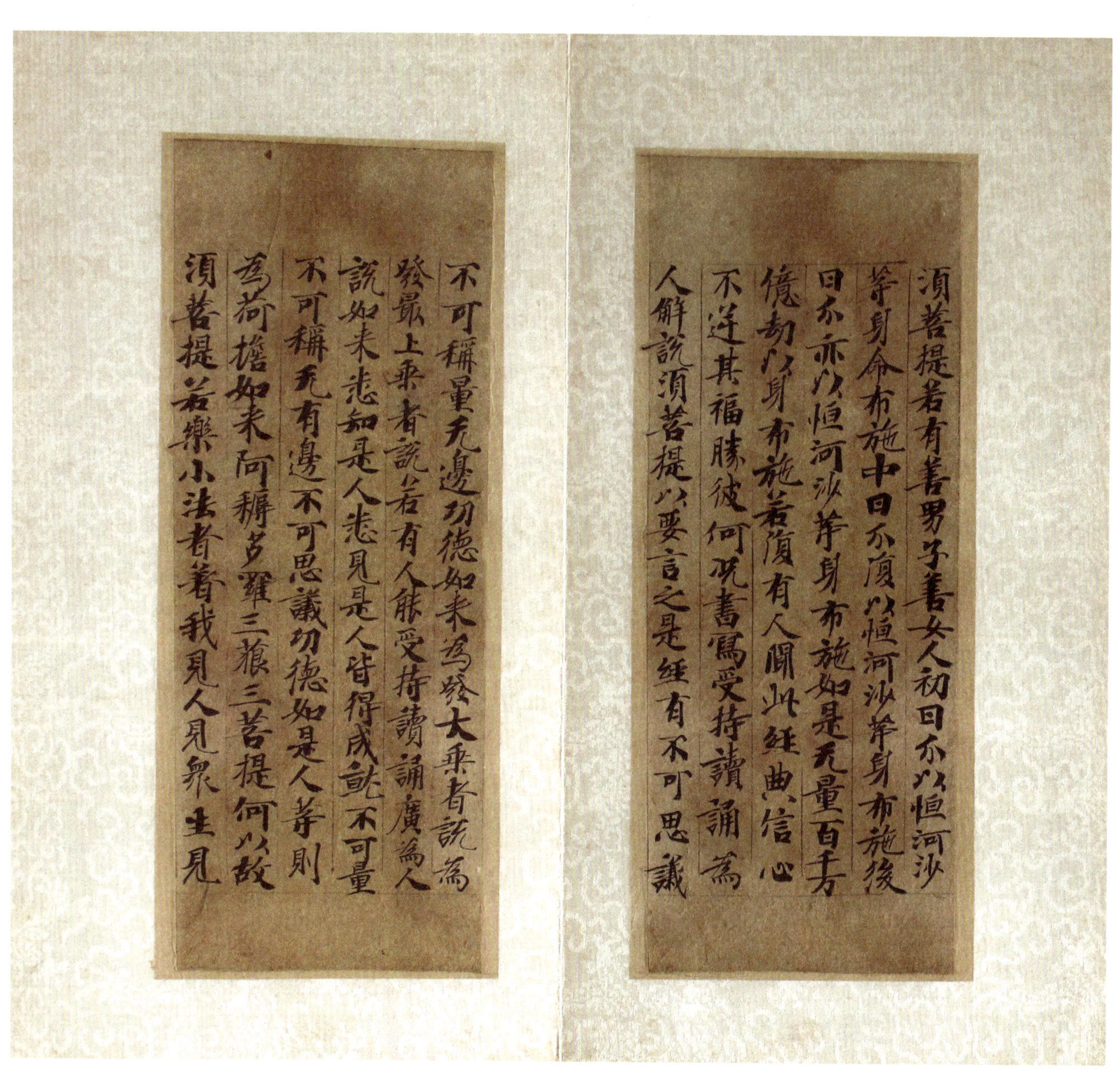

津圖 144　金剛般若波羅蜜經（三）

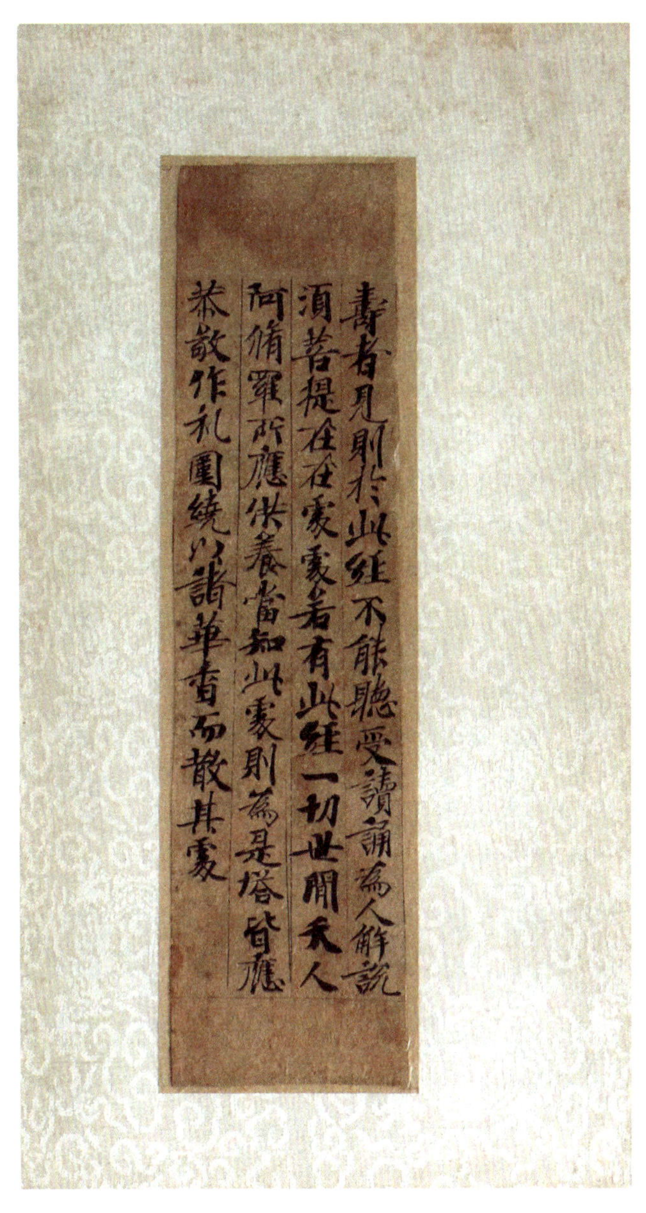
壽者見則於此經不能聽受讀誦爲人解說
須菩提在在處處若有此經一切世間天人
阿脩羅所應供養當知此處則爲是塔皆應
恭敬作禮圍繞以諸華香而散其處

津圖 144　金剛般若波羅蜜經（四）

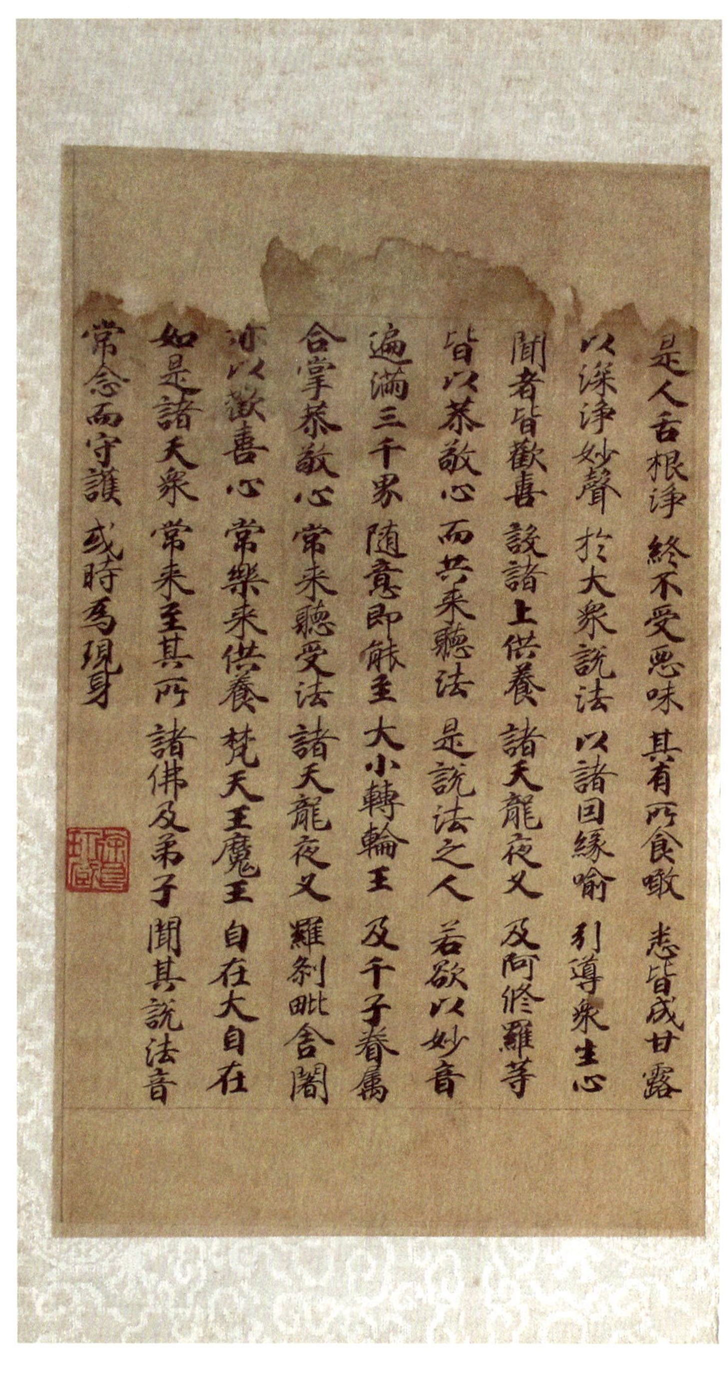
是人舌根淨 終不受惡味 其有所食噉 悉皆成甘露
以深淨妙聲 於大衆說法 以諸因緣喻 引導衆生心
聞者皆歡喜 設諸上供養 諸天龍夜叉 及阿脩羅等
皆以恭敬心 而共來聽法 是說法之人 若欲以妙音
遍滿三千界 隨意即能至 大小轉輪王 及千子眷屬
合掌恭敬心 常來聽受法 諸天龍夜叉 羅刹毗舍闍
亦以歡喜心 常樂來供養 梵天王魔王 自在大自在
如是諸天衆 常來至其所 諸佛及弟子 聞其說法音
常念而守護 或時爲現身

津圖 145　妙法蓮華經卷六

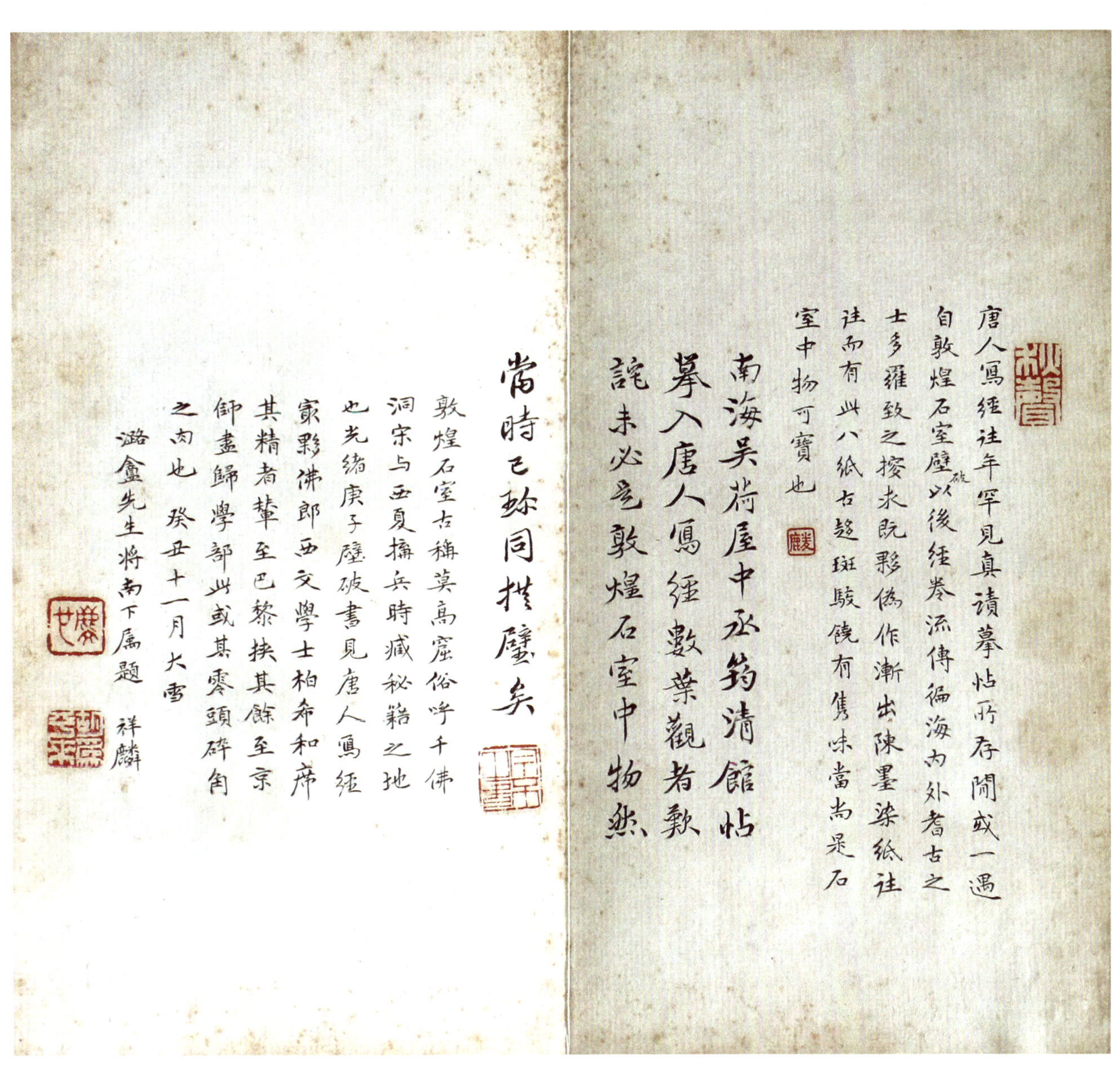
唐人寫經往年罕見真蹟摹帖所存間或一遇
自敦煌石室壁破以後經卷流傳徧海內外耆古之
士多羅致之搜求既夥偽作漸出陳墨染紙往
往而有此八紙古趣斑駁饒有雋味當尚是石
室中物可寶也
南海吳荷屋中丞筠清館帖
摹入唐人寫經數葉觀者歎
詫未必定敦煌石室中物然
當時已珍同拱璧矣
敦煌石室古稱莫高窟俗呼千佛
洞宋與西夏搆兵時藏秘籍之地
也光緒庚子壁破書見唐人寫經
象影佛郎西文學士柏希和席
其精者輦至巴黎挾其餘至京
師盡歸學部此或其零頭碎角
之內也 癸丑十一月大雪
潞盦先生將南下屬題 祥麟

祥麟跋（一）

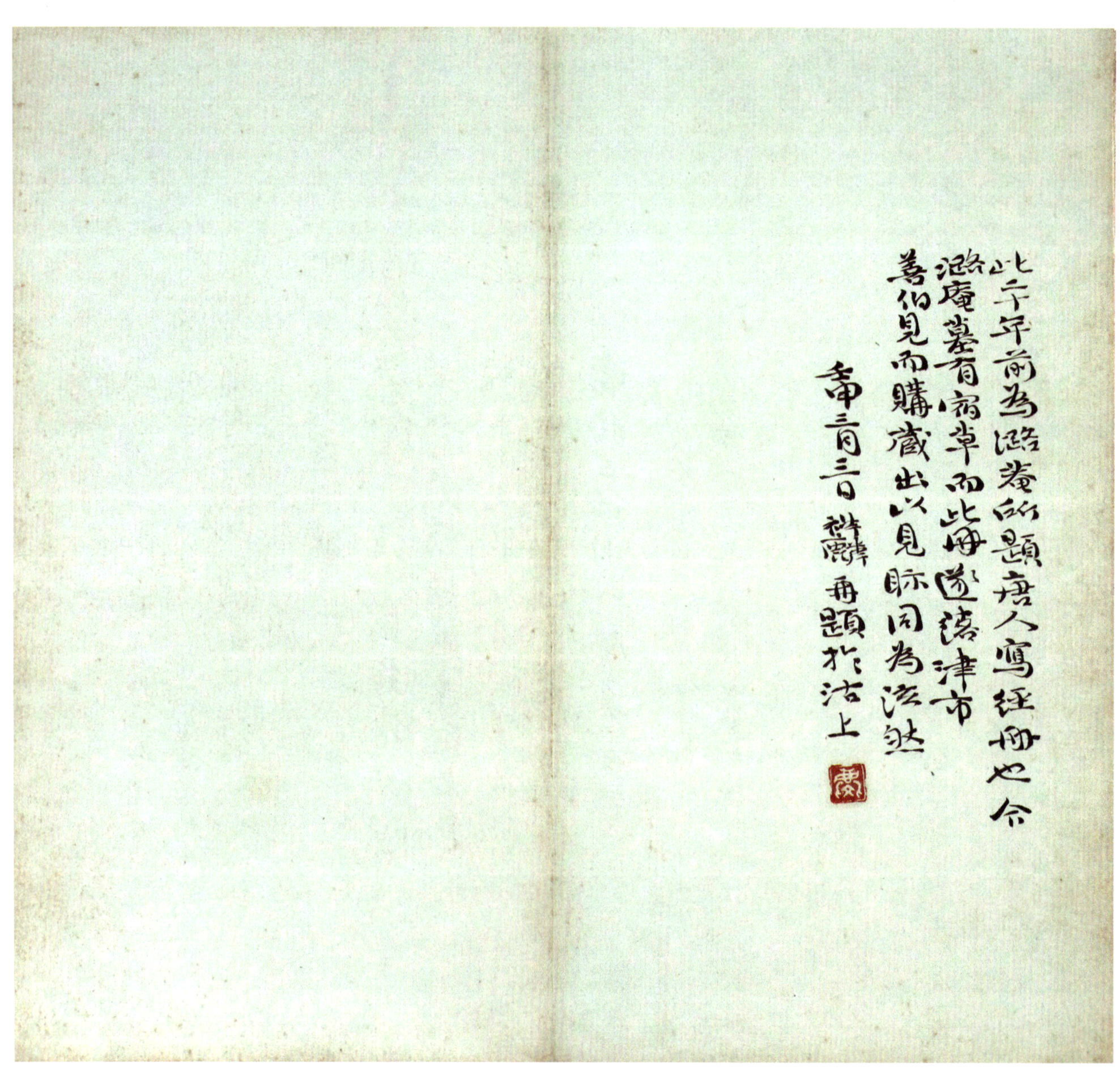

此廿年前為潞菴所題唐人寫經冊也今
潞庵墓有宿草而此冊遂落津市
善伯見而購藏出以見眎同為泫然
辛卯三月三日 祥麟 再題於沽上

祥麟跋（二）

唐人寫經真本

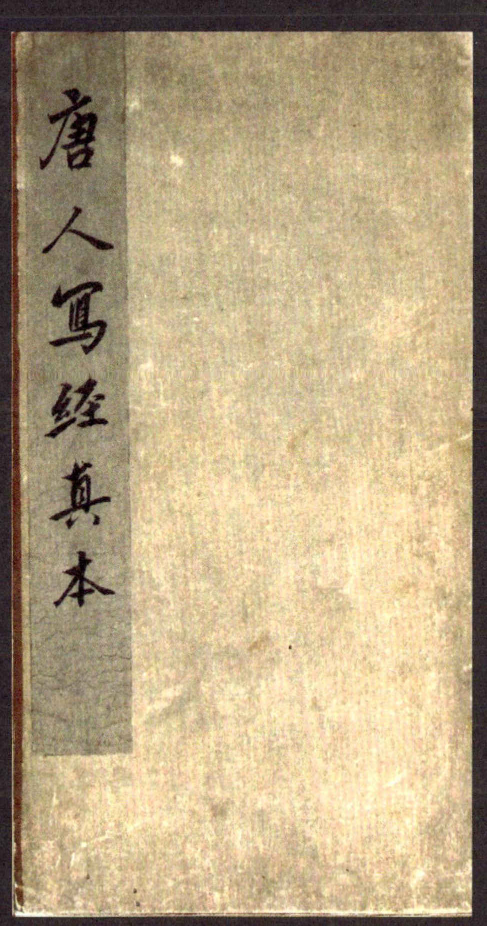

復次善現若菩薩摩訶薩行深般若波羅蜜
多則爲行靜慮波羅蜜多亦爲行精進安忍
淨戒布施波羅蜜多善現若菩薩摩訶薩行
深般若波羅蜜多則爲行內空亦爲行外空
內外空空空大空勝義空有爲空無爲空畢
竟空無際空散空無變異空本性空自相空
共相空一切法空不可得空無性空自性空無

性自性空善現若菩薩摩訶薩行深般若
波羅蜜多則爲行真如亦爲行法界法性不
虛妄性不變異性平等性離生性法定法住
實際虛空界不思議界善現若菩薩摩訶薩
行深般若波羅蜜多則爲行苦聖諦亦爲行
集滅道聖諦善現若菩薩摩訶薩行深般若
波羅蜜多則爲行四靜慮亦爲行四無量四無

津圖 146　大般若波羅蜜多經卷三五五（一）

色定善現若菩薩摩訶薩行深般若波羅
蜜多則爲行八解脫亦爲行八勝處九次第定
十遍處善現若菩薩摩訶薩行深般若波羅
蜜多則爲行四念住亦爲行四正斷四神足五
根五力七等覺支八聖道支善現若菩薩
摩訶薩行深般若波羅蜜多則爲行空解
脫門亦爲行無相無願解脫門善現若菩薩

摩訶薩行深般若波羅蜜多則爲行五眼亦
爲行六神通善現若菩薩摩訶薩行深般若
波羅蜜多則爲行佛十力亦爲行四無所畏
四無礙解大慈大悲大喜大捨十八佛不共
法善現若菩薩摩訶薩行深般若波羅蜜
多則爲行無忘失法亦爲行恒住捨性善現
善現若菩薩摩訶薩如實觀五眼非相應非

津圖 146　大般若波羅蜜多經卷三五五（二）

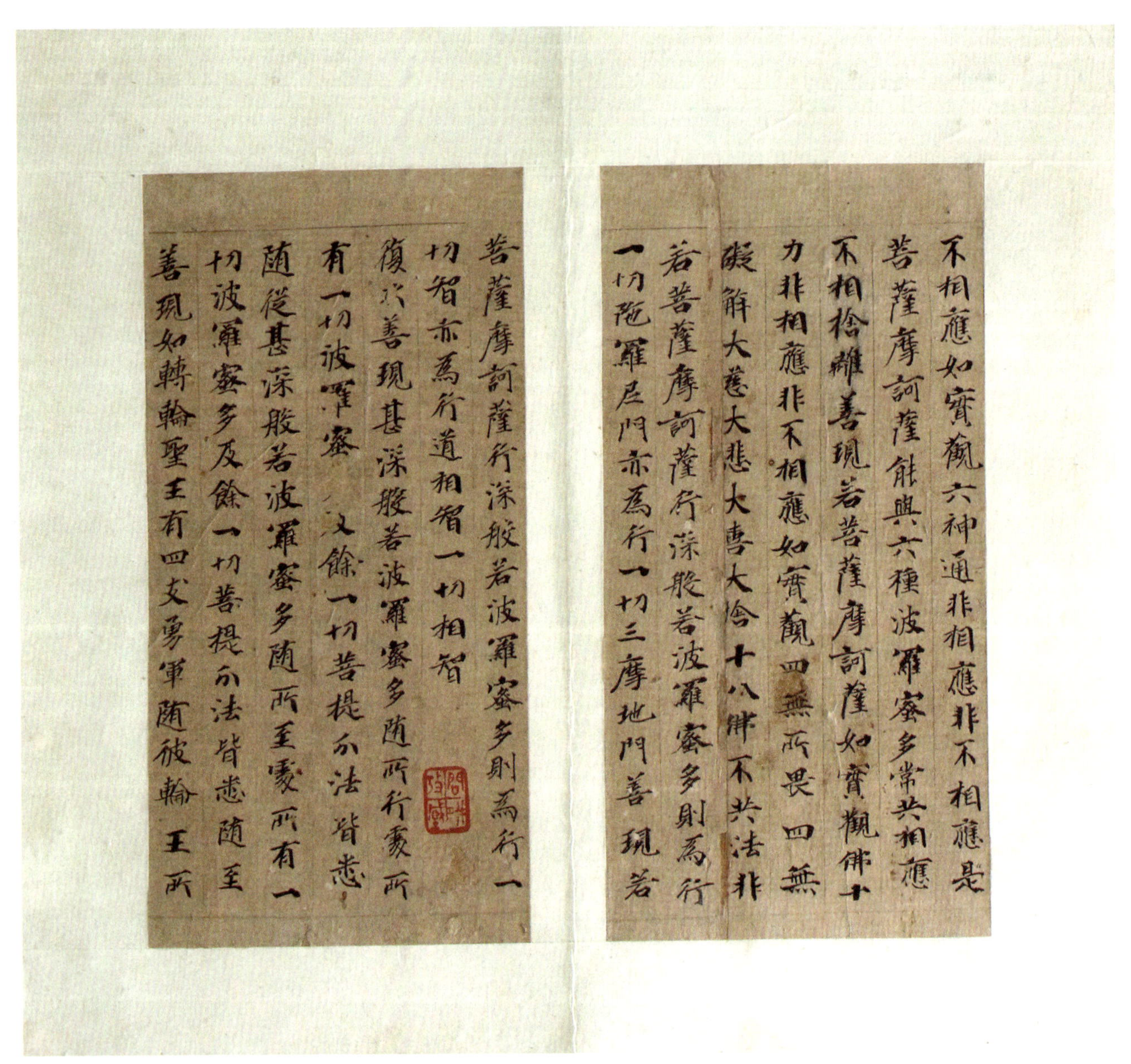

津圖 146　大般若波羅蜜多經卷三五五（三）

行之處是四勇軍皆悉隨從隨彼輪王所至
之處是四勇軍皆悉隨至甚深般若波羅蜜
多亦復如是隨有所行及有所至所有一切
波羅蜜多及餘一切菩提分法皆悉隨逐究
竟至於一切智智善現如善御者駕四馬車
令避險路行於正道隨本意欲能往所至甚
深般若波羅蜜多亦復如是善御一切波羅

蜜多及餘一切菩提分法令避生死涅槃險
路行於自利利他正道至本所求一切智智
時具壽善現白佛言世尊菩薩摩訶薩云何
為道云何非道佛言善現諸異生道非諸菩
薩摩訶薩道諸聲聞道非諸菩薩摩訶薩道
諸獨覺道非諸菩薩摩訶薩道自利利他道
是諸菩薩摩訶薩道一切智智道是諸菩薩

津圖 146　大般若波羅蜜多經卷三五五（四）

摩訶薩道不住生死及涅槃道是諸菩薩摩
訶薩道善現是為菩薩摩訶薩道及非道具
壽善現復白佛言世尊甚深般若波羅蜜多出
現世間能為大事所謂示現諸菩薩摩訶薩
道非道相令諸菩薩摩訶薩知是道是非
道速能證得一切智智佛言善現如是如是
如汝所說甚深般若波羅蜜多出現世間能

為大事所謂示現諸菩薩摩訶薩道非道相
令諸菩薩摩訶薩知是道是非道速能證得
一切智智復次善現甚深般若波羅蜜多出
現世間能為大事所謂度脫無量無數無邊
有情皆令獲得利益安樂
善現甚深般若波羅蜜多雖作無邊利樂他
事而於此事無所取著善現甚深般若波羅

津圖 146　大般若波羅蜜多經卷三五五（五）

蜜多雖能示現色所作事而於此事無所取
着雖能示現受想行識所作事而於此事無
所取着善現甚深般若波羅蜜多雖能示現
眼處所作事而於此事無所取着雖能示現
耳鼻舌身意處所作事而於此事無所取着
善現甚深般若波羅蜜多雖能示現色處所
作事而於此事無所取着雖能示現聲香味

觸法處所作事而於此事無所取着善現甚
深般若波羅蜜多雖能示現眼界所作事而
於此事無所取着雖能示現耳鼻舌身意界
所作事而於此事無所取着善現甚深般若
波羅蜜多雖能示現色界所作事而於此事
無所取着雖能示現聲香味觸法處所作事
而於此事無所取着善現甚深般若波羅蜜

津圖 146　大般若波羅蜜多經卷三五五（六）

多雖能亦現眼識界所作事而於此事無所
取著雖能亦現耳鼻舌身意識界所作事而
於此事無所取著善現甚深般若波羅蜜多
雖能亦現眼觸所作事而於此事無所取著
雖能亦現耳鼻舌身意觸所作事而於此事
無所取著善現甚深般若波羅蜜多雖能亦
現眼觸為緣所生諸受所作事而於此事無

所取著雖能亦現耳鼻舌身意觸為緣所生
諸受所作事而於此事無所取著善現甚深
般若波羅蜜多雖能亦現地界所作事而於
此事無所取著雖能亦現水火風空識界所
作事而於此事無所取著善現甚深般若波
羅蜜多雖能亦現無明所作事而於此事無
所取著雖能亦現行識名色六處觸受愛取

津圖 146　大般若波羅蜜多經卷三五五（七）

有生老死愁歎苦憂惱所作事而於此事無
所取着
善現甚深般若波羅蜜多雖能亦現布施波
羅蜜多所作事而於此事無所取着雖能亦
現淨戒安忍精進靜慮般若波羅蜜多所作
事而於此事無所取着善現甚深般若波羅
蜜多雖能亦現內空所作事而於此事無所

取着雖能亦現外空內外空空空大空勝義
空有為空無為空畢竟空無際空散空無變
異空本性空自相空共相空一切法空不可
得空無性空自性空無性自性空所作事而
於此事無所取着善現甚深般若波羅蜜多
雖能亦現真如所作事而於此事無所取着
雖能亦現法界法性不虛妄性不變異性平

津圖 146　大般若波羅蜜多經卷三五五（八）

等性離生性法定法住實際虛空界不思議
界所作事而於此事無所取着善現甚深般
若波羅蜜多雖能亦現苦聖諦所作事而於
此事無所取着雖能亦現集滅道聖諦所作
事而於此事無所取着善現甚深般若波羅
蜜多雖能亦現四靜慮所作事而於此事无
所取着雖能亦現四無量四無色定所作事
而於此事無所取着善現甚深般若波羅蜜
多雖能亦現八解脫所作事而於此事無所
取着雖能亦現八勝處九次第定十遍處所
作事而於此事無所取着善現甚深般若波
羅蜜多雖能亦現四念住所作事而於此事
無所取着雖能亦現四正斷四神足五根五
力七等覺支八聖道支所作事而於此事無

津圖 146　大般若波羅蜜多經卷三五五（九）

所取著善現甚深般若波羅蜜多雖能亦現
空解脫門所作事而於此事無所取著雖能
亦現無相無願解脫門所作事而於此事無
所取著善現甚深般若波羅蜜多雖能亦現
五眼所作事而於此事無所取著雖能亦現
六神通所作事而於此事無所取著善現甚
深般若波羅蜜多雖能亦現佛十力所作事

而於此事無所取著雖能亦現四無所畏四無
礙解大慈大悲大喜大捨十八佛不共法所作
事而於此事無所取著善現甚深般若波
羅蜜多雖能亦現無忘失法所作事而於
此事無所取著雖能亦現恒住捨性所作事
而於此事無所取著善現甚深般若波羅蜜
多雖能亦現一切智所作事而於此事無所

津圖 146　大般若波羅蜜多經卷三五五（十）

取著雖能示現道相智一切相智所作事而
於此事無所取著善現甚深般若波羅蜜多
雖能示現一切陀羅尼門所作事而於此事
無所取著雖能示現一切三摩地門所作事
而於此事無所取著善現甚深般若波羅蜜
多雖能示現預流果所作事而於此事無所
取著雖能示現一來不還阿羅漢果所作事
而於此事無所取著善現甚深般若波羅蜜
多雖能示現獨覺菩提所作事而於此事無
所取著善現甚深般若波羅蜜多雖能示現
一切菩薩摩訶薩行所作事而於此事無所
取著善現甚深般若波羅蜜多雖能示現諸
佛無上正等菩提所作事而於此事無所取
著善現甚深般若波羅蜜多引導菩薩摩訶

津圖 146　大般若波羅蜜多經卷三五五（十一）

薩令趣無上正等菩提於其中間定不退轉
著現甚深般若波羅蜜多雖令菩薩摩訶薩
遠離聲聞獨覺等地親近無上正等菩提而
於諸法無起無滅以法住性為定量故
尒時具壽善現白佛言世尊若甚深般若波
羅蜜多於一切法無起無滅云何菩薩摩訶
薩行深般若波羅蜜多時應脩布施波羅蜜
多云何菩薩摩訶薩行深般若波羅蜜多時
應脩淨戒波羅蜜多云何菩薩摩訶薩行深
般若波羅蜜多時應脩安忍波羅蜜多云何
菩薩摩訶薩行深般若波羅蜜多時應脩精
進波羅蜜多云何菩薩摩訶薩行深般若波
羅蜜多時應脩靜慮波羅蜜多云何菩薩摩
訶薩行深般若波羅蜜多時應脩般若波羅

津圖 146　大般若波羅蜜多經卷三五五（十二）

蜜多佛言善現菩薩摩訶薩行深般若波羅
蜜多時應緣一切智智爲諸有情而脩布施
波羅蜜多菩薩摩訶薩行深般若波羅蜜多
時應緣一切智智爲諸有情而脩淨戒波羅
蜜多菩薩摩訶薩行深般若波羅蜜多時
應緣一切智智爲諸有情而脩安忍波羅蜜多
菩薩摩訶薩行深般若波羅蜜多時應緣一

切智智爲諸有情而脩精進波羅蜜多菩薩
摩訶薩行深般若波羅蜜多時應緣一切智
智爲諸有情而脩靜慮波羅蜜多菩薩摩訶
薩行深般若波羅蜜多時應緣一切智智爲
諸有情而脩般若波羅蜜多善現是菩薩摩
訶薩持此善根與諸有情平等共有迴向無
上正等菩提於迴向時遠離三心謂誰迴向

津圖 146　大般若波羅蜜多經卷三五五（十三）

用何迴向迴向何處善現是菩薩摩訶薩持
此善根如是迴向所求無上正等菩提則脩
六種波羅蜜多速得圓滿亦脩菩薩慈悲喜
捨速得圓滿由此疾得一切智智乃至安坐
妙菩提座常不遠離如是六種波羅蜜多善
現若菩薩摩訶薩不離六種波羅蜜多則不
遠離一切智智是故善現若菩薩摩訶薩欲

得速證所求無上正等菩提當勤精進脩學六
種波羅蜜多當勤精進脩行六種波羅蜜多
善現若菩薩摩訶薩常勤精進脩學脩行
如是六種波羅蜜多一切善根速得圓滿疾
證無上正等菩提是故善現諸菩薩摩訶薩
應與六種波羅蜜多常共相應勿相捨離
尒時具壽善現白佛言世尊云何菩薩摩訶薩

津圖 146　大般若波羅蜜多經卷三五五（十四）

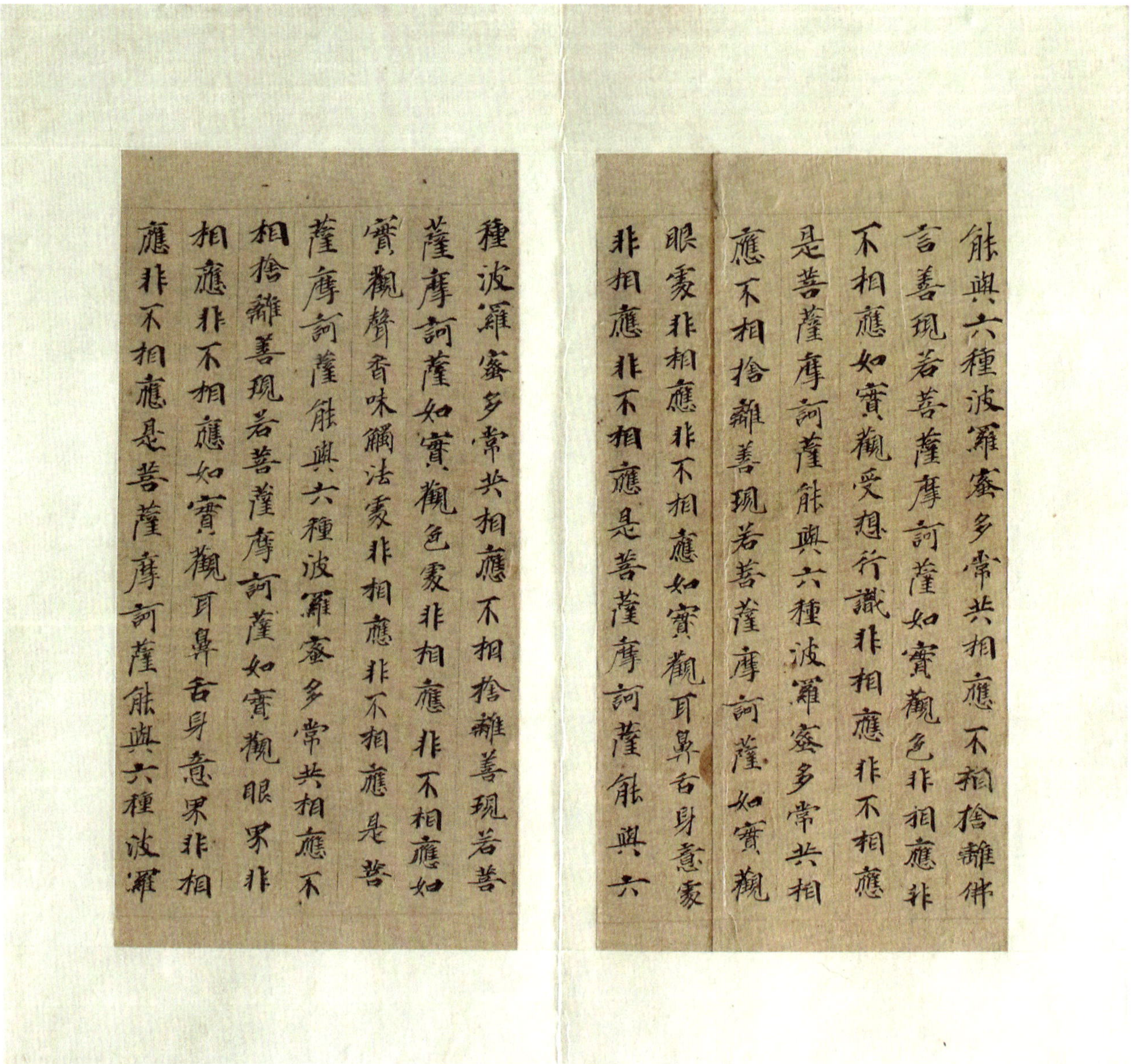
能與六種波羅蜜多常共相應不相捨離佛
言善現若菩薩摩訶薩如實觀色非相應非
不相應如實觀受想行識非相應非不相應
是菩薩摩訶薩能與六種波羅蜜多常共相
應不相捨離善現若菩薩摩訶薩如實觀
眼處非相應非不相應如實觀耳鼻舌身意處
非相應非不相應是菩薩摩訶薩能與六
種波羅蜜多常共相應不相捨離善現若菩
薩摩訶薩如實觀色處非相應非不相應如
實觀聲香味觸法處非相應非不相應是菩
薩摩訶薩能與六種波羅蜜多常共相應不
相捨離善現若菩薩摩訶薩如實觀眼界非
相應非不相應如實觀耳鼻舌身意界非相
應非不相應是菩薩摩訶薩能與六種波羅

津圖 146　大般若波羅蜜多經卷三五五（十五）

蜜多常共相應不相捨離善現若菩薩摩訶
薩如實觀色界非相應非不相應如實觀聲
香味觸法界非相應非不相應是菩薩摩訶
薩能與六種波羅蜜多常共相應不相捨離
善現若菩薩摩訶薩如實觀眼識界非相應非
不相應如實觀耳鼻舌身意識界非相應
非不相應是菩薩摩訶薩能與六種波羅蜜

多常共相應不相捨離善現若菩薩摩訶薩
如實觀眼觸非相應非不相應如實觀耳鼻
舌身意觸非相應非不相應是菩薩摩訶薩
能與六種波羅蜜多常共相應不相捨離善
現若菩薩摩訶薩如實觀眼觸為緣所生諸
受非相應非不相應如實觀耳鼻舌身意觸
為緣所生諸受非相應非不相應是菩薩摩

津圖 146　大般若波羅蜜多經卷三五五（十六）

訶薩能與六種波羅蜜多常共相應不相捨
離善現若菩薩摩訶薩如實觀地界非相應
非不相應如實觀水火風空識界非相應非
不相應是菩薩摩訶薩能與六種波羅蜜多
常共相應不相捨離善現若菩薩摩訶薩如
實觀無明非相應非不相應如實觀行識名
色六處觸受愛取有生老死愁歎苦憂惱非

相應非不相應是菩薩摩訶薩能與六種波
羅蜜多常共相應不相捨離
善現若菩薩摩訶薩如實觀布施波羅蜜多
非相應非不相應如實觀淨戒安忍精進靜
慮般若波羅蜜多非相應非不相應是菩薩
摩訶薩能與六種波羅蜜多常共相應不相
捨離善現若菩薩摩訶薩如實觀內空非相

津圖 146　大般若波羅蜜多經卷三五五（十七）

應非不相應如實觀外空內外空空空大空
勝義空有爲空無爲空畢竟空無際空散空
無變異空本性空自相空共相空一切法空
不可得空無性空自性空無性自性空非相
應非不相應是菩薩摩訶薩能與六種波羅
蜜多常共相應不相捨離善現若菩薩摩訶
薩如實觀真如非相應非不相應如實觀法

界法性不虛妄性不變異性平等性離生性
法定法住實際虛空界不思議界非相應非
不相應是菩薩摩訶薩能與六種波羅蜜多
常共相應不相捨離善現若菩薩摩訶薩如
實觀苦聖諦非相應非不相應如實觀集滅
道聖諦非相應非不相應是菩薩摩訶薩能
與六種波羅蜜多常共相應不相捨離善現

津圖 146　大般若波羅蜜多經卷三五五（十八）

善菩薩摩訶薩如實觀四靜慮非相應非不
相應如實觀四無量四無色定非相應非不
相應是菩薩摩訶薩能與六種波羅蜜多常
共相應不相捨離善現若菩薩摩訶薩如實
觀八解脫非相應非不相應如實觀八勝處
九次第定十遍處非相應非不相應是菩薩
摩訶薩能與六種波羅蜜多常共相應不相
捨離善現若菩薩摩訶薩如實觀四念住非
相應非不相應如實觀四正斷四神足五根五
力七等覺支八聖道支非相應非不相應
是菩薩摩訶薩能與六種波羅蜜多常共相
應不相捨離善現若菩薩摩訶薩如實觀空
解脫門非相應非不相應如實觀無相無願
解脫門非相應非不相應是菩薩摩訶薩能

津圖 146　大般若波羅蜜多經卷三五五（十九）

與六種波羅蜜多常共相應不相捨離

津圖 146　大般若波羅蜜多經卷三五五（二十）

敦煌石室經卷殘字

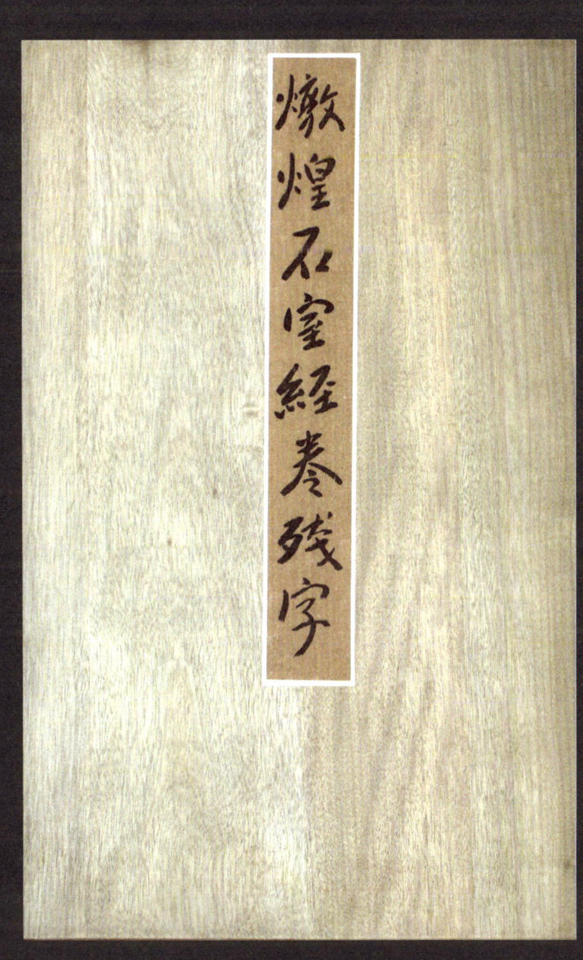

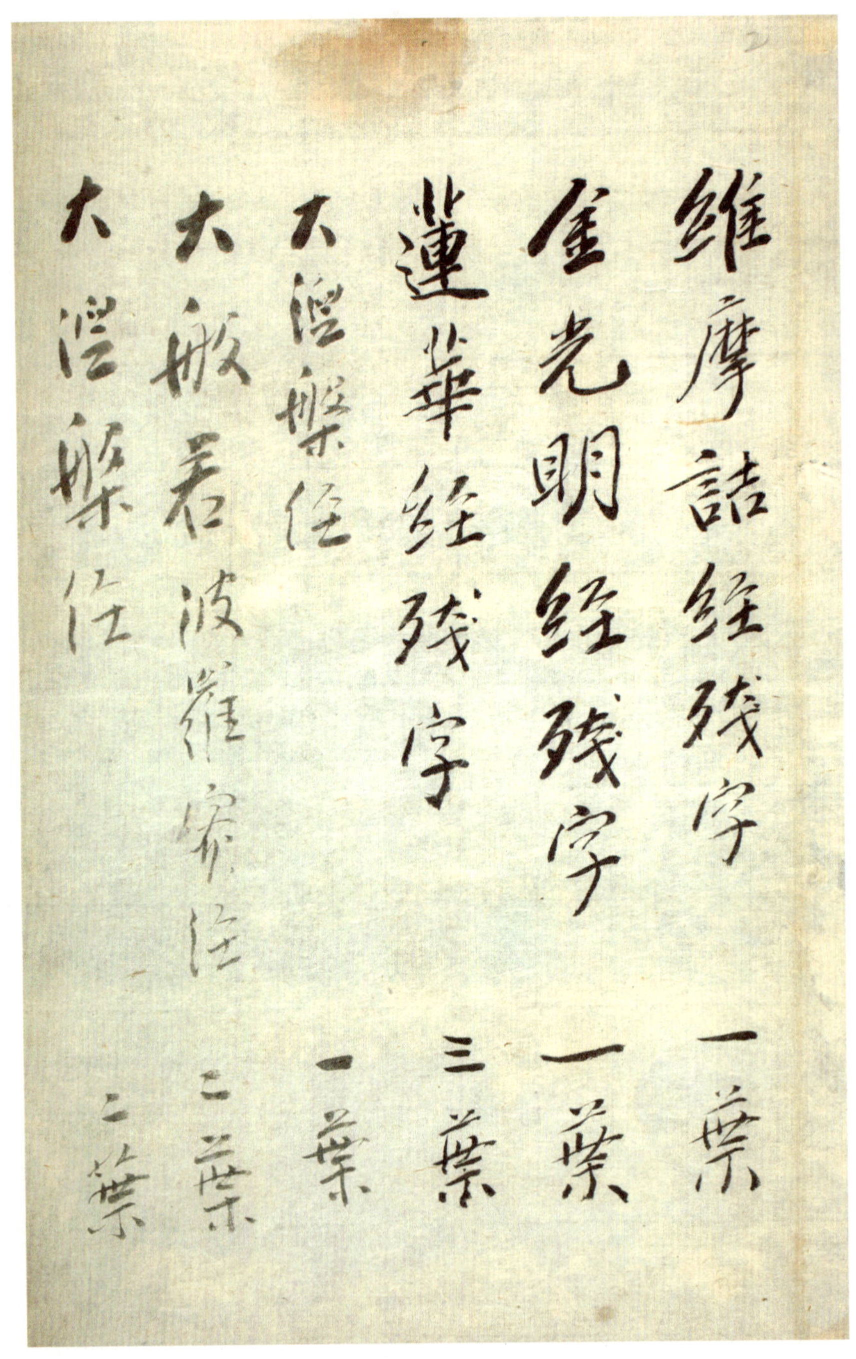

目録 –1

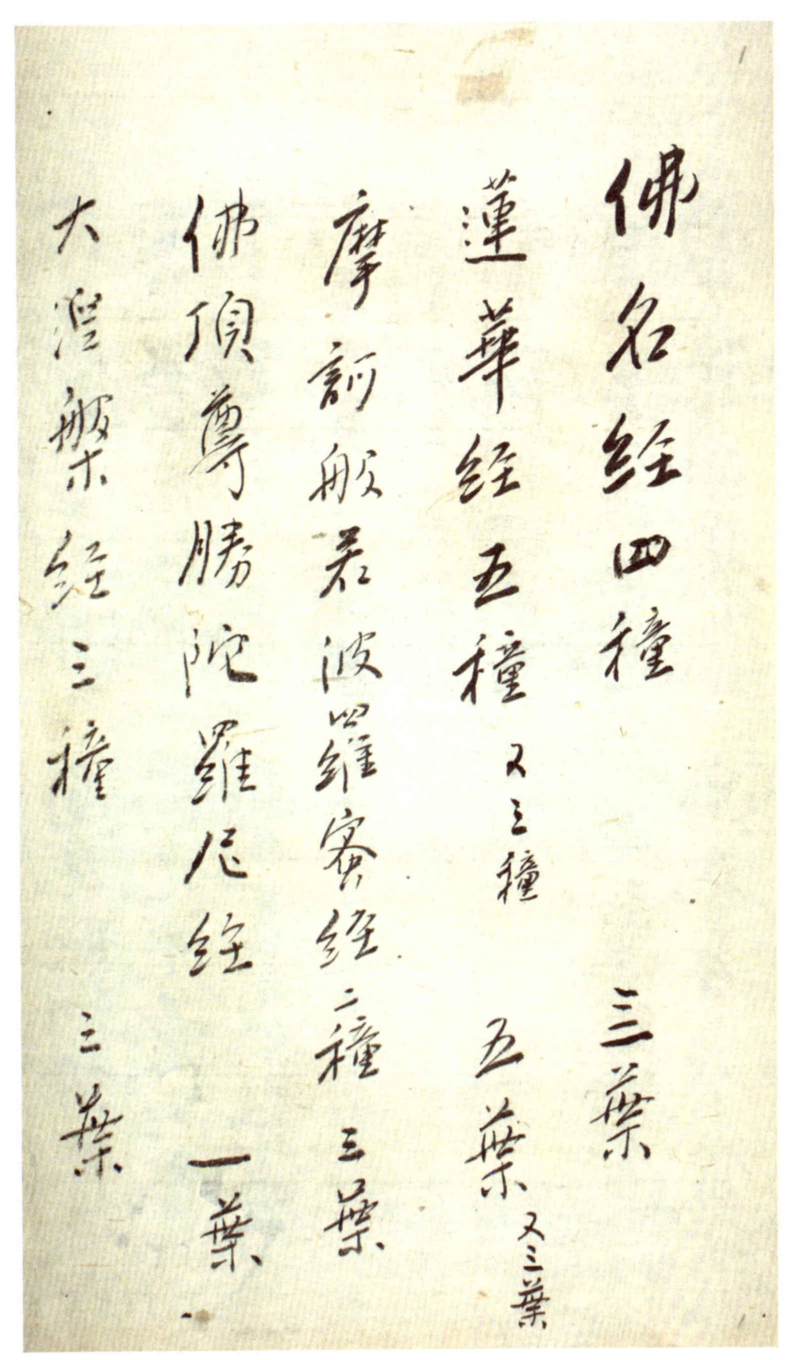
佛名经四種　三葉
蓮華经五種　又三種　五葉　又三葉
摩訶般若波羅蜜经二種　三葉
佛頂尊勝陀羅尼经　一葉
大涅槃经三種　三葉

目録 –2

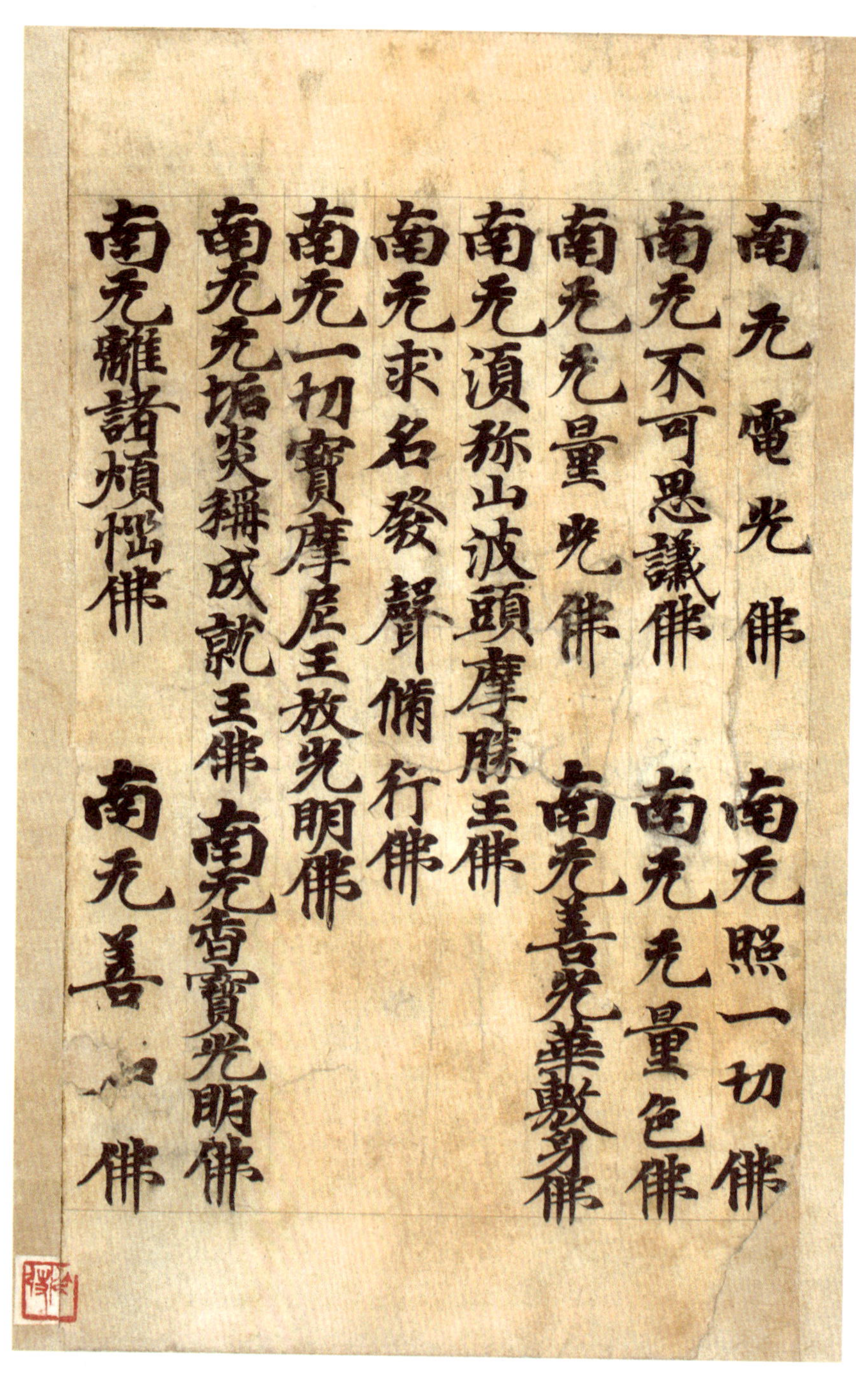

南无電光佛　南无照一切佛
南无不可思議佛　南无无量色佛
南无无量光佛　南无善光華敷身佛
南无須弥山波頭摩勝王佛
南无求名發聲脩行佛
南无一切寶摩尼王放光明佛
南无无垢炎稱成就王佛　南无香寶光明佛
南无離諸煩惱佛　南无善[illegible]佛

津圖 147　佛名經卷六

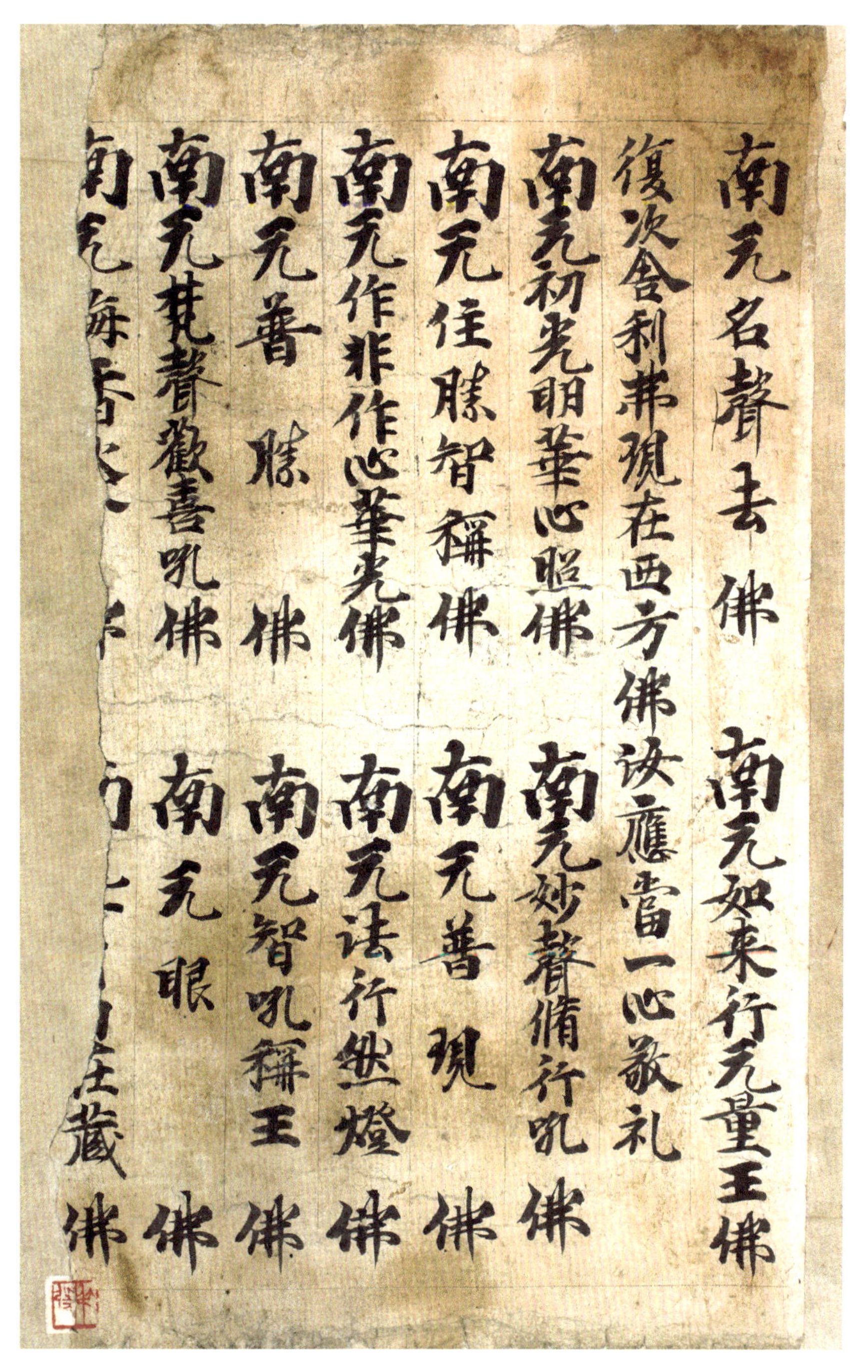
南无名聲去佛　南无如來行无量王佛
復次舍利弗現在西方佛汝應當一心敬礼
南无初光明華心照佛　南无妙聲備行吼佛
南无住慧智稱佛　南无善現佛
南无作非作心華光佛　南无法行然燈佛
南无善慧佛　南无智吼稱王佛
南无梵聲歡喜吼佛　南无眼佛
南无海香火[illegible]佛　南[illegible]住藏佛

津圖 148　佛名經卷八

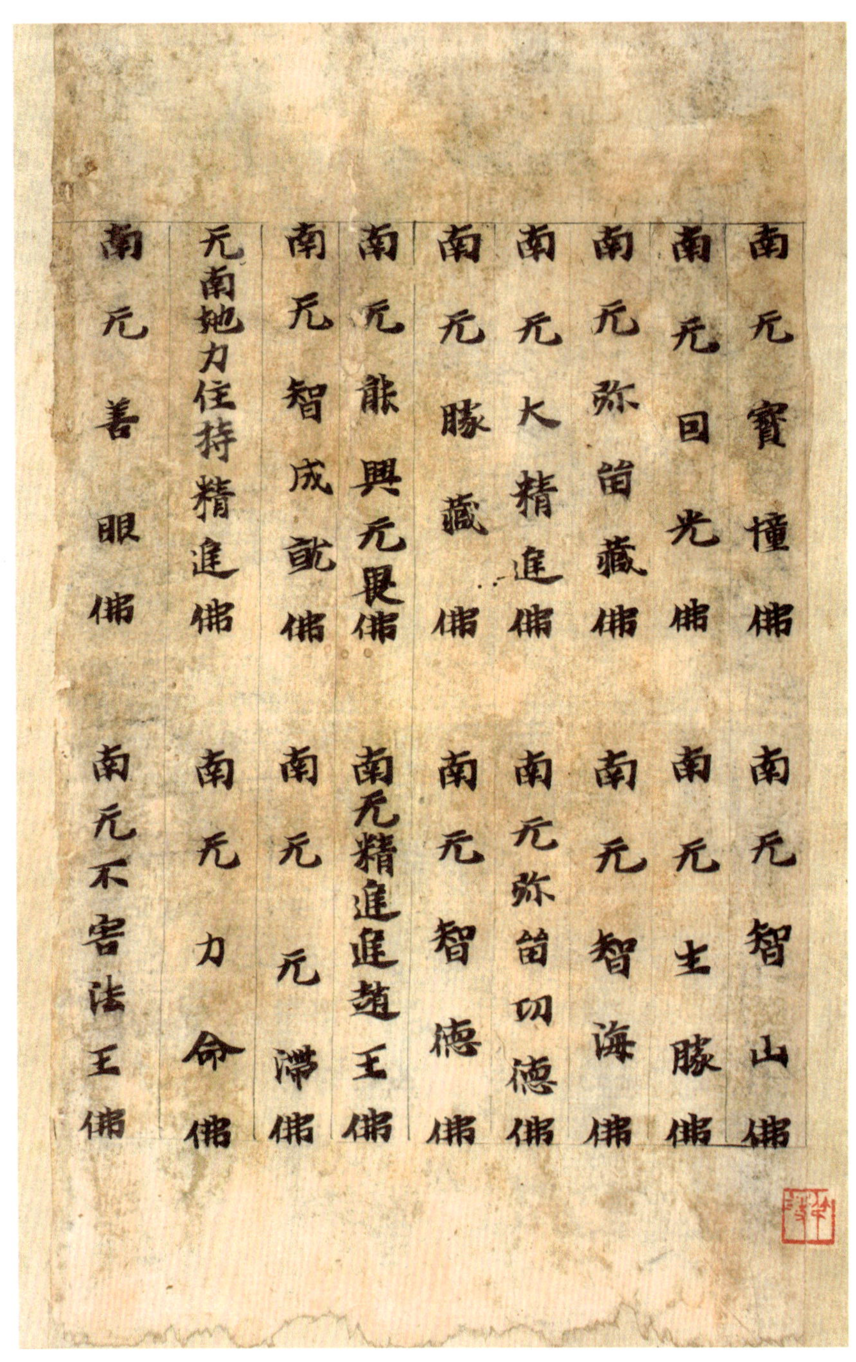

南无寶幢佛　南无智山佛
南无回光佛　南无生勝佛
南无弥留藏佛　南无智海佛
南无大精進佛　南无弥留功德佛
南无勝藏佛　南无智德佛
南无能興无畏佛　南无精進進趣王佛
南无智成就佛　南无无滯佛
无南地力住持精進佛　南无力命佛
南无善眼佛　南无不害法王佛

津圖 149　佛名經卷二一

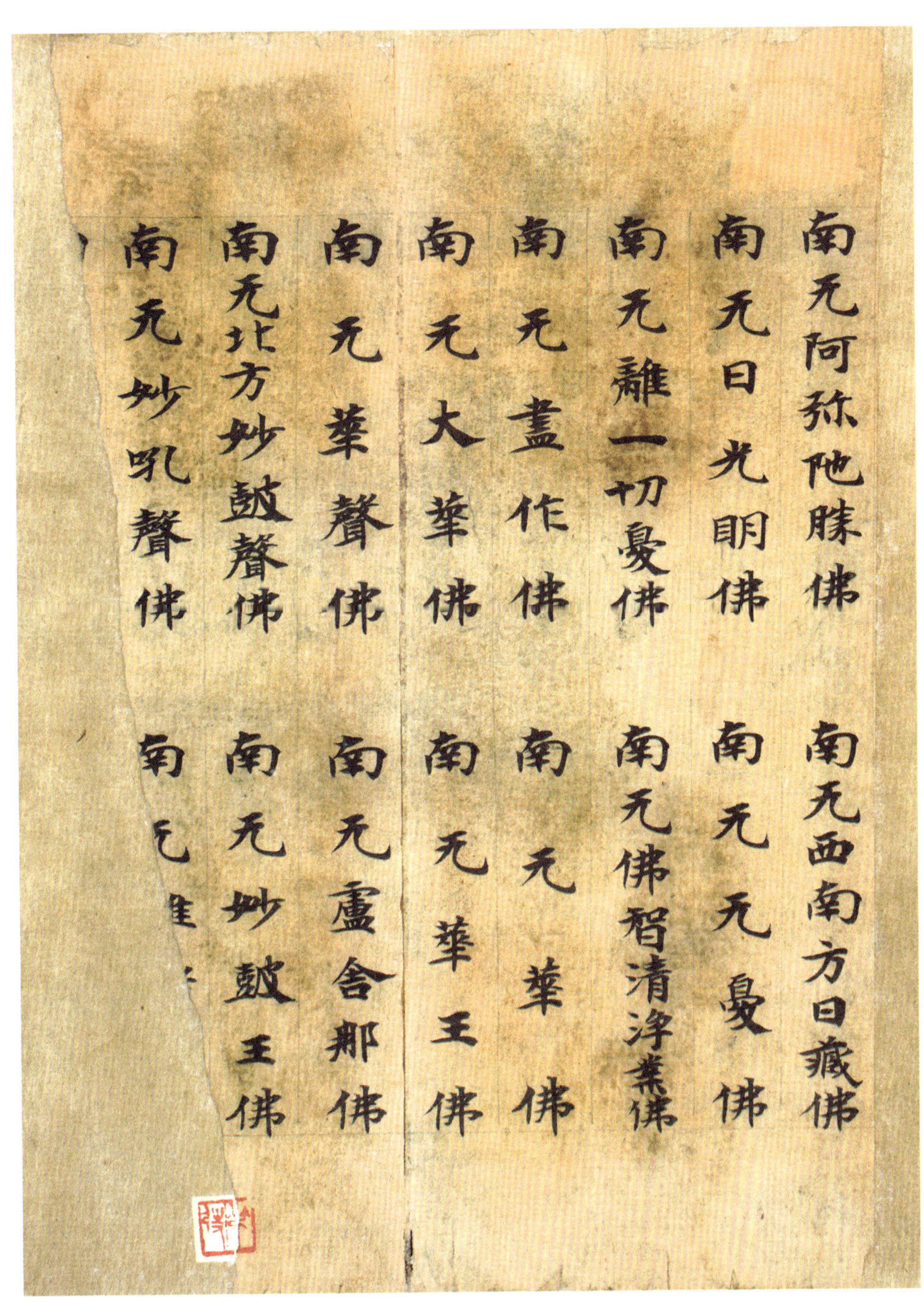
南无阿弥陁睺佛　南无西南方日藏佛
南无日光明佛　南无无憂佛
南无離一切憂佛　南无佛智清淨業佛
南无盡作佛　南无華佛
南无大華佛　南无華王佛
南无華聲佛　南无盧舍那佛
南无北方妙鼓聲佛　南无妙鼓王佛
南无妙吼聲佛　南无[illegible]

津圖 150　佛名經卷六

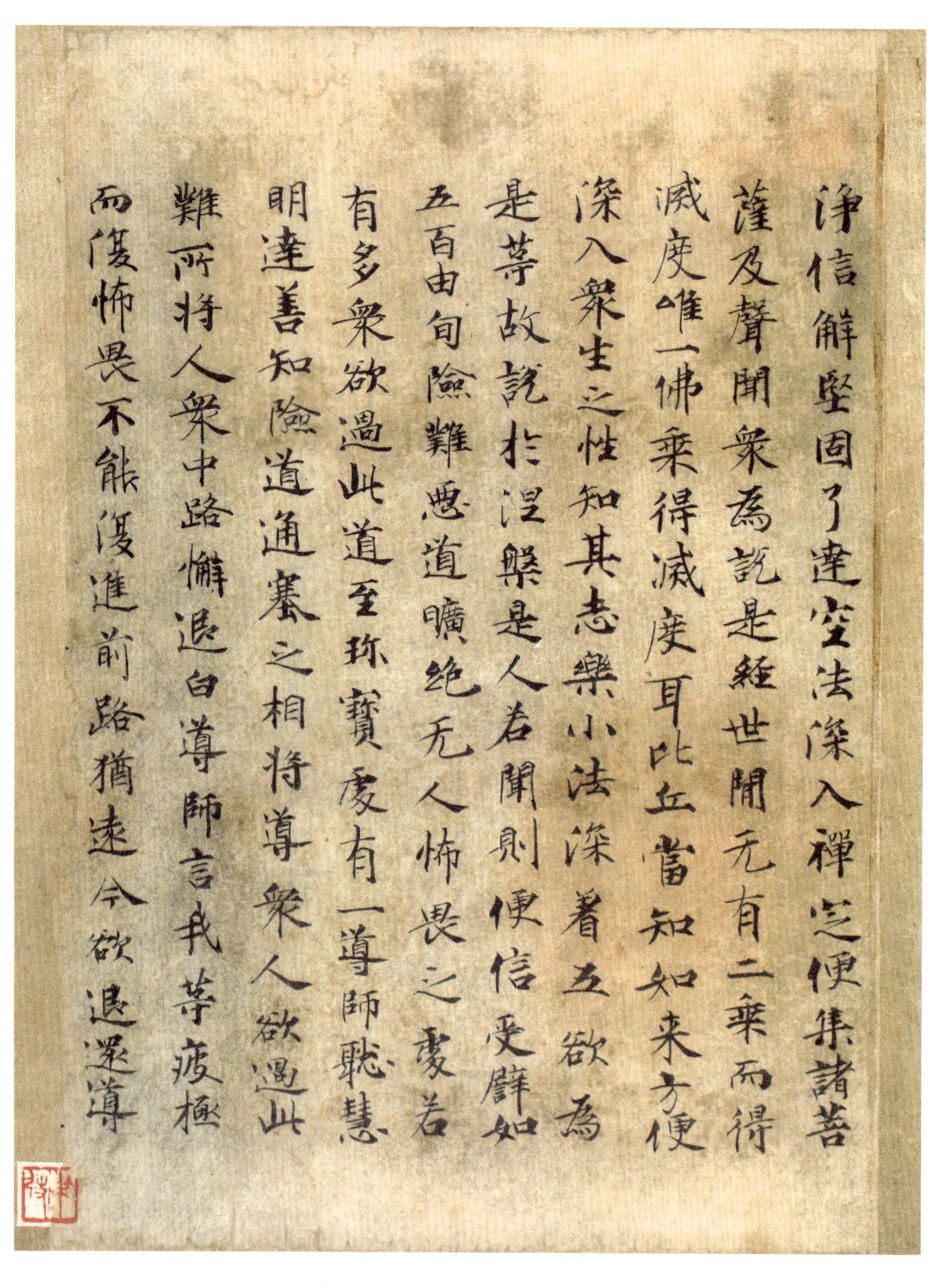

淨信解堅固了達空法深入禪定便集諸菩
薩及聲聞衆為說是經世間无有二乘而得
滅度唯一佛乘得滅度耳比丘當知如来方便
深入衆生之性知其志樂小法深著五欲為
是等故說於涅槃是人若聞則便信受譬如
五百由旬險難惡道曠絕无人怖畏之處若
有多衆欲過此道至珎寶處有一導師聰慧
明達善知險道通塞之相將導衆人欲過此
難所將人衆中路懈退白導師言我等疲極
而復怖畏不能復進前路猶遠今欲退還導

津圖 151　妙法蓮華經卷三

諍訟經官處　怖畏軍陣中　念彼觀音力　衆怨悉退散
妙音觀世音　梵音海潮音　勝彼世間音　是故須常念
念念勿生疑　觀世音淨聖　於苦惱死厄　能為作依怙
具一切功德　慈眼視衆生　福聚海无量　是故應頂禮
尒時持地菩薩即從坐起前白佛言世尊若
有衆生聞是觀世音菩薩品自在之業普門
示現神通力者當知是人功德不少佛說是
普門品時衆中八万四千衆生皆發无等等

津圖 152　妙法蓮華經卷七

津圖 152 背　雜寫

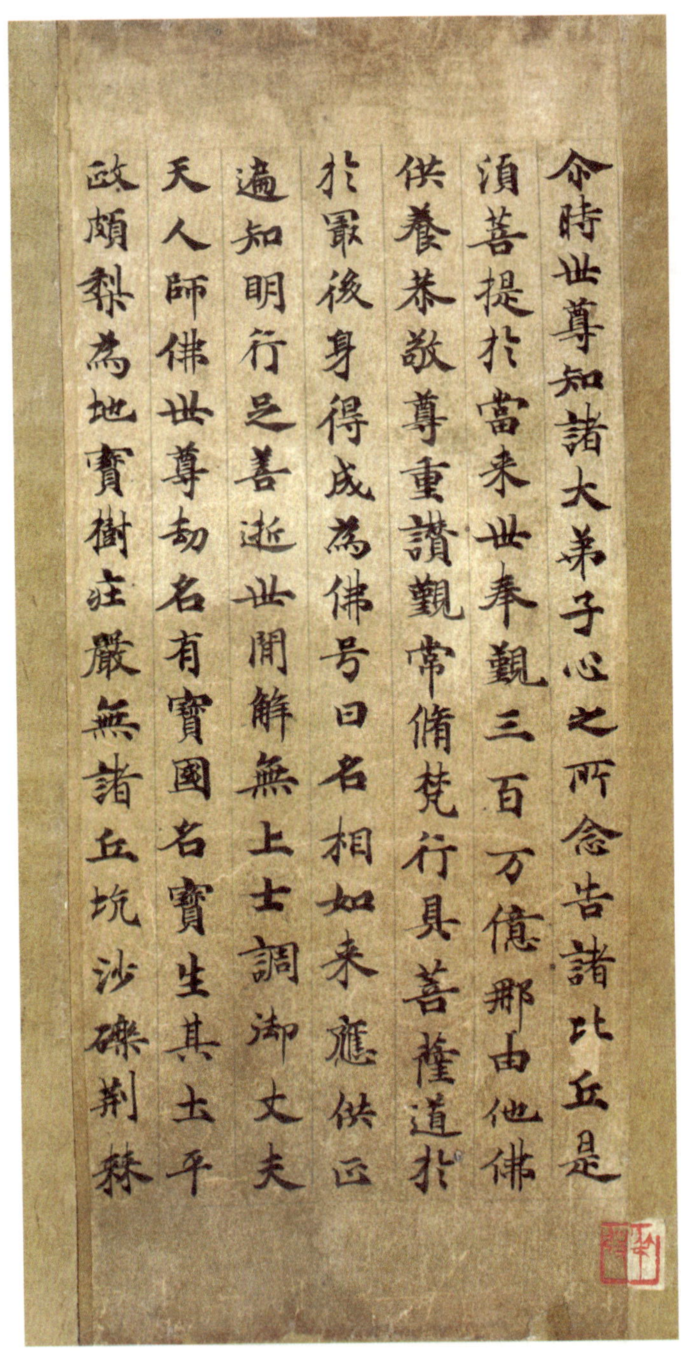

尒時世尊知諸大弟子心之所念告諸比丘是
須菩提於當来世奉覲三百万億那由他佛
供養恭敬尊重讚歎常脩梵行具菩薩道於
於最後身得成為佛号曰名相如来應供正
遍知明行足善逝世間解無上士調御丈夫
天人師佛世尊劫名有寶國名寶生其土平
正頗梨為地寶樹莊嚴無諸丘坑沙礫荊棘

津圖 153　妙法蓮華經卷三

其國名善淨　七寶所合成　劫名為寶明　菩薩衆甚多
其數无量億　皆度大神通　威德力具足　充滿其國土
聲聞亦无數　三明八解脫　得四无閡智　以是等為僧
其國諸衆生　婬欲皆已斷　淳一變化生　具相莊嚴身
法喜禪悅食　更无餘食想　无有諸女人　亦无諸惡道
富樓那比丘　功德悉成滿　當得斯淨土　賢聖衆甚多
如是无量事　我今但略說

津圖 154　妙法蓮華經卷四

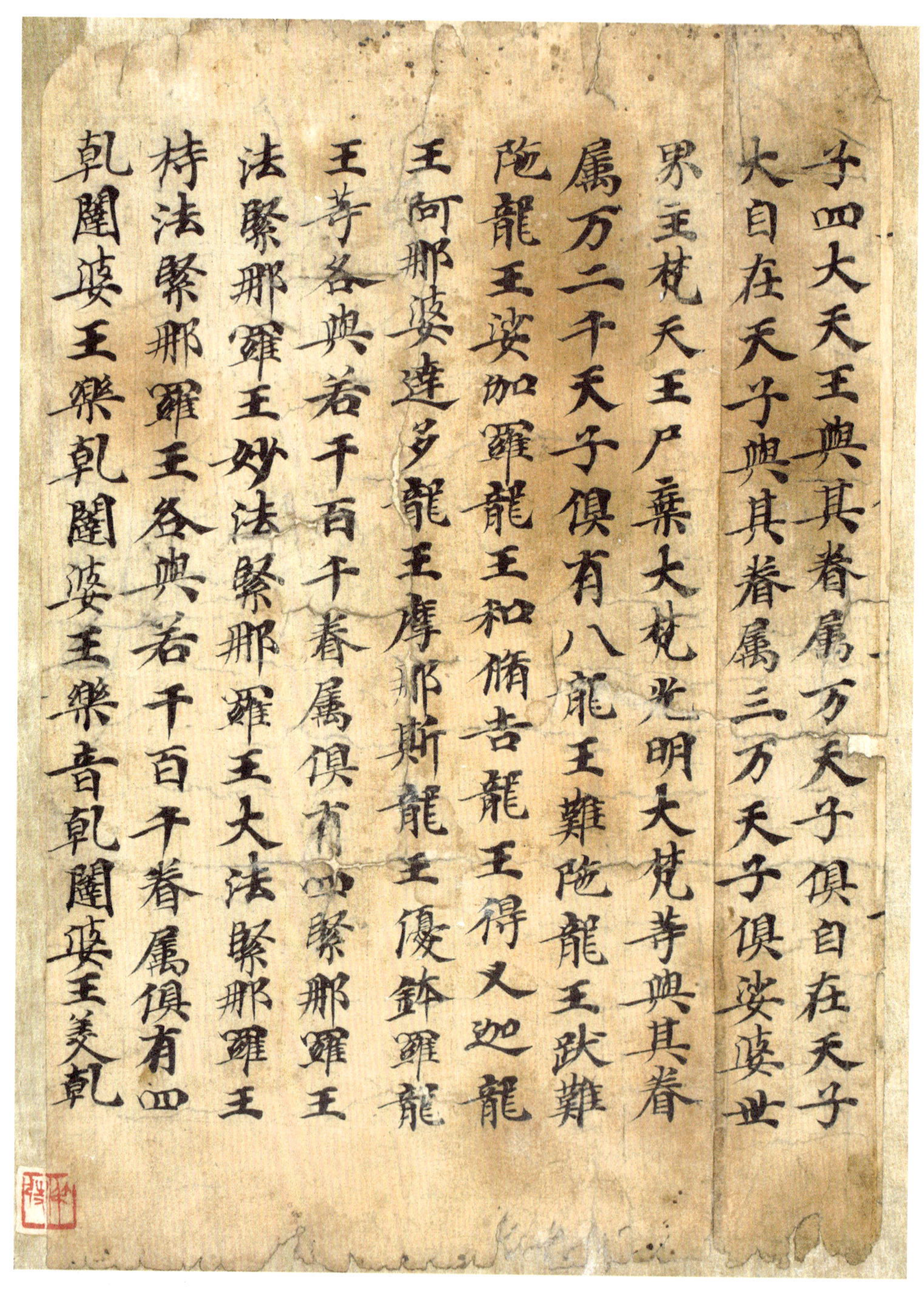

子四大天王與其眷屬万天子俱自在天子
大自在天子與其眷屬三万天子俱娑婆世
界主梵天王尸棄大梵光明大梵等與其眷
屬万二千天子俱有八龍王難陁龍王跋難
陁龍王娑伽羅龍王和脩吉龍王得叉迦龍
王阿那婆達多龍王摩那斯龍王優鉢羅龍
王等各與若干百千眷屬俱有四緊那羅王
法緊那羅王妙法緊那羅王大法緊那羅王
持法緊那羅王各與若干百千眷屬俱有四
乾闥婆王樂乾闥婆王樂音乾闥婆王美乾

津圖 155　妙法蓮華經卷一

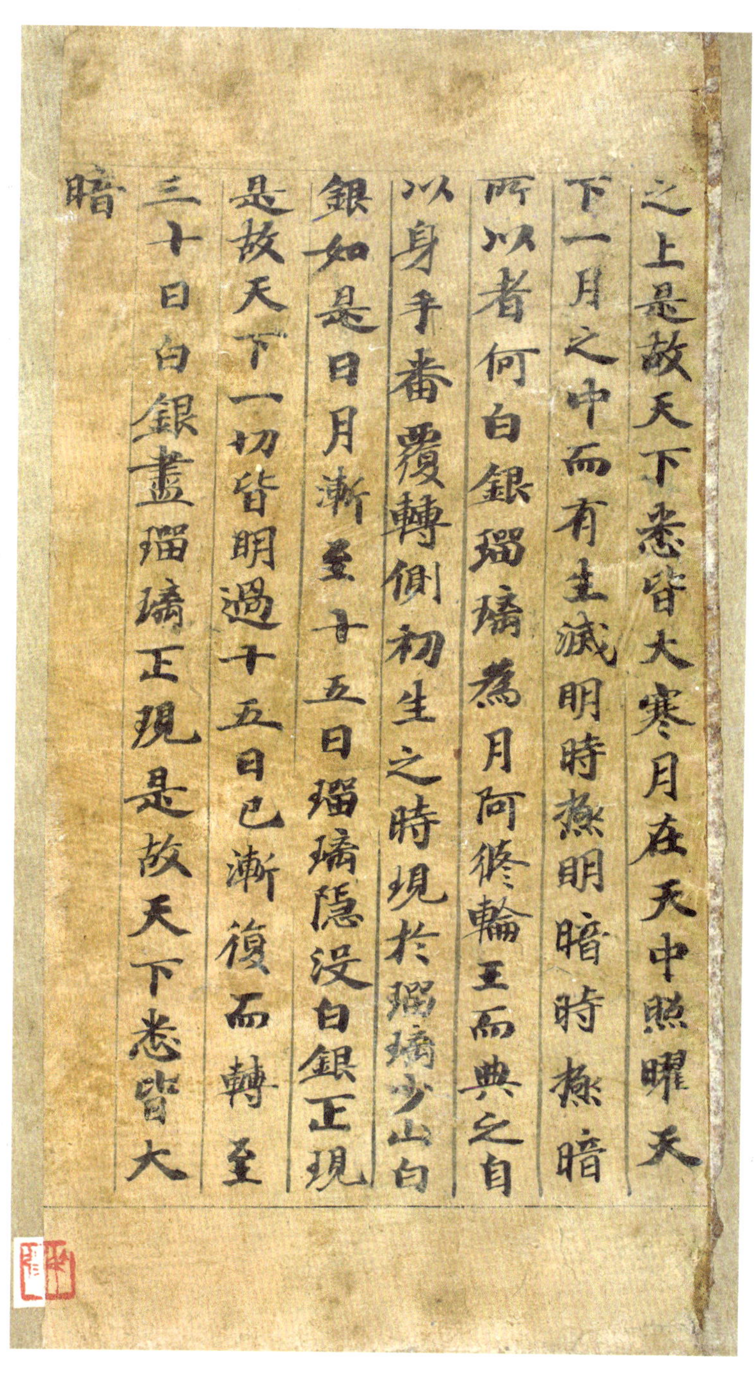
之上是故天下悉皆大寒月在天中照曜天
下一月之中而有生滅明時熱明暗時熱暗
所以者何白銀瑠璃為月向終輪王而典之自
以身手番覆轉側初生之時現於瑠璃少山白
銀如是日月漸至十五日瑠璃隱沒白銀正現
是故天下一切皆明過十五日已漸復而轉至
三十日白銀盡瑠璃正現是故天下悉皆大
暗

津圖 156　妙法蓮華經度量天地品第二十

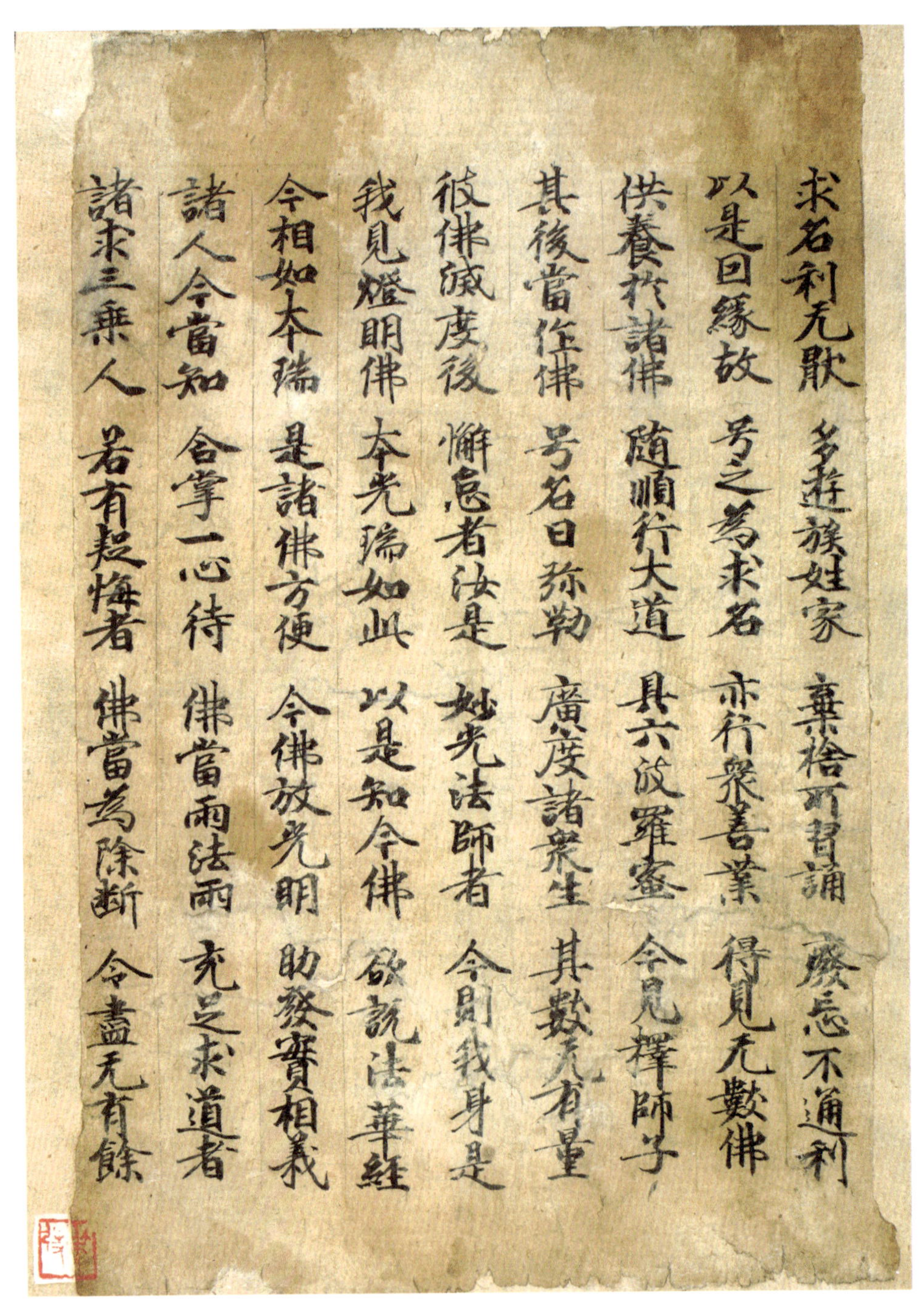

求名利无猒　多遊族姓家　棄捨所習誦　廢忘不通利
以是因緣故　号之為求名　亦行衆善業　得見无數佛
供養於諸佛　隨順行大道　具六波羅蜜　今見釋師子
其後當作佛　号名曰弥勒　廣度諸衆生　其數无有量
彼佛滅度後　懈怠者汝是　妙光法師者　今則我身是
我見燈明佛　本光瑞如此　以是知今佛　欲說法華經
今相如本瑞　是諸佛方便　今佛放光明　助發實相義
諸人今當知　合掌一心待　佛當雨法雨　充足求道者
諸求三乘人　若有疑悔者　佛當為除斷　令盡无有餘

津圖 157　妙法蓮華經卷一

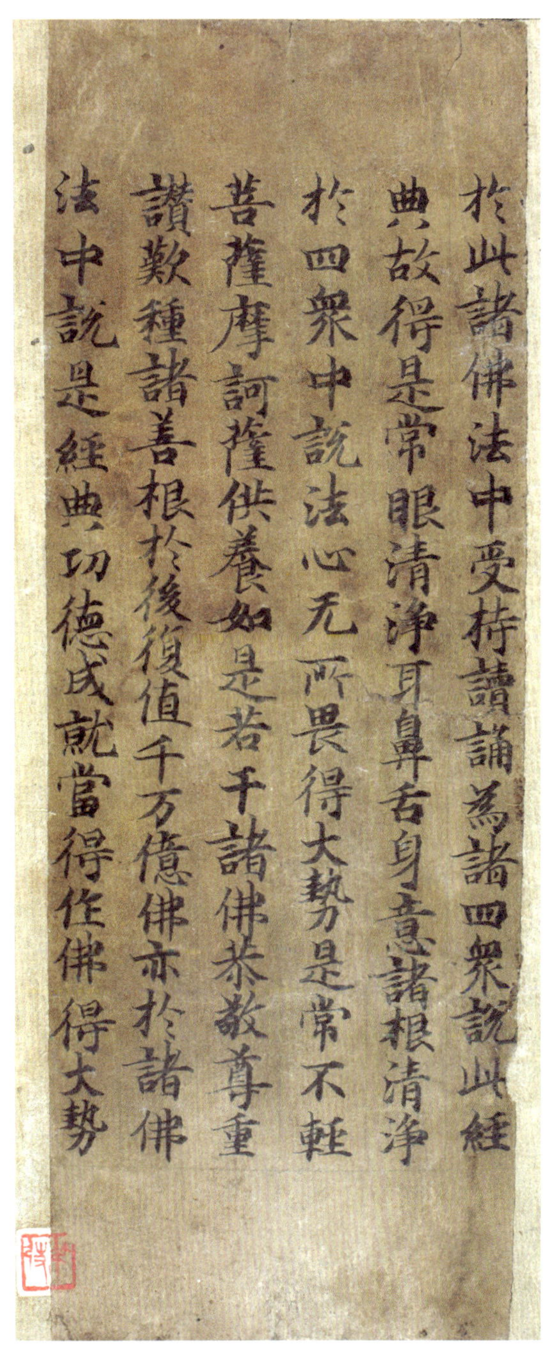

於此諸佛法中受持讀誦為諸四衆說此經
典故得是常眼清淨耳鼻舌身意諸根清淨
於四衆中說法心无所畏得大勢是常不輕
菩薩摩訶薩供養如是若干諸佛恭敬尊重
讚歎種諸善根於後復值千万億佛亦於諸佛
法中說是經典功德成就當得作佛得大勢

津圖 158　妙法蓮華經卷六

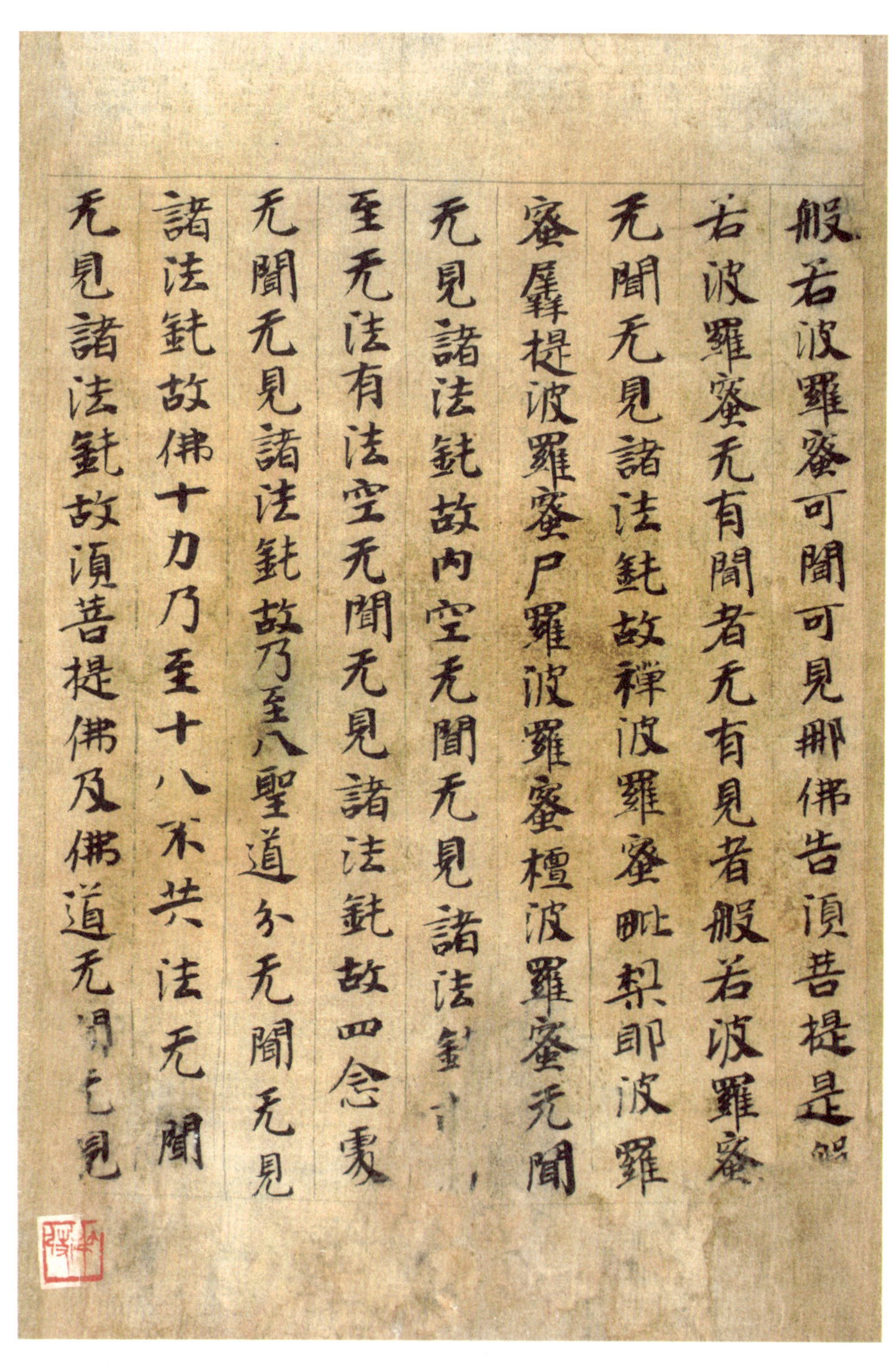
般若波羅蜜可聞可見那佛告須菩提是般
若波羅蜜无有聞者无有見者般若波羅蜜
无聞无見諸法鈍故禪波羅蜜毗梨耶波羅
蜜羼提波羅蜜尸羅波羅蜜檀波羅蜜无聞
无見諸法鈍故内空无聞无見諸法鈍
至无法有法空无聞无見諸法鈍故四念處
无聞无見諸法鈍故乃至八聖道分无聞无見
諸法鈍故佛十力乃至十八不共法无聞
无見諸法鈍故須菩提佛及佛道无聞无見

津圖 159　摩訶般若波羅蜜經卷一一

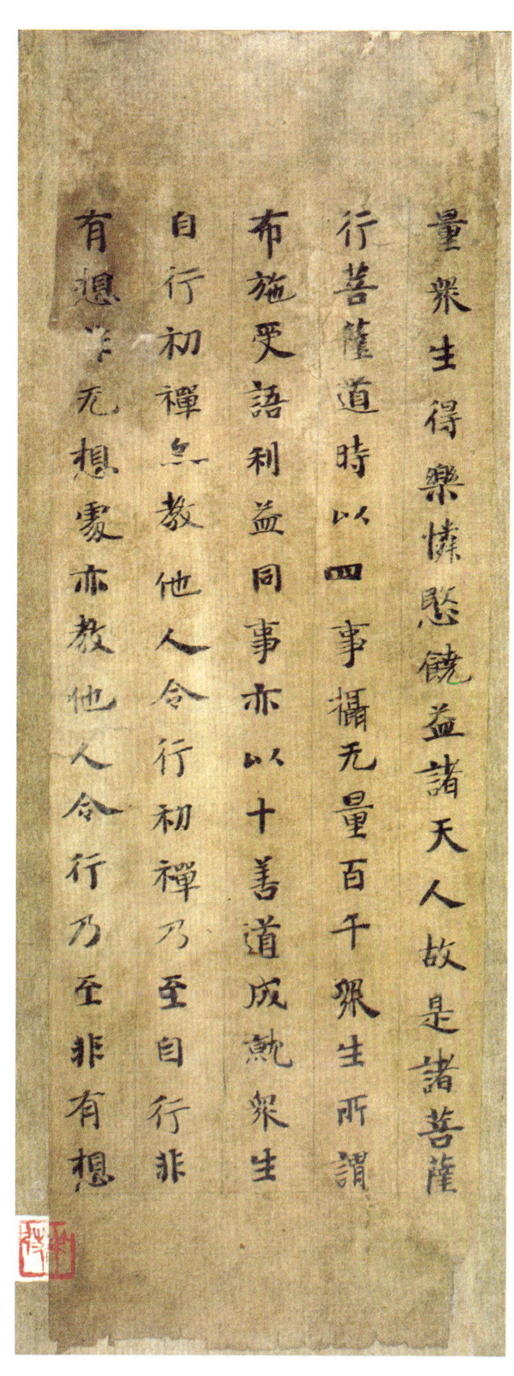
量衆生得樂憐愍饒益諸天人故是諸菩薩
行菩薩道時以四事攝无量百千衆生所謂
布施愛語利益同事亦以十善道成就衆生
自行初禪亦教他人令行初禪乃至自行非
有想非无想處亦教他人令行乃至非有想

津圖 160　摩訶般若波羅蜜經卷一三

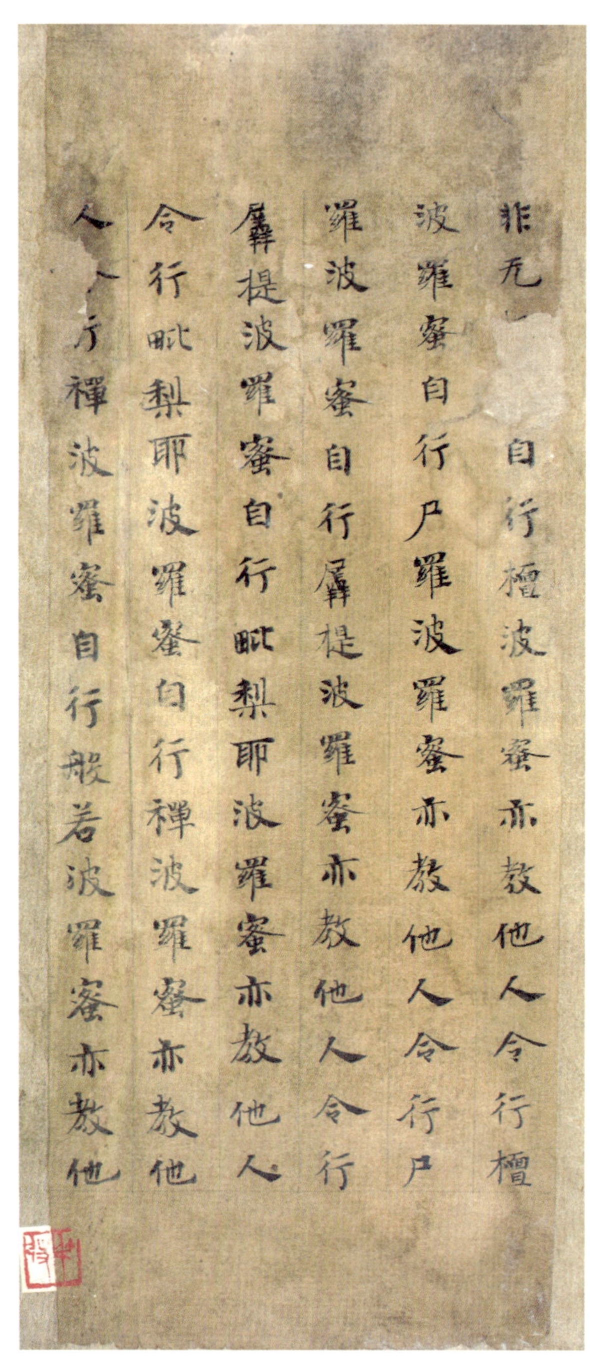

津圖 161　摩訶般若波羅蜜經卷一三

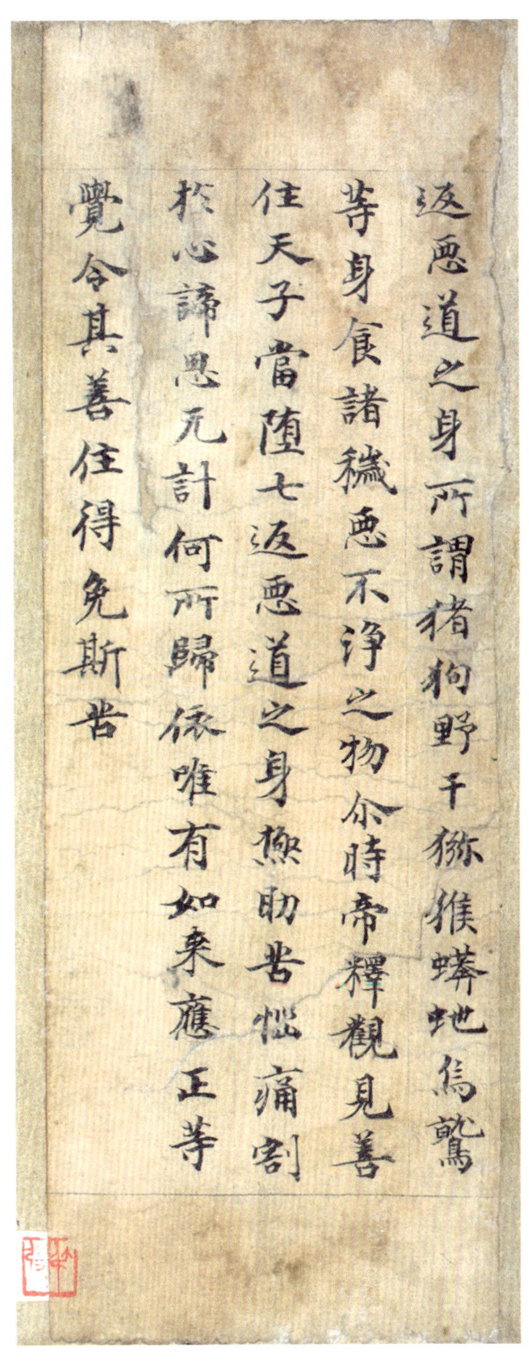

返惡道之身所謂豬狗野干獼猴蟒虵烏鷲
等身食諸穢惡不淨之物尒時帝釋觀見善
住天子當墮七返惡道之身極助苦惱痛割
於心諦思無計何所歸依唯有如來應正等
覺令其善住得免斯苦

津圖 162　佛頂尊勝陀羅尼經

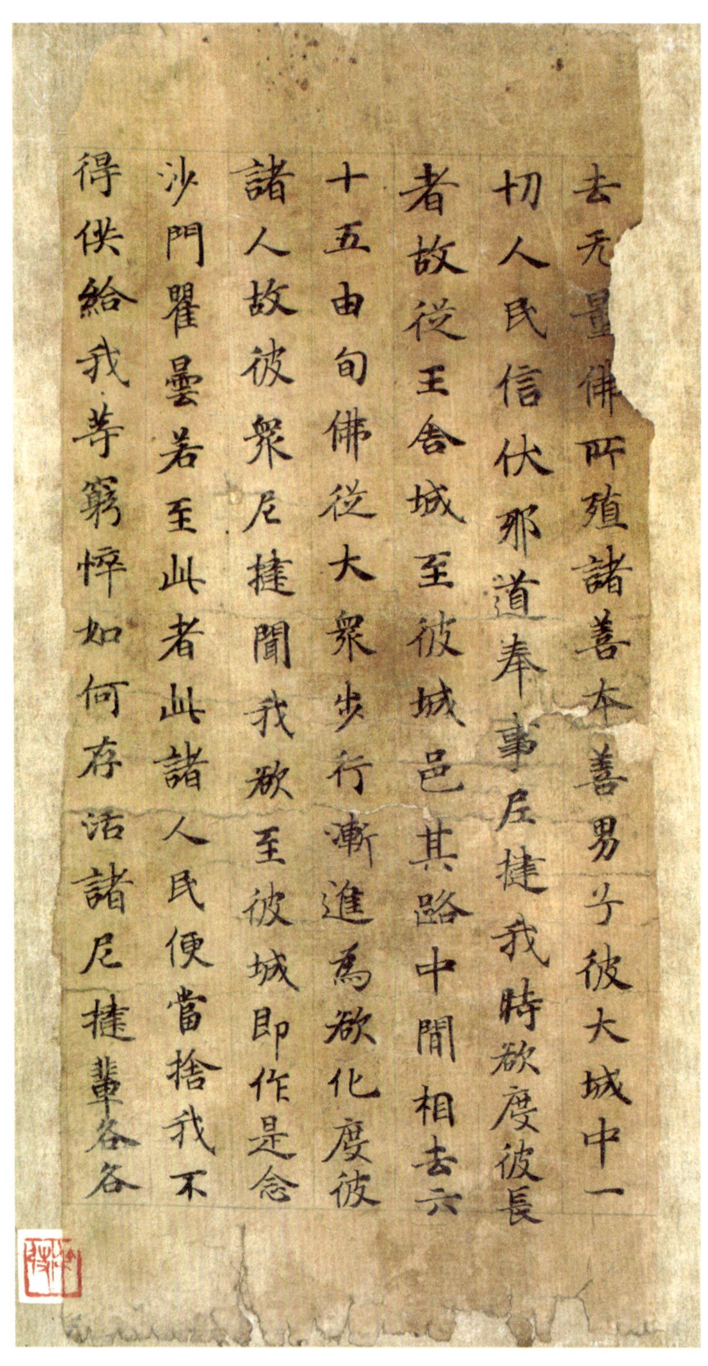

去无量佛所殖諸善本善男子彼大城中一
切人民信伏邪道奉事尼揵我時欲度彼長
者故從王舍城至彼城邑其路中間相去六
十五由旬佛從大衆步行漸進爲欲化度彼
諸人故彼衆尼揵聞我欲至彼城即作是念
沙門瞿曇若至此者此諸人民便當捨我不
得供給我等窮悴如何存活諸尼揵輩各各

津圖 163　大般涅槃經卷一四

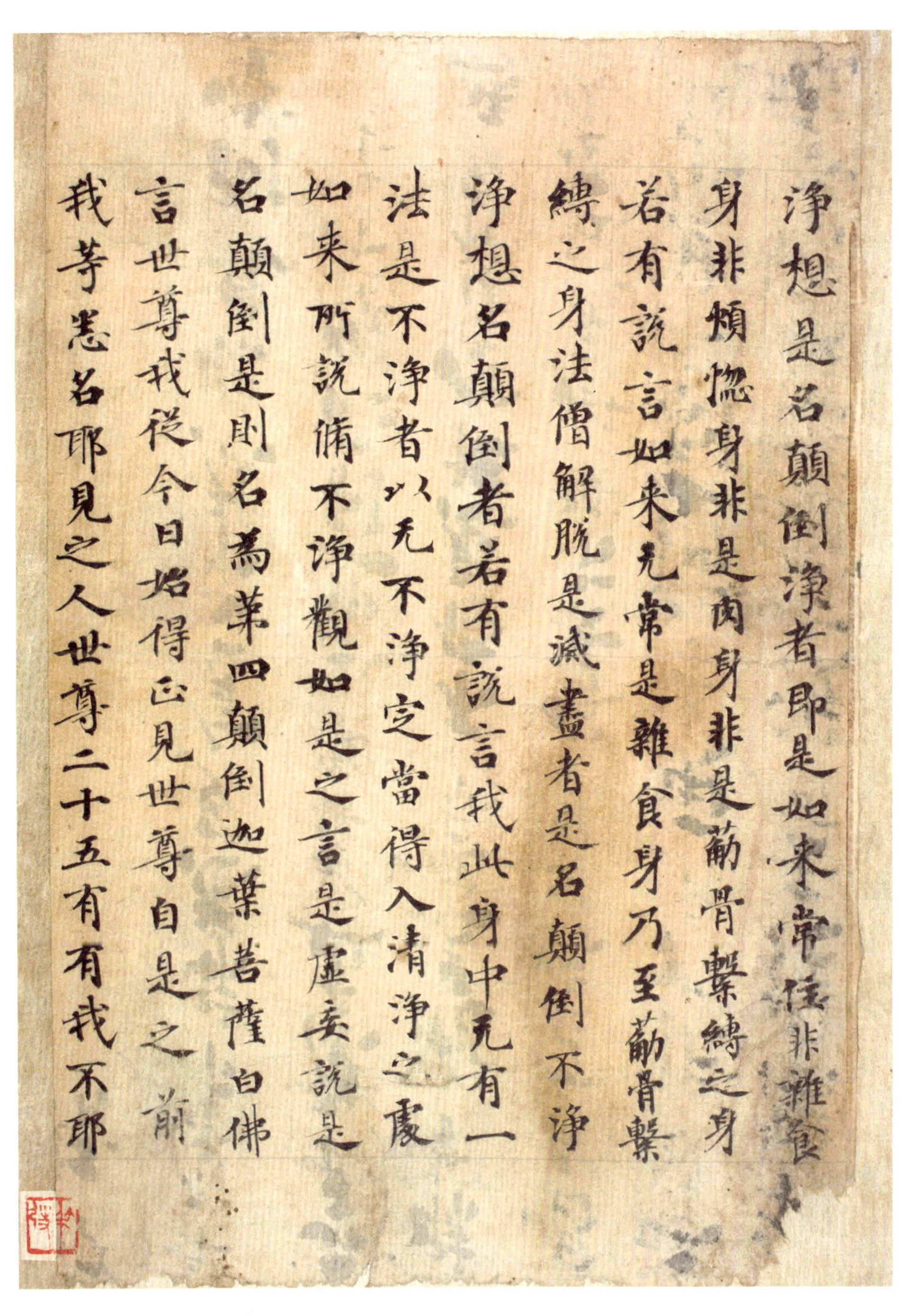
淨想是名顛倒淨者即是如来常住非雜食
身非煩惱身非是肉身非是觔骨繫縛之身
若有說言如来无常是雜食身乃至觔骨繫
縛之身法僧解脫是滅盡者是名顛倒不淨
淨想名顛倒者若有說言我此身中无有一
法是不淨者以无不淨定當得入清淨之處
如来所說脩不淨觀如是之言是虛妄說是
名顛倒是則名為第四顛倒迦葉菩薩白佛
言世尊我從今日始得正見世尊自是之前
我等悉名耶見之人世尊二十五有有我不耶

津圖 164　大般涅槃經卷七

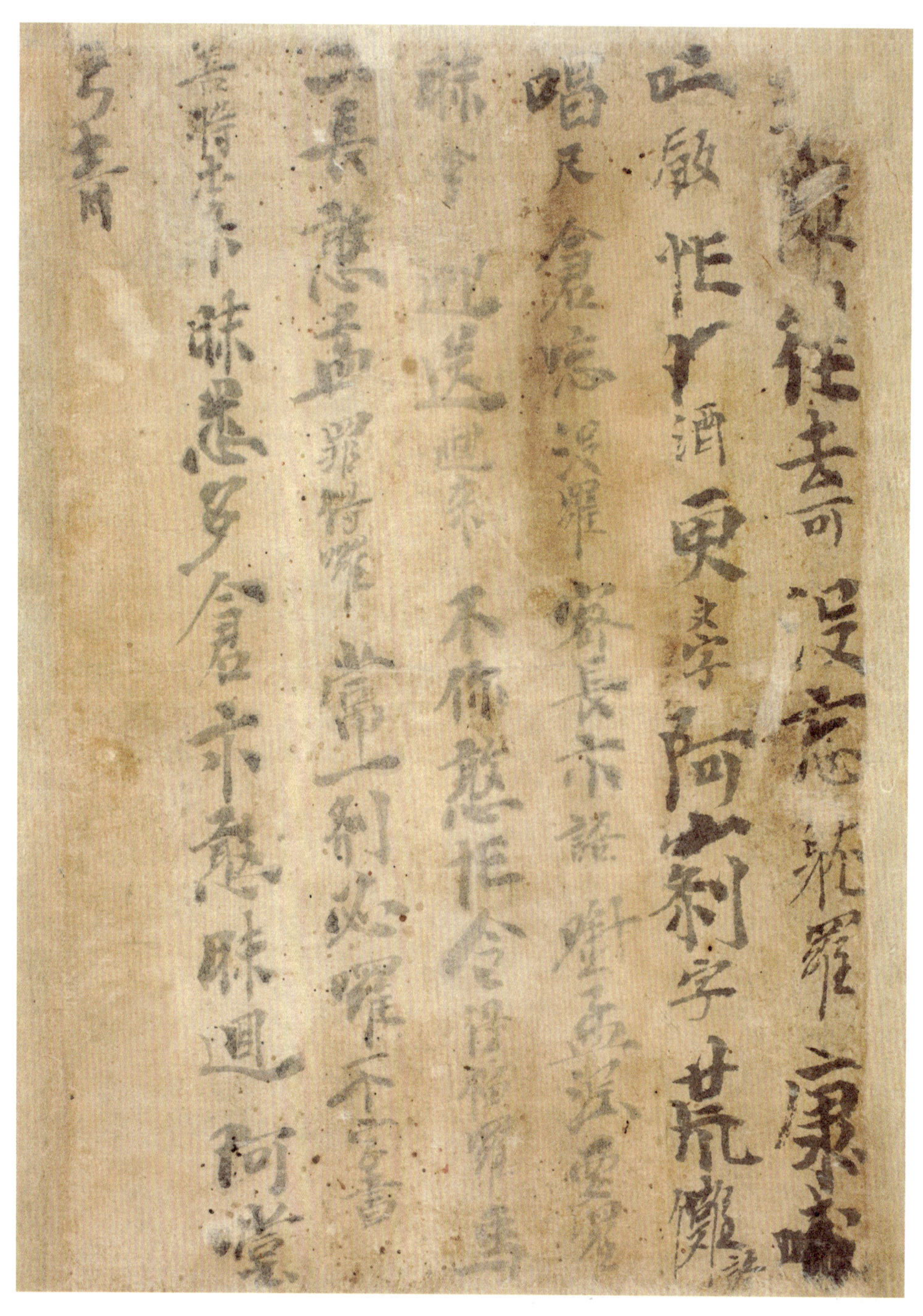

津圖 164 背　雜寫

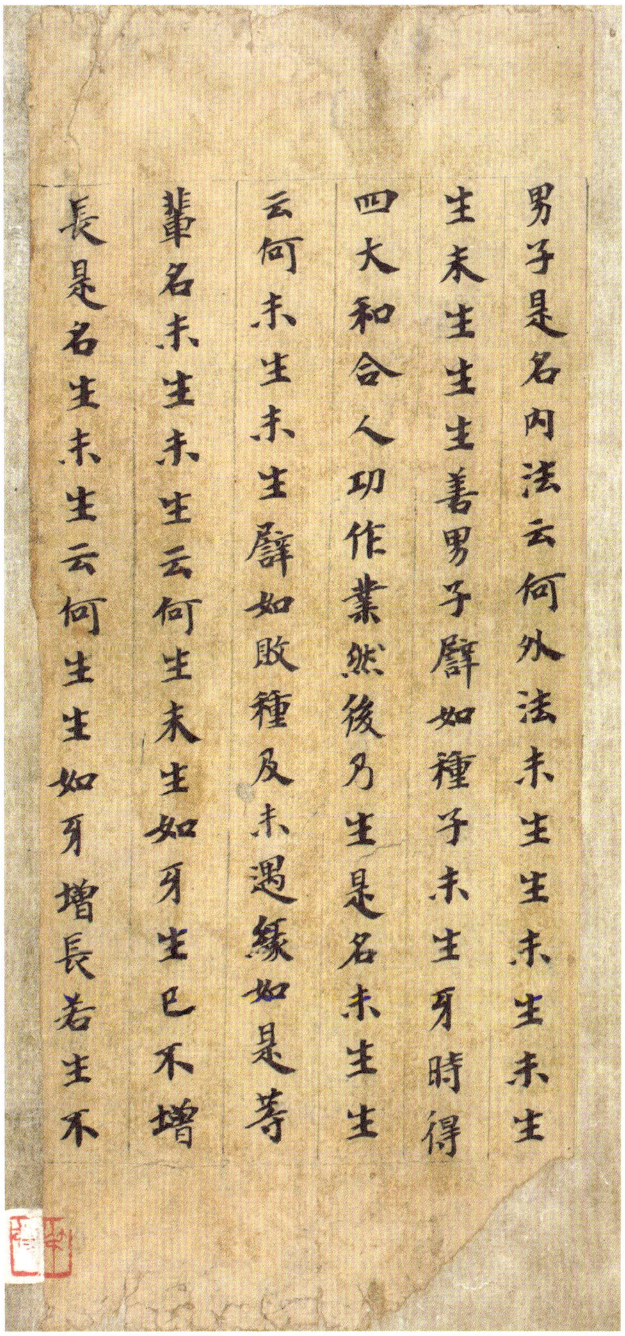

男子是名内法云何外法未生生未生未生
生未生生生善男子譬如種子未生牙時得
四大和合人功作業然後乃生是名未生生
云何未生生未生譬如敗種及未遇緣如是等
輩名未生未生云何生未生如牙生已不增
長是名生未生云何生生如牙增長若生不

津圖 165　大般涅槃經卷二一

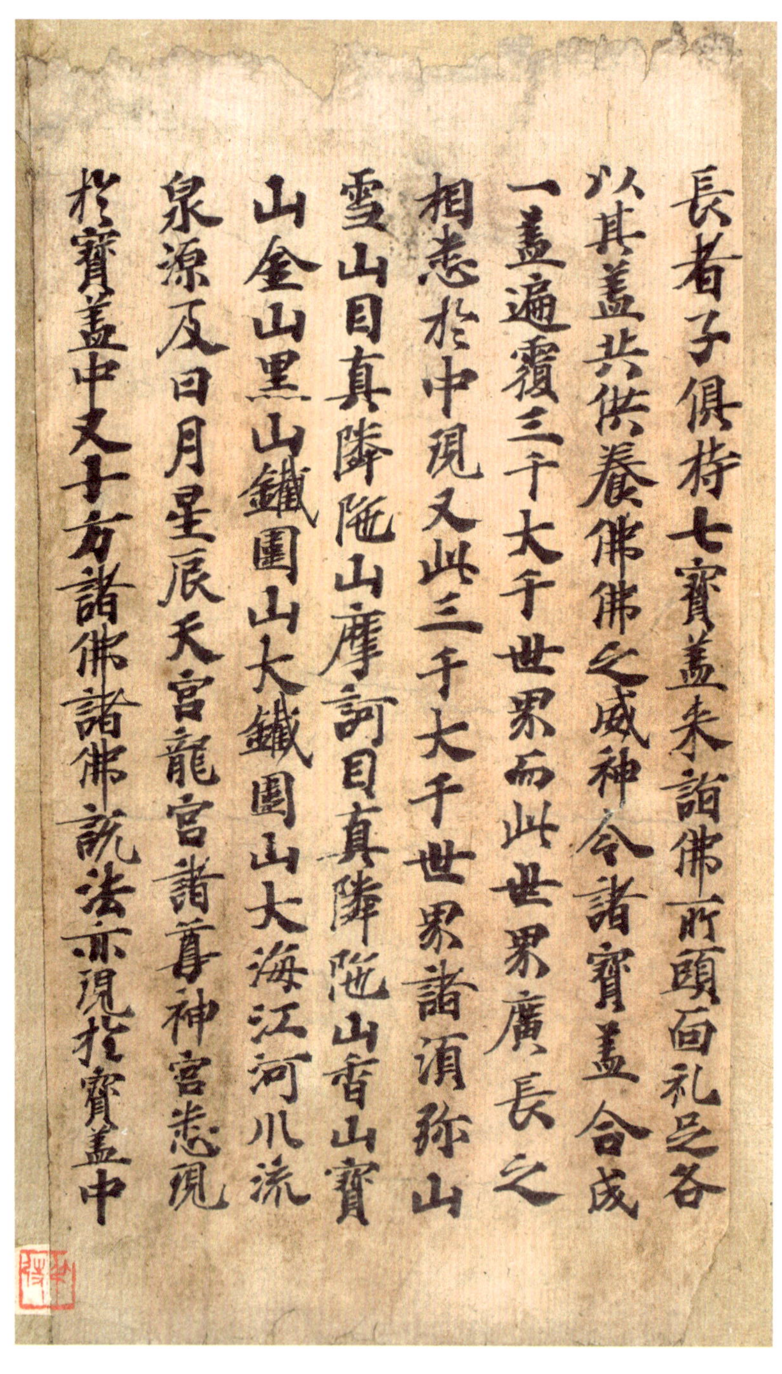

長者子俱持七寶蓋來詣佛所頭面礼足各
以其蓋共供養佛佛之威神令諸寶蓋合成
一蓋遍覆三千大千世界而此世界廣長之
相悉於中現又此三千大千世界諸須弥山
雪山目真隣陁山摩訶目真隣陁山香山寶
山金山黑山鐵圍山大鐵圍山大海江河川流
泉源及日月星辰天宮龍宮諸尊神宮悉現
於寶蓋中又十方諸佛諸佛說法亦現於寶蓋中

津圖 166　維摩詰所說經卷上

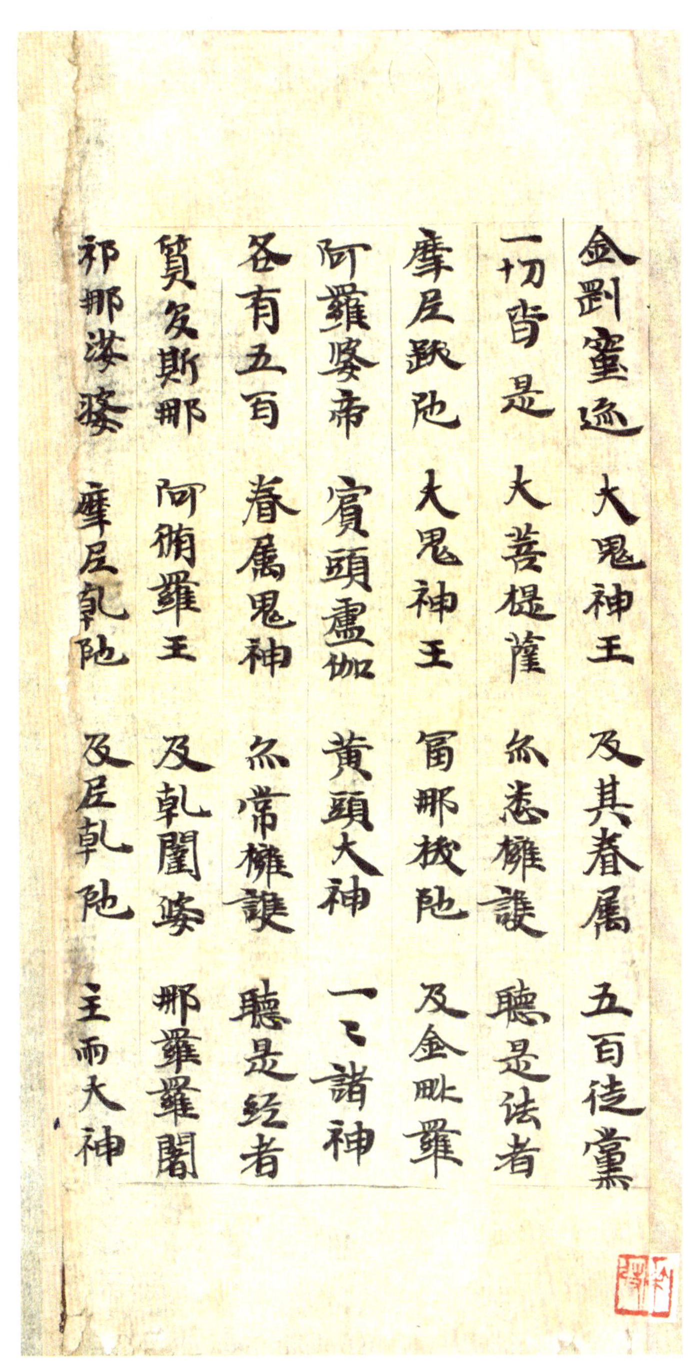
金剛蜜迹　大鬼神王　及其眷屬　五百徒黨
一切皆是　大菩提薩　亦悉擁護　聽是法者
摩尼跋陁　大鬼神王　富那跋陁　及金毗羅
阿羅婆帝　賓頭盧伽　黃頭大神　一一諸神
各有五百　眷屬鬼神　亦常擁護　聽是經者
質多斯那　阿脩羅王　及乾闥婆　那羅羅闍
祁那娑婆　摩尼乾陁　及尼乾陁　主雨大神

津圖 167　金光明經卷三

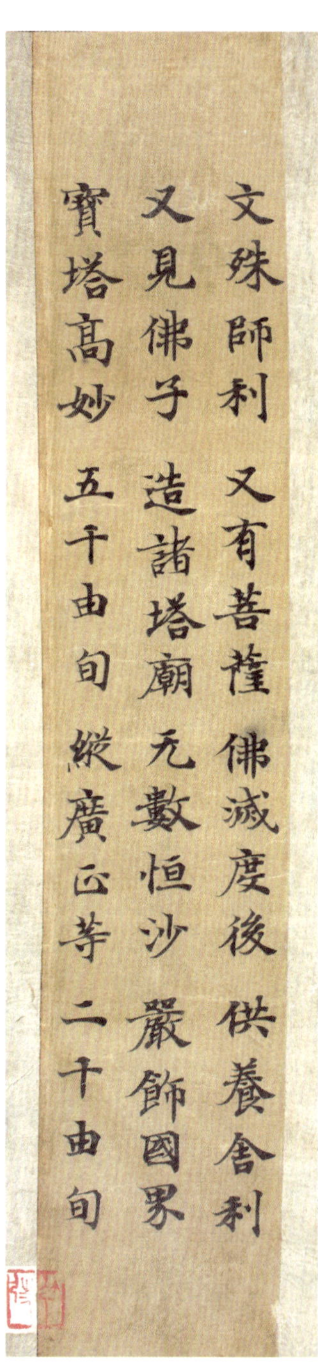

文殊師利　又有菩薩　佛滅度後　供養舍利
又見佛子　造諸塔廟　无數恒沙　嚴飾國界
寶塔高妙　五千由旬　縱廣正等　二千由旬

津圖 168　妙法蓮華經卷一

是冊殘經卅餘頁書法精嚴應以此三行為最

丙寅十二月

季木審定

周進跋

尒時五百萬億諸梵天王與宮殿俱各以衣
裓盛諸天華共詣西北方推尋是相見大通
智勝如来處于道場菩提樹下坐師子座諸
天龍王乾闥婆緊那羅摩睺羅伽人非人等
恭敬圍繞及見十六王子請佛轉法輪時諸
梵天王頭面礼佛繞百千帀即以天華而散
佛上所散之華如須弥山并以供養佛菩提
樹華供養已各以宮殿奉上彼佛而作是言

津圖 169　妙法蓮華經卷三

唯見哀愍饒益我等所獻宮殿願垂納受尒

時諸梵天王即於佛前一心同聲以偈頌曰

聖主天中王　迦陵頻伽聲　哀愍衆生者　我等今敬礼

世尊甚希有　久遠乃一現　一百八十劫　空過無有佛

三惡道充滿　諸天衆減少　今佛出於世　為衆生作眼

世間所歸趣　救護於一切　為衆生之父　哀愍饒益者

我等宿福慶　今得值世尊

尒時諸梵天王偈讚佛已各作是言唯願世

尊哀愍一切轉於法輪度脫衆生時諸梵天

津圖 170　妙法蓮華經卷三

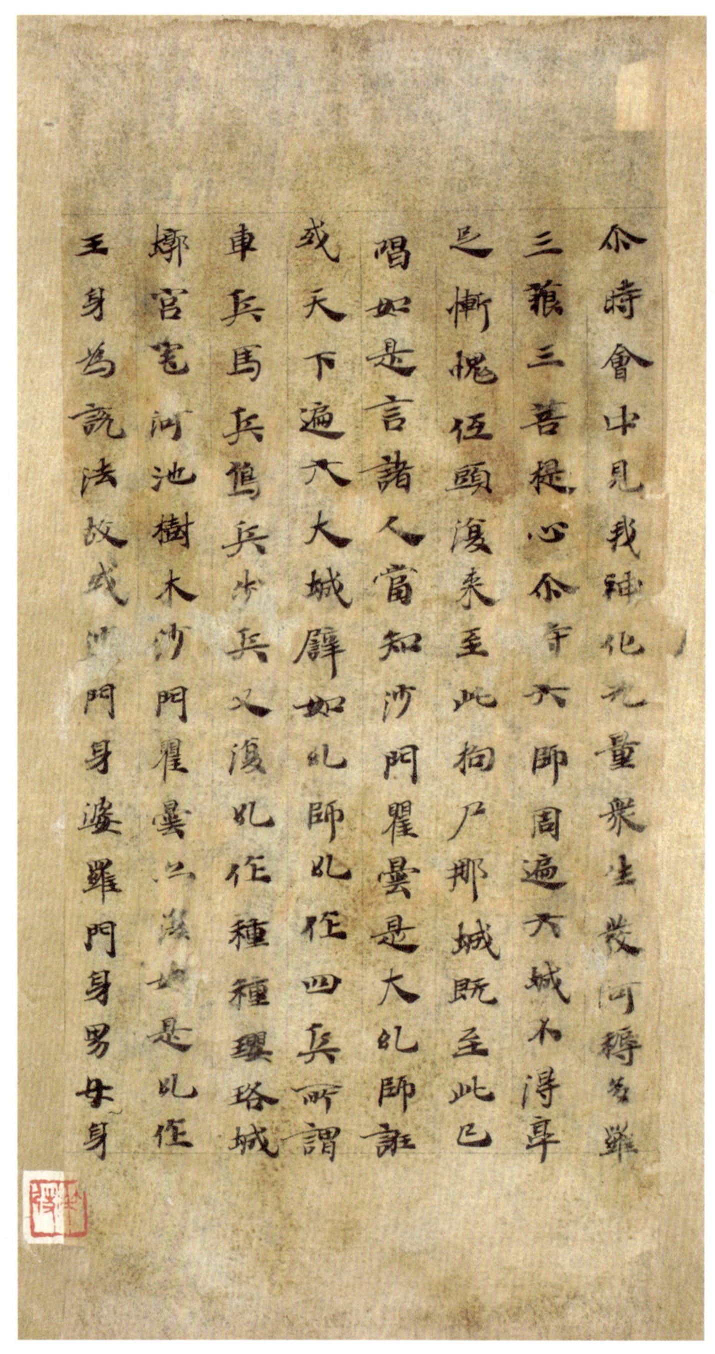

尒時會中見我神化无量衆生發阿耨多羅
三藐三菩提心尒時六師周遍六城不得亭
足慚愧低頭復來至此拘尸那城既至此已
唱如是言諸人當知沙門瞿曇是大幻師誑
惑天下遍六大城譬如幻師幻作四兵所謂
車兵馬兵象兵步兵又復幻作種種瓔珞城
郭宮宅河池樹木沙門瞿曇亦復如是幻作
王身為說法故或沙門身婆羅門身男女身

津圖 171　大般涅槃經卷三〇

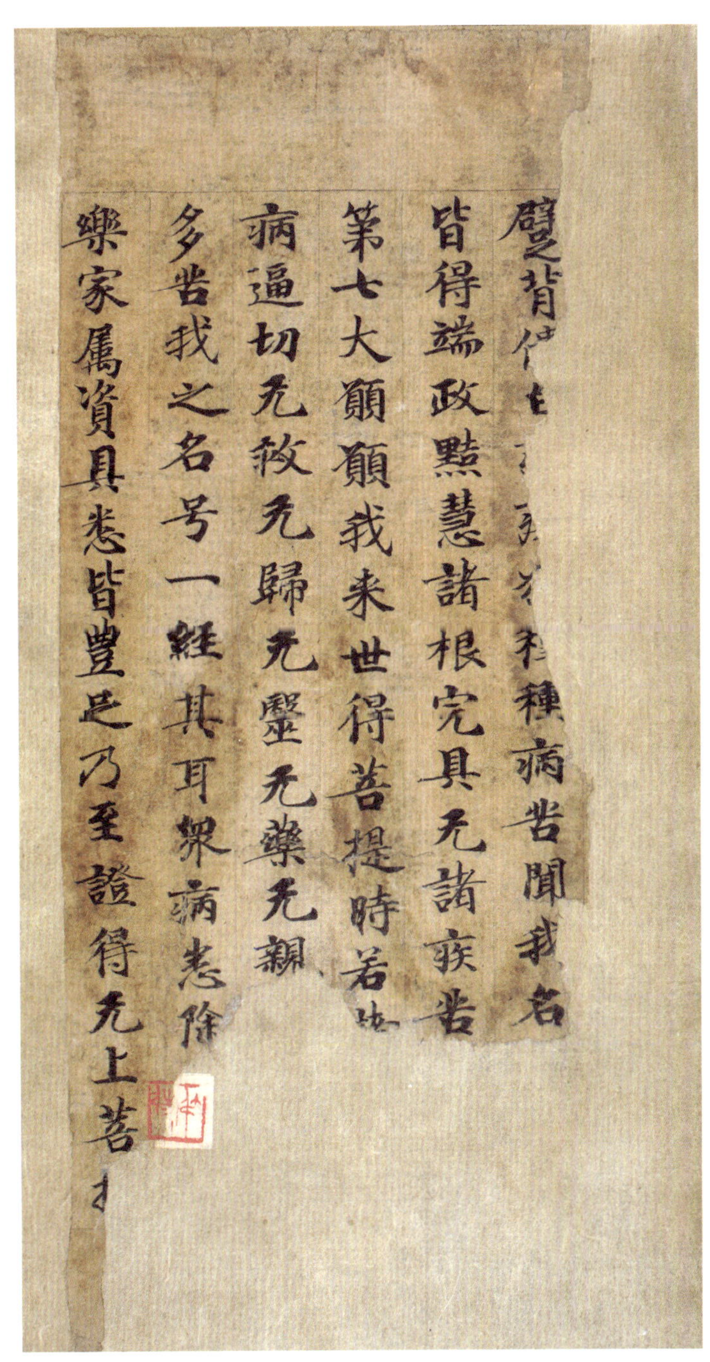

津圖 172　藥師琉璃光如來本願功德經

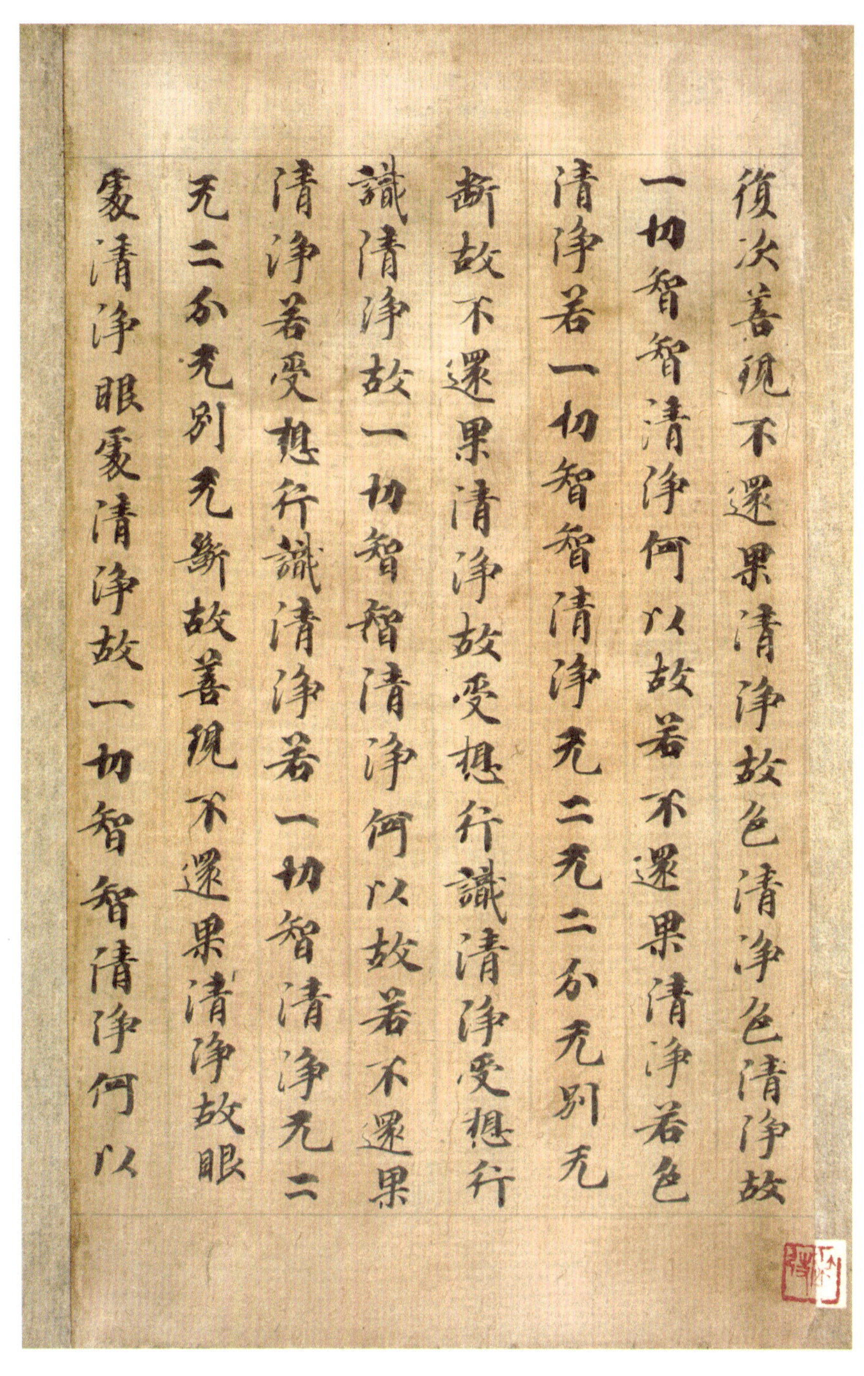
復次善現不還果清淨故色清淨色清淨故
一切智智清淨何以故若不還果清淨若色
清淨若一切智智清淨无二无二分无別无
斷故不還果清淨故受想行識清淨受想行
識清淨故一切智智清淨何以故若不還果
清淨若受想行識清淨若一切智智清淨无二
无二分无別无斷故善現不還果清淨故眼
處清淨眼處清淨故一切智智清淨何以

津圖 173　大般若波羅蜜多經卷二四二

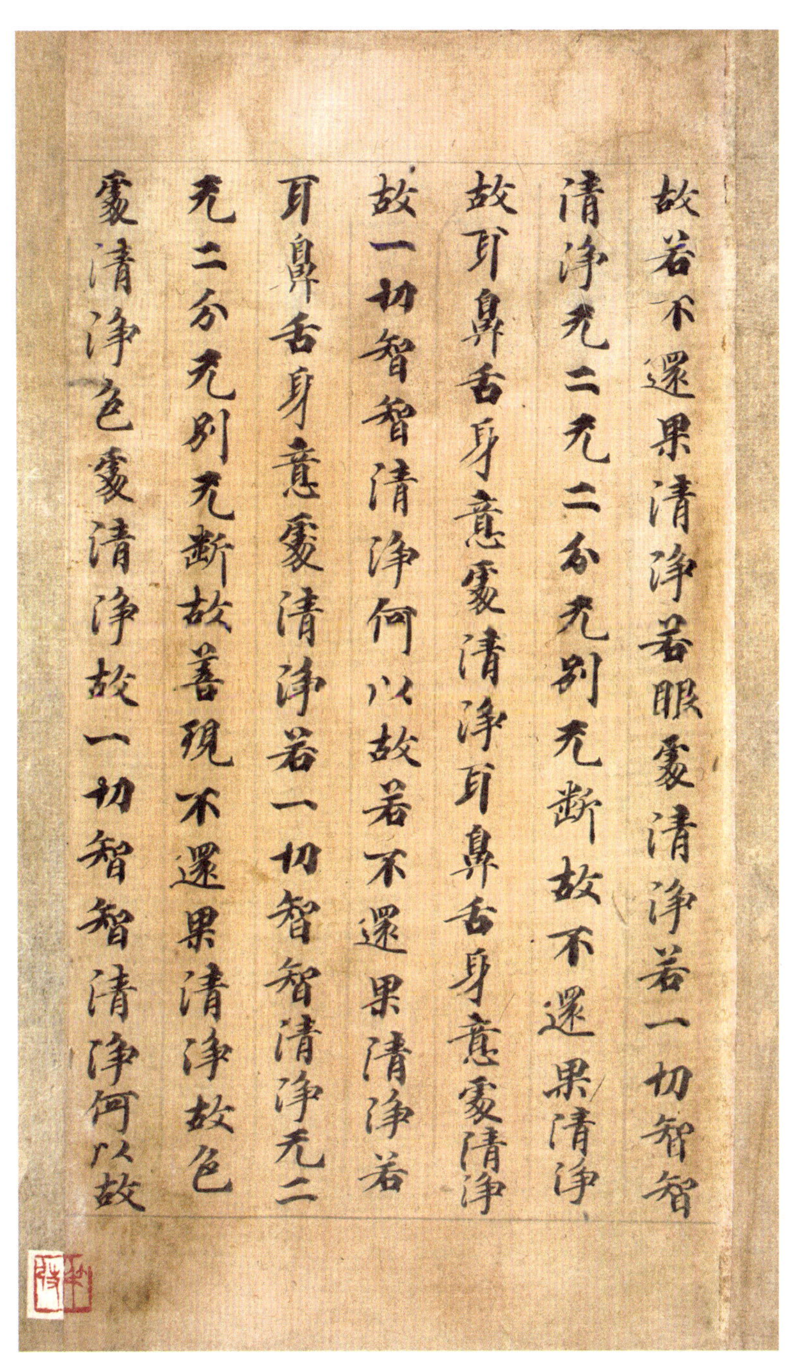
故若不還果清淨若眼處清淨若一切智智
清淨无二无二分无別无斷故不還果清淨
故耳鼻舌身意處清淨耳鼻舌身意處清淨
故一切智智清淨何以故若不還果清淨若
耳鼻舌身意處清淨若一切智智清淨无二
无二分无別无斷故善現不還果清淨故色
處清淨色處清淨故一切智智清淨何以故

津圖 174　大般若波羅蜜多經卷二四二

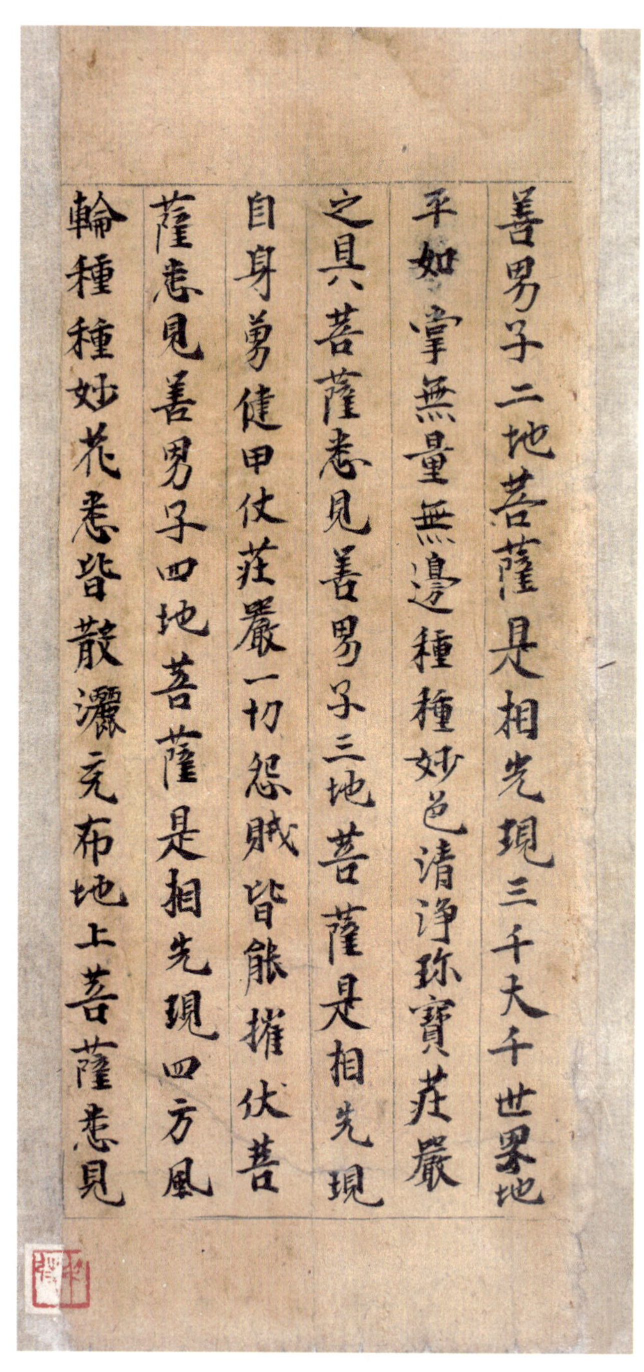

善男子二地菩薩是相先現三千大千世界地
平如掌無量無邊種種妙色清淨珎寶莊嚴
之具菩薩悉見善男子三地菩薩是相先現
自身勇健甲仗莊嚴一切怨賊皆能摧伏菩
薩悉見善男子四地菩薩是相先現四方風
輪種種妙花悉皆散灑充布地上菩薩悉見

津圖 175　金光明最勝王經卷四

提是以佛性即是内道是故如来處此二邊
説言佛性非内非外亦名内外是名中道是
名分别荅復次善男子我言佛性即是如来
金剛之身三十二相八十種好何以故不虚
誑故我言佛性即是十力四无所畏大慈大
悲及三念處首楞嚴等一切三昧何以故因
是三昧生金剛身三十二相八十種好故是
故如来處此二邊説言佛性非内非外亦名
内外是名中道復次善男子我有説言佛性
即是内善思惟何以故離善思惟則不能得
阿耨多羅三藐三菩提故佛性即是内善思
惟我有説言佛性即是從他聞法何以故從

津圖 176　大般涅槃經卷三五

他聞法則能内善思惟若不聞法則无思惟
是以佛性即是從他聞法是故如來遮此二邊
説言佛性非内非外亦名内外是名中道復
次善男子復有説言佛性是外謂檀波羅蜜
從檀波羅蜜得阿耨多羅三藐三菩提是以
説言檀波羅蜜即是佛性或有説言佛性是
内謂五波羅蜜何以故離是五事當知則无
佛性因果是以説言五波羅蜜即是佛性是
故如來遮此二邊説言佛性非内非外亦内
亦外是名中道復次善男子或有説言佛性
在内譬如力士　上寶珠何以故常樂我淨
如寶珠故是故説言佛性在内或有説言佛
性在外如貧女寶藏何以故方便見故佛性

津圖 177　大般涅槃經卷三五

蓮華經提婆達多品

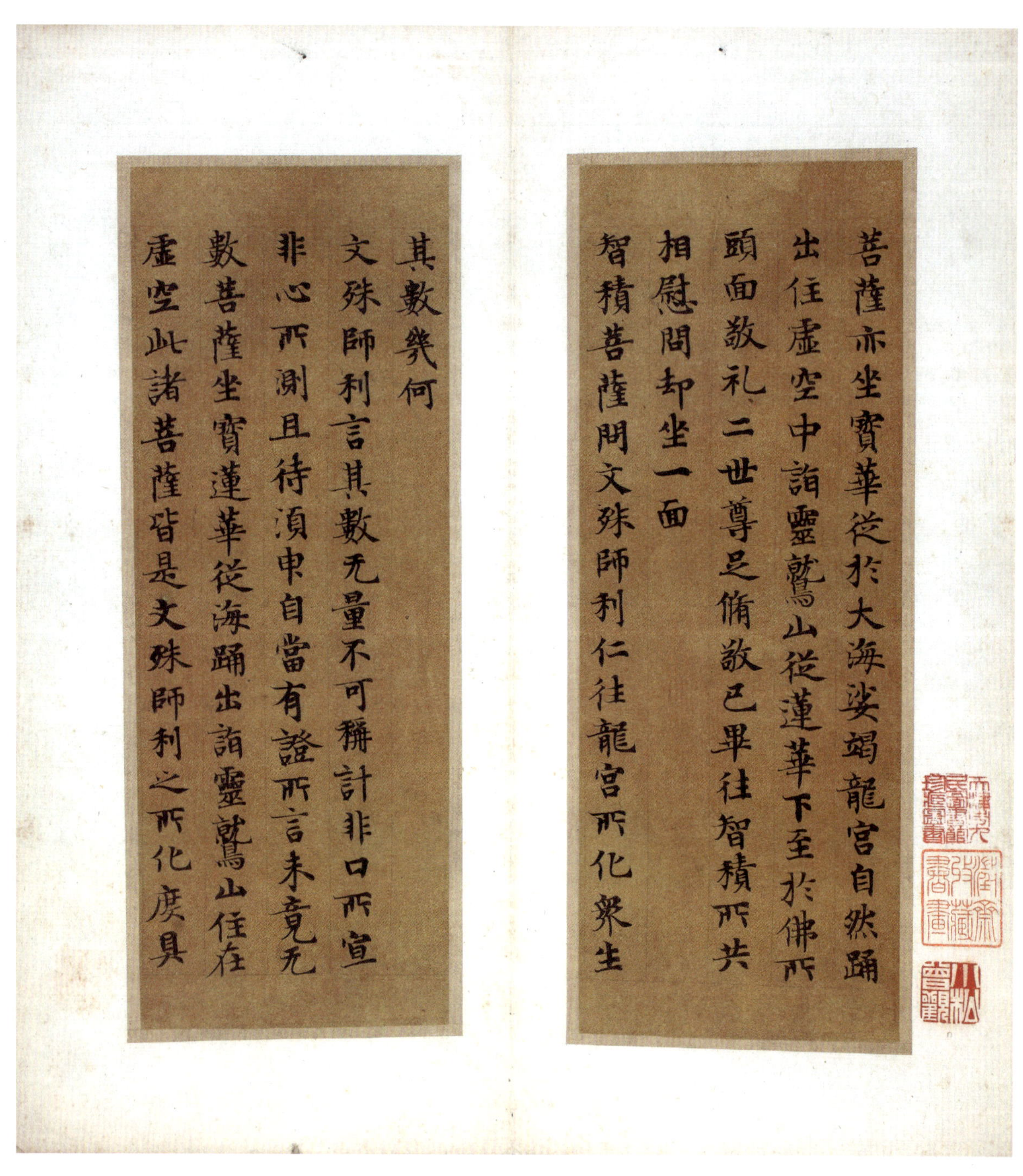

菩薩亦坐寶華從於大海娑竭龍宮自然踊
出住虛空中詣靈鷲山從蓮華下至於佛所
頭面敬礼二世尊足脩敬已畢往智積所共
相慰問却坐一面
智積菩薩問文殊師利仁往龍宮所化衆生
其數幾何
文殊師利言其數无量不可稱計非口所宣
非心所測且待須臾自當有證所言未竟无
數菩薩坐寶蓮華從海踊出詣靈鷲山住在
虛空此諸菩薩皆是文殊師利之所化度具

津圖 178　妙法蓮華經卷四（一）

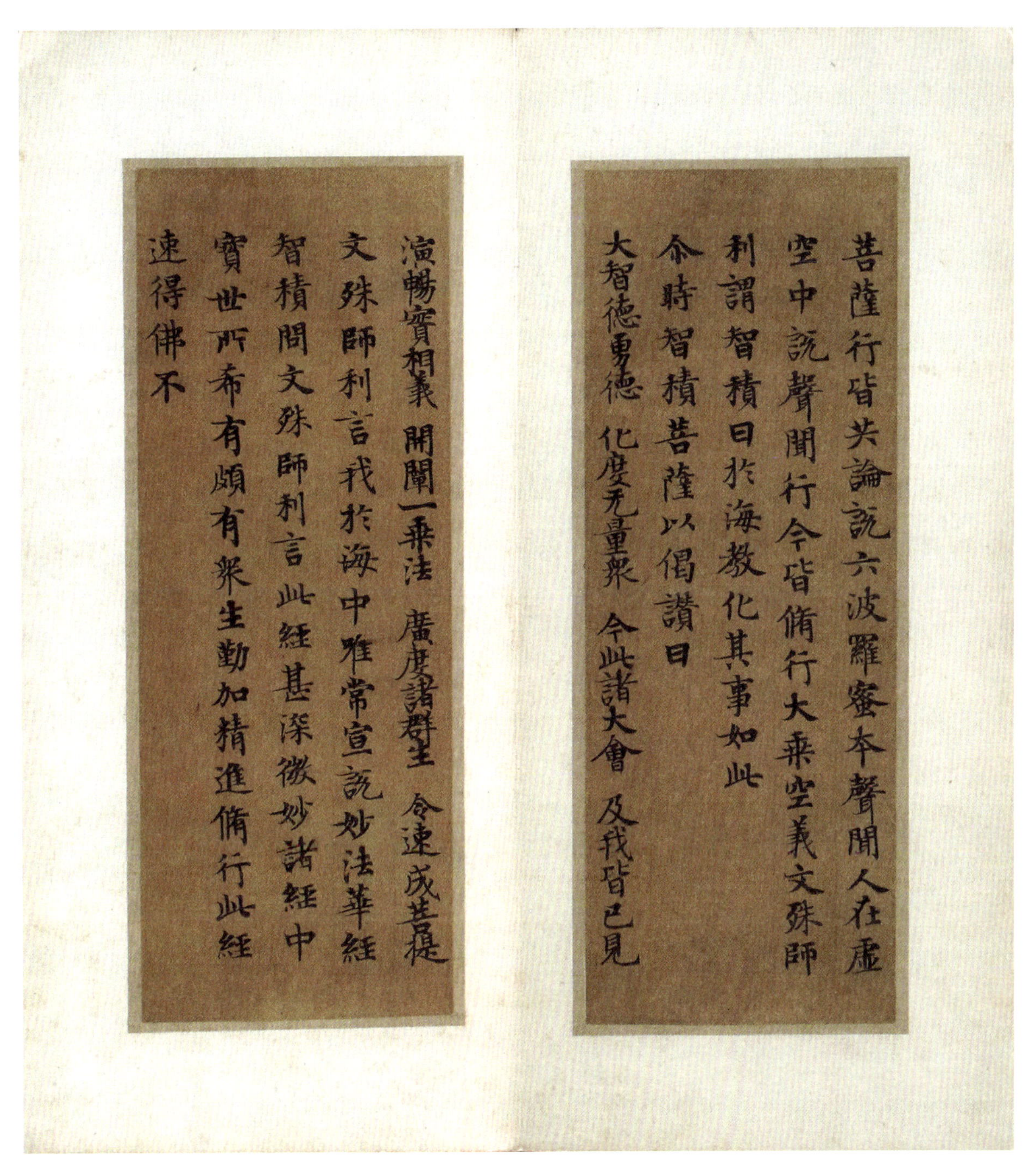
菩薩行皆共論說六波羅蜜本聲聞人在虛
空中說聲聞行今皆脩行大乘空義文殊師
利謂智積曰於海教化其事如此
尒時智積菩薩以偈讚曰
大智德勇德　化度无量衆　今此諸大會　及我皆已見
演暢實相義　開闡一乘法　廣度諸群生　令速成菩提
文殊師利言我於海中唯常宣說妙法華經
智積問文殊師利言此經甚深微妙諸經中
寶世所希有頗有衆生勤加精進脩行此經
速得佛不

津圖 178　妙法蓮華經卷四（二）

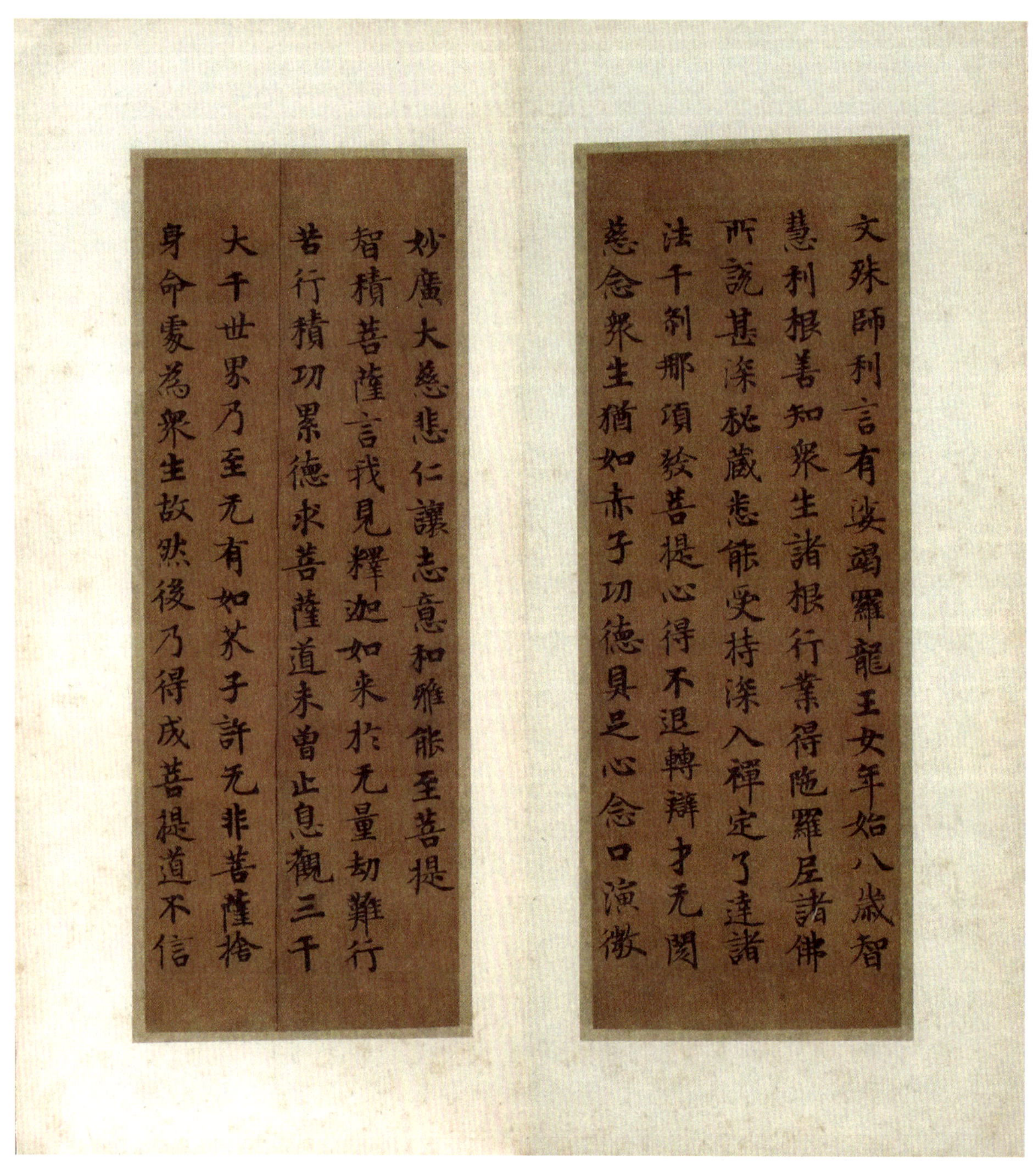
文殊師利言有娑竭羅龍王女年始八歲智
慧利根善知衆生諸根行業得陁羅尼諸佛
所說甚深秘藏悉能受持深入禪定了達諸
法于刹那頃發菩提心得不退轉辯才无閡
慈念衆生猶如赤子功德具足心念口演微
妙廣大慈悲仁讓志意和雅能至菩提
智積菩薩言我見釋迦如来於无量劫難行
苦行積功累德求菩薩道未曾止息觀三千
大千世界乃至无有如芥子許无非菩薩捨
身命處為衆生故然後乃得成菩提道不信

津圖 178　妙法蓮華經卷四（三）

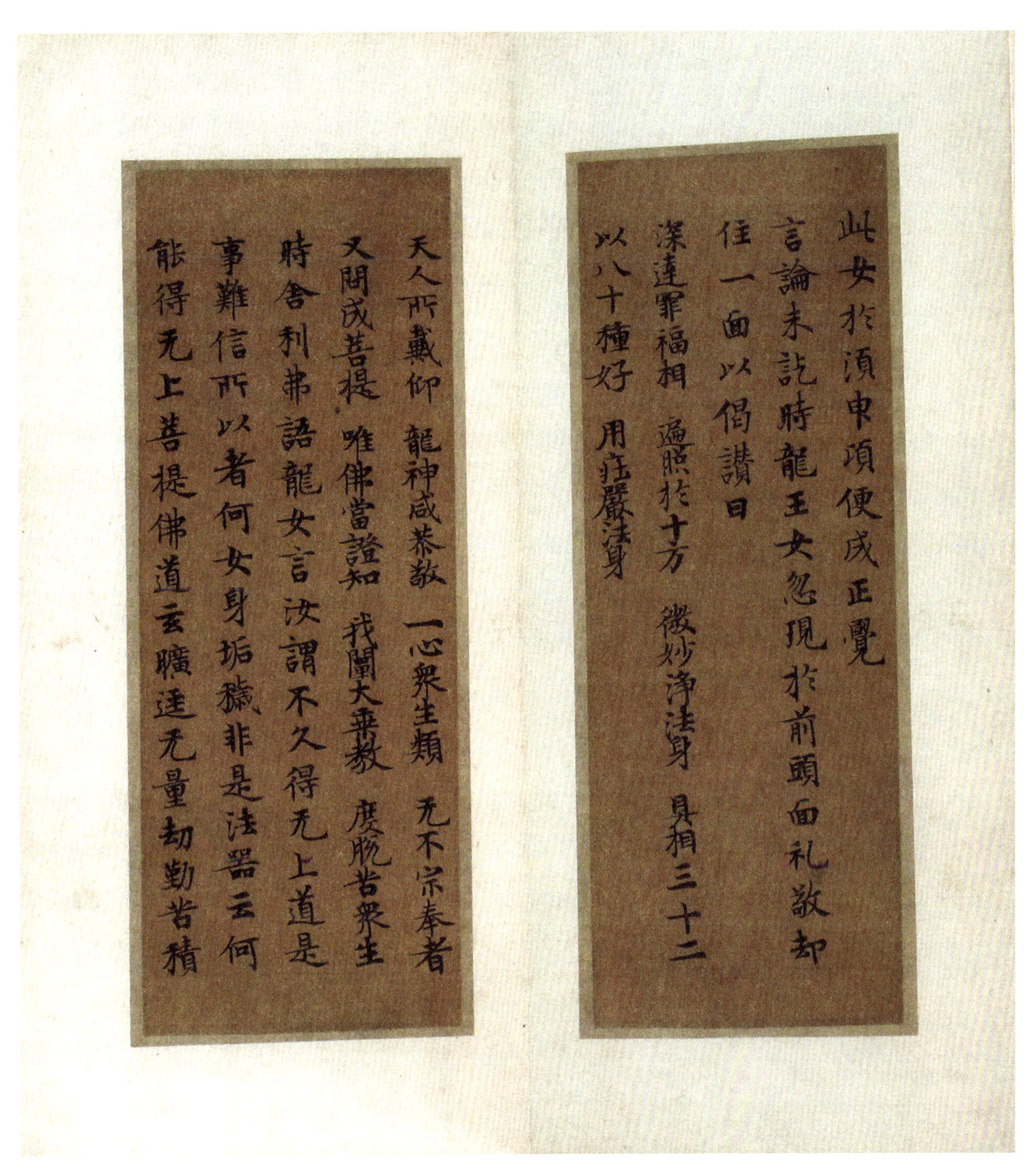

津圖 178　妙法蓮華經卷四（四）

行具脩諸度然後乃成又女人身猶有五鄣
一者不得作梵天王二者帝釋三者魔王四
者轉輪聖王五者佛身云何汝身速得成佛
邪
尒時龍女有一寶珠價直三千大千世界持

以上佛佛即受之龍女謂智積菩薩尊者舍
利弗言我獻寶珠世尊納受是事疾不荅言
甚疾女言以汝神力觀我成佛復速於此當
時衆會皆見龍女忽然之間變成男子具菩
薩行即往南方无垢世界坐寶蓮華成等正

津圖 178　妙法蓮華經卷四（五）

覺三十二相八十種好普為十方一切衆生
演説妙法
尒時娑婆世界菩薩聲聞天龍八部人與非
人皆遥見彼龍女成佛普為時會人天龍法
心大歡喜悉遥敬禮无量衆生聞法解悟得
不退轉无量衆生得受道記无垢世界六反
震動娑婆世界三千衆生住不退地三千衆
生發菩提心而得授記智積菩薩及舍利弗
一切衆會嘿然信受

津圖 178　妙法蓮華經卷四（六）

光緒庚子四月甘肅敦煌縣南四十里千佛洞新開沙壓佛龕掘得複洞內藏書帖經卷甚多皆唐五代時物地方長吏及縣人士不知貴也先後為英國印度總督法國文學士伯希和捆載而去歸之倫敦巴黎博物院事為學部所聞急檄有司解送已餘一鱗片甲矣中國藏之千餘年幸不為風雨兵火所傷卒乃歸華諸海外供卷髮碧瞳之陳列嗚呼豈數使然歟此唐人寫蓮華經提婆達多品殘卷五十九行犍為羅舍人得於石室中庚戌秋歸自天山持以贈余余在圖書館見寫經卷不下百種書法精整者頗鮮此卷獨茂實挺秀有歐褚法度在昔海甯陳氏得靈飛經歙鮑氏得蓮華諸經皆奉為藝林珍祕以今日視之吾輩雅福過前人遠矣

辛亥初秋大興惲毓鼎跋

惲毓鼎跋

唐人寫經殘卷卷背補紙殘片

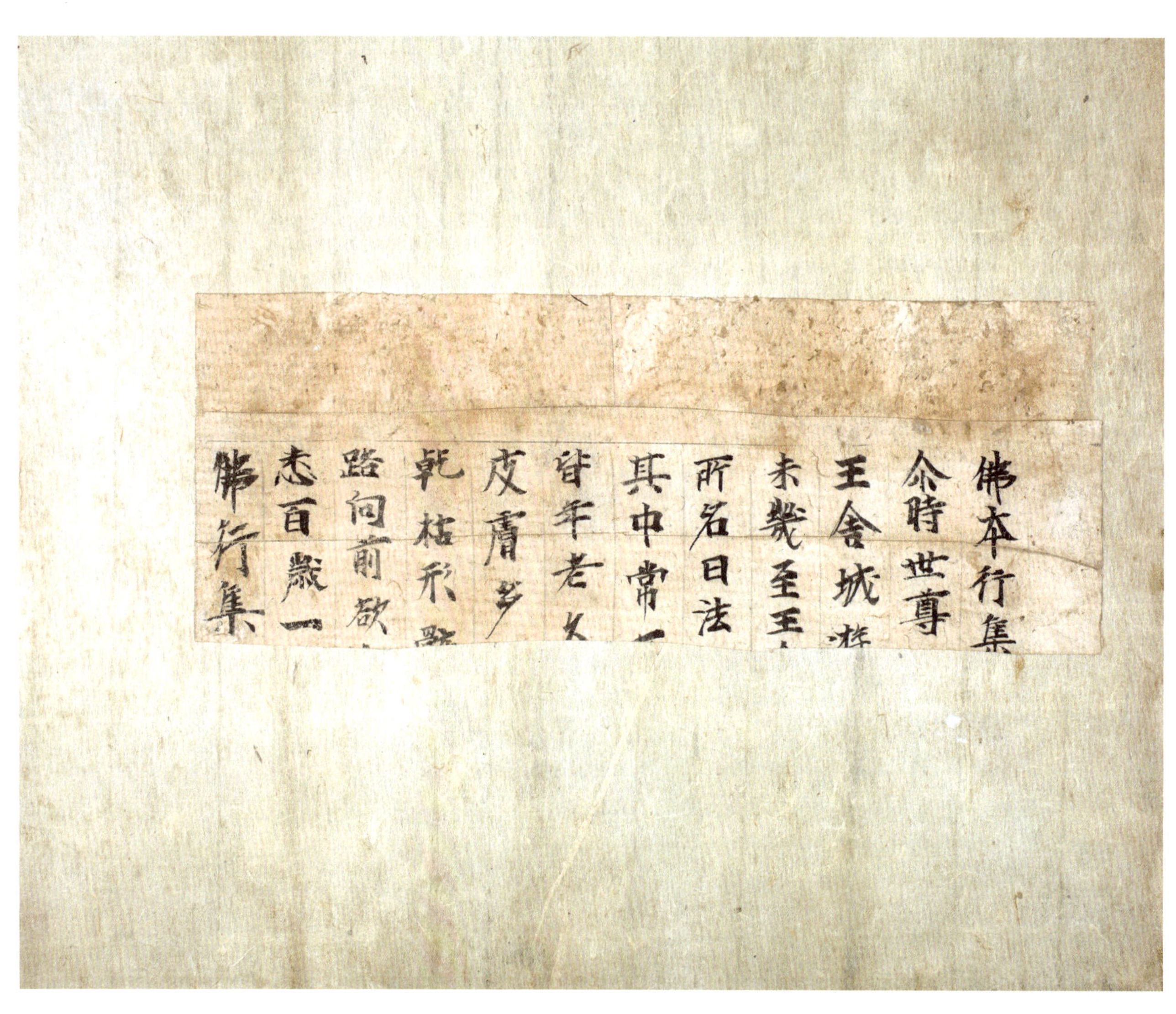
佛本行集
尒時世尊
王舍城
未幾至王
所名曰法
其中常一
皆年老
皮膚多
乾枯形
路向前欲
恙百歲一
佛行集

津圖 179　佛本行集經卷四四

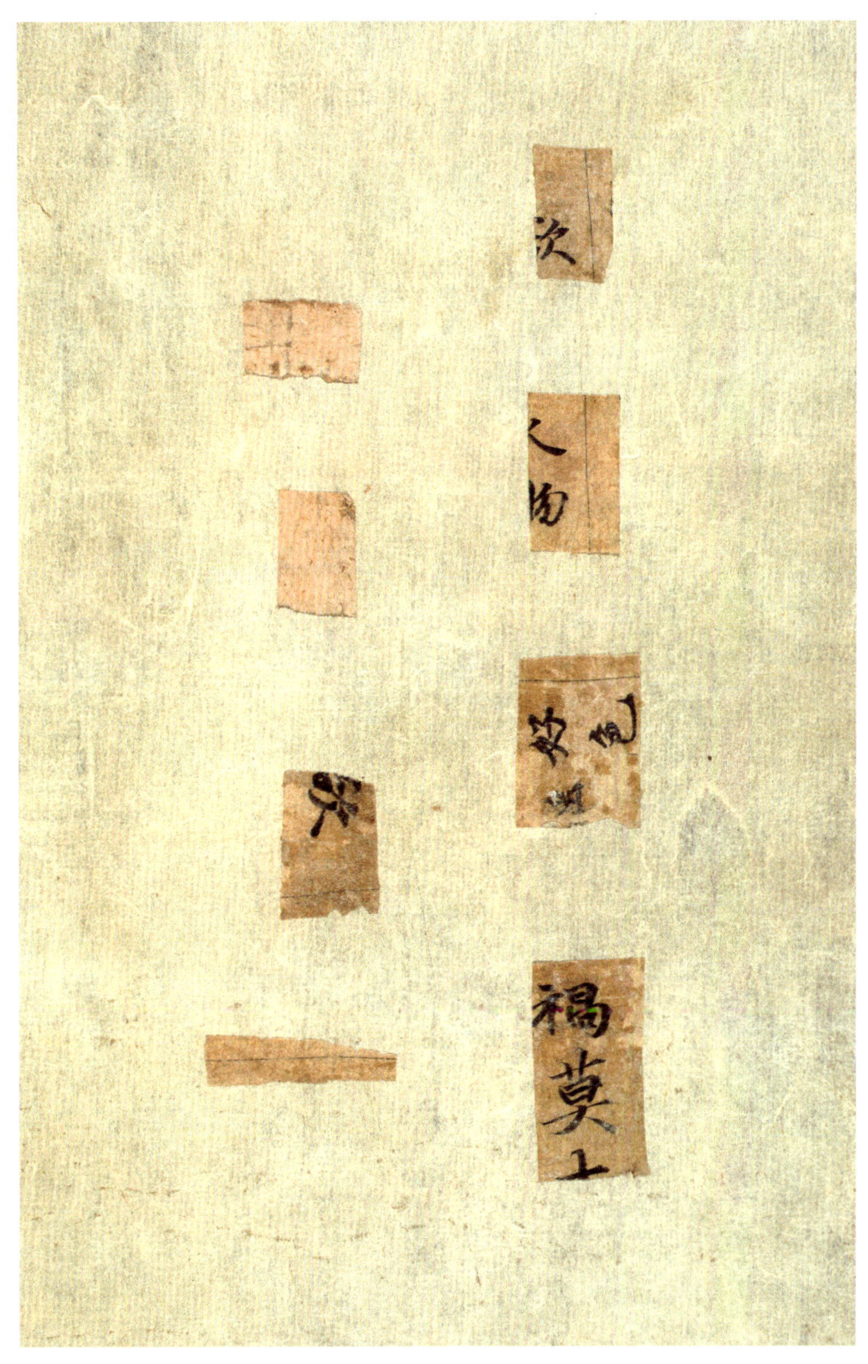

津圖 180　佛經殘字

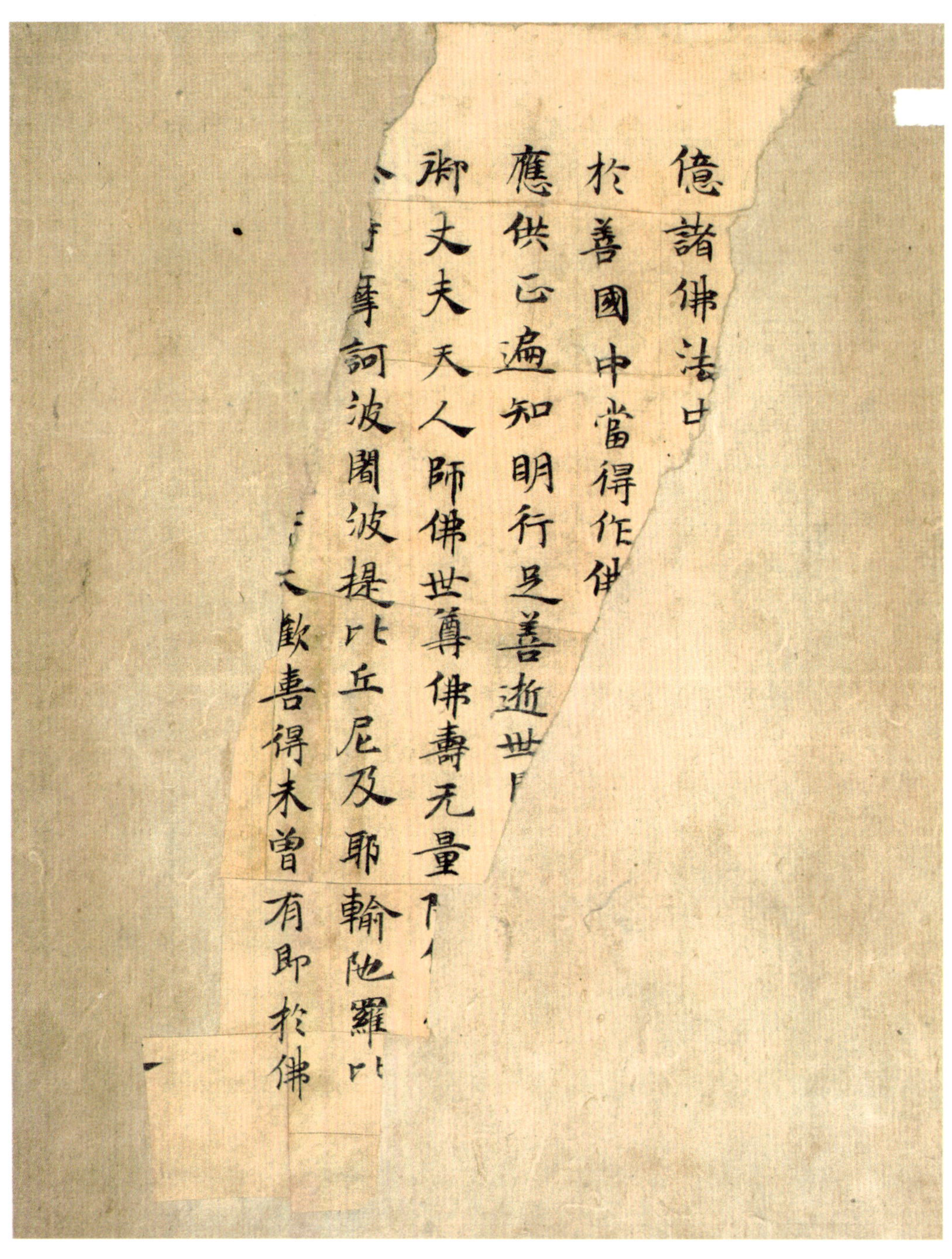

津圖 181　妙法蓮華經卷四

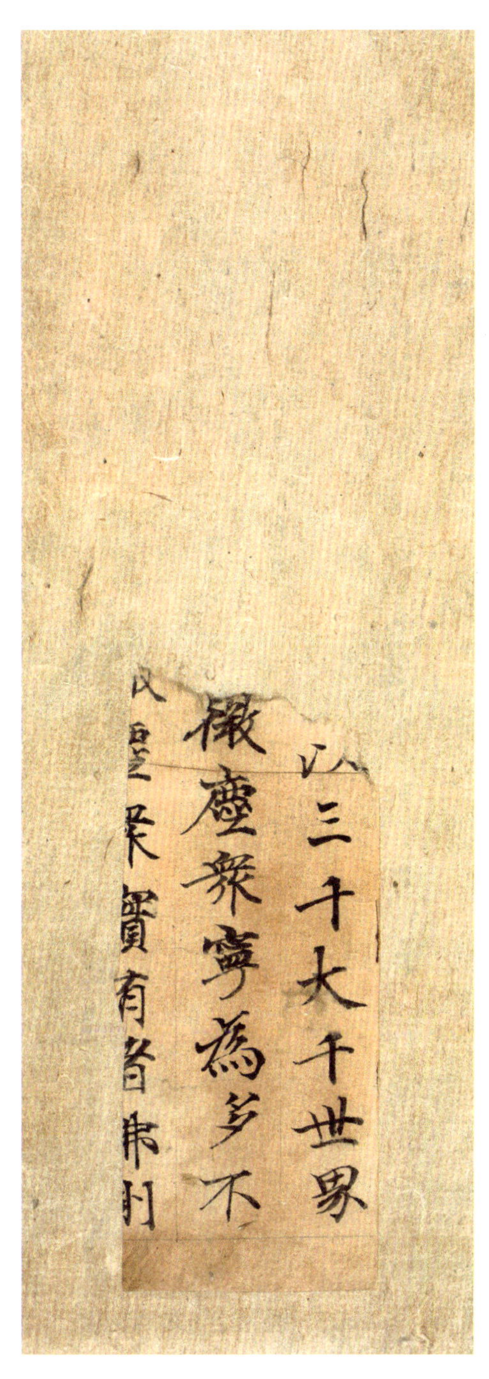
以三千大千世界
微塵衆寧爲多不

津圖 182　金剛般若波羅蜜經

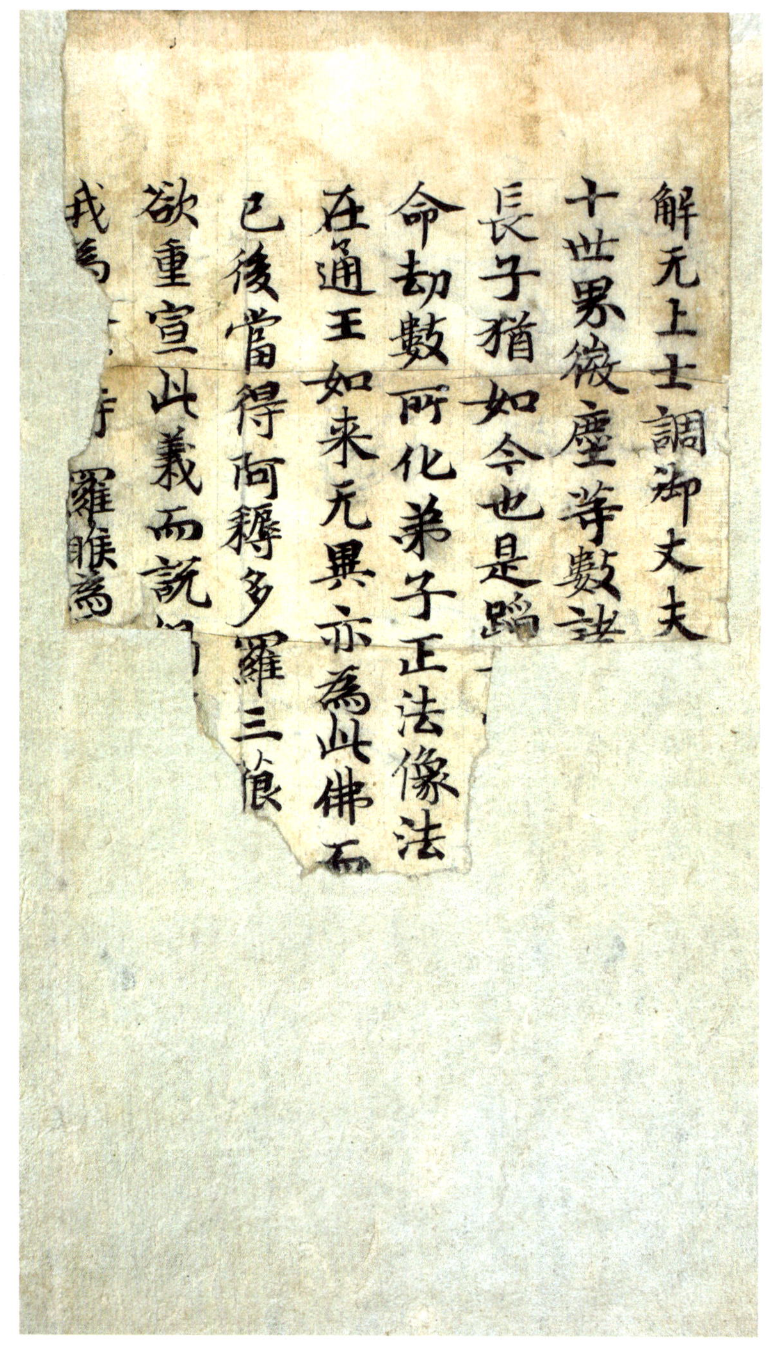

津圖 183　添品妙法蓮華經卷四

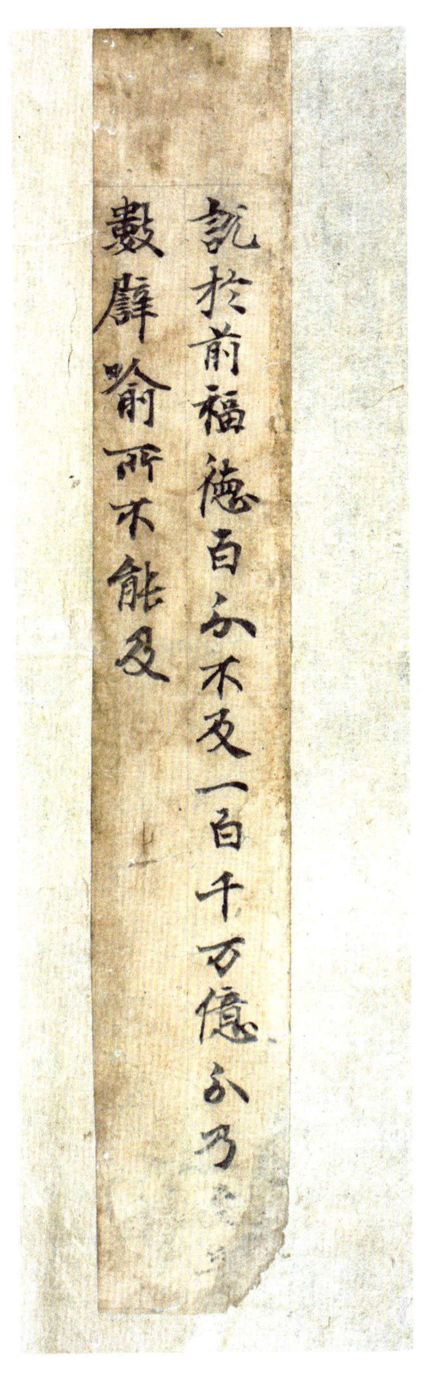
說於前福德百分不及一百千万億分乃
數譬喻所不能及

津圖 184　金剛般若波羅蜜經

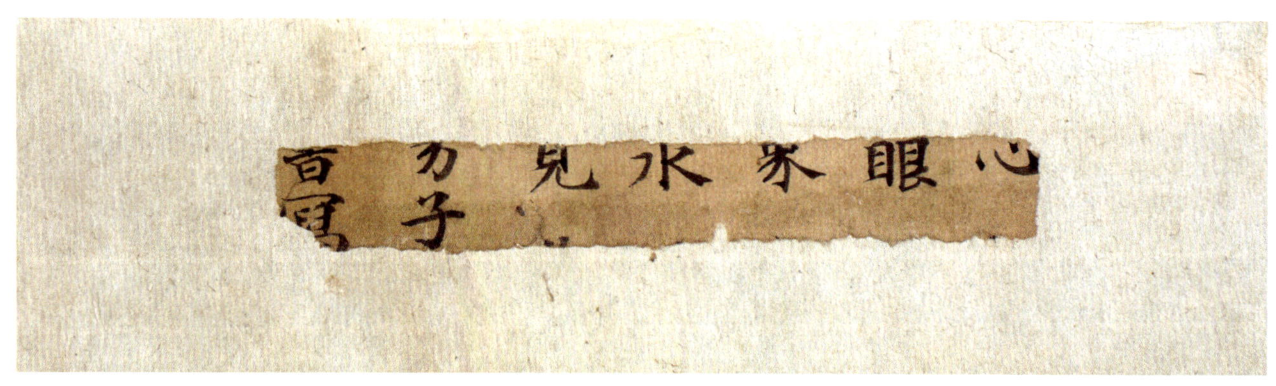

津圖 185　佛經殘字

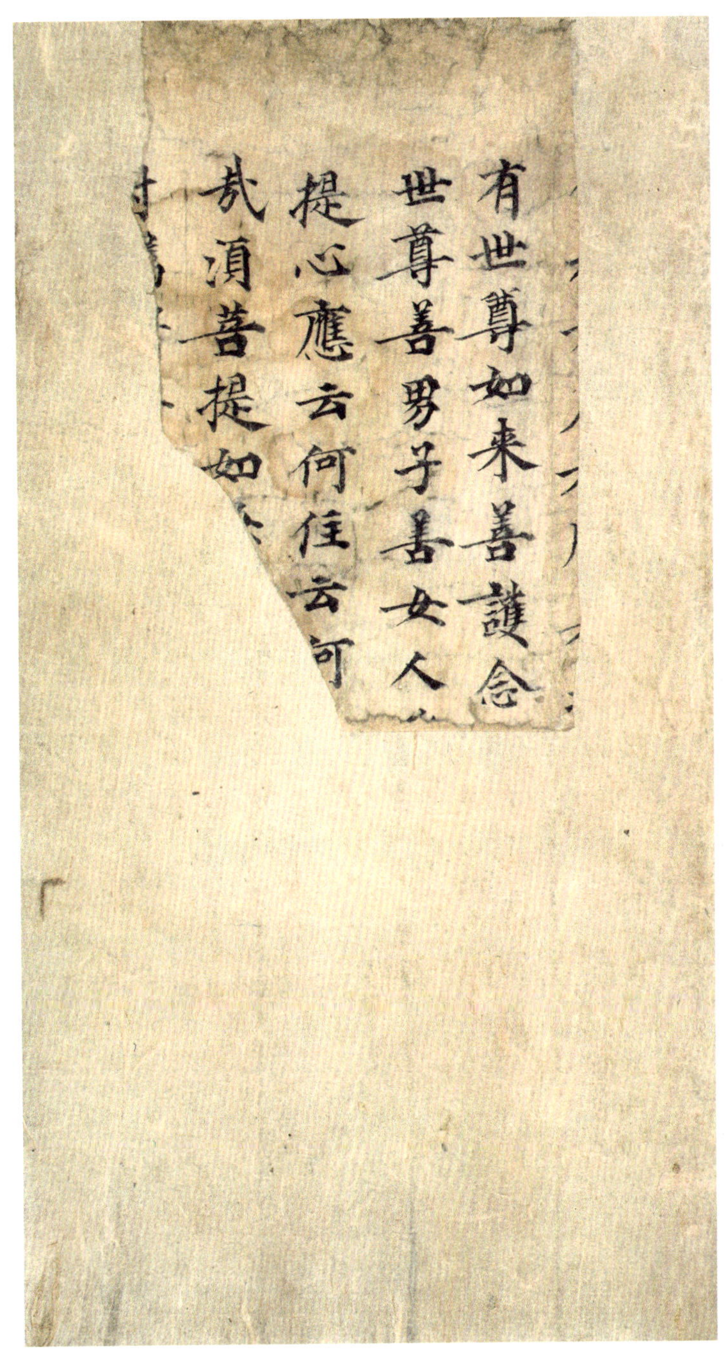

津圖 186　金剛般若波羅蜜經

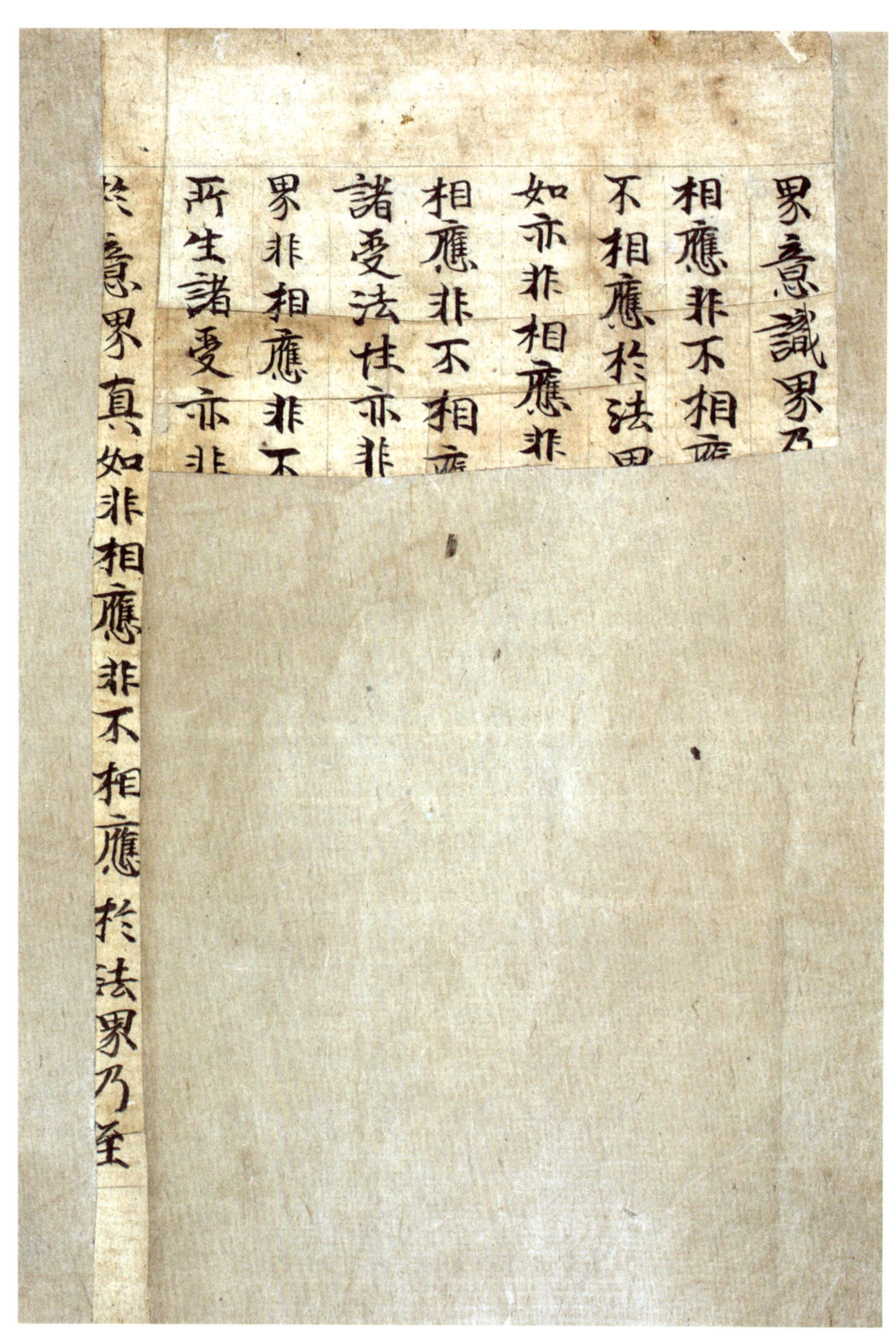

津圖 187　大般若波羅蜜多經卷九二

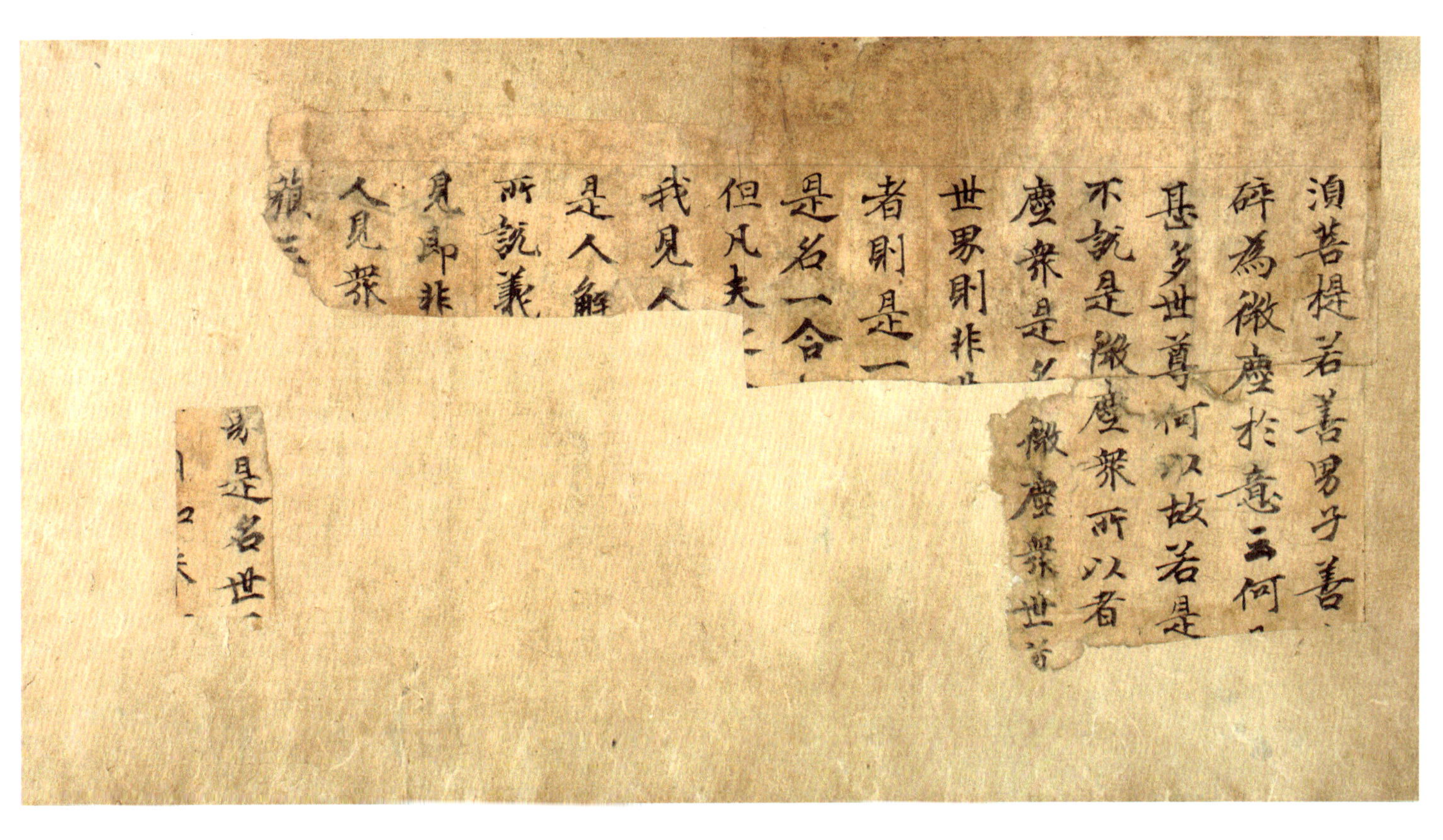

津圖 188　金剛般若波羅蜜經

文獻題名索引

說明：1. 本索引以文獻題名音序編排。

2. 題名相同的文獻以卷次為序。

3. 條目後所附號碼為“津圖號 / 本書頁碼”。

灌頂拔除過罪生死得度經　津圖 058/49

金剛般若波羅蜜經　津圖 005/4、津圖 007/6、津圖 011/9、津圖 020/13、津圖 028/17、津圖 055/46、津圖 080/75、津圖 091/90、津圖 099/102、津圖 100/104、津圖 102/108、津圖 103/110、津圖 105/112、津圖 118 背 /140、津圖 119/142、津圖 129/160、津圖 144/186、津圖 182/263、津圖 184/265、津圖 186/267、津圖 188/269

金光明經卷一　津圖 023 /15

金光明經卷二　津圖 013/10

金光明經卷三　津圖 167/239

金光明經卷四　津圖 056/47、津圖 089/88

金光明最勝王經卷一　津圖 026/16

金光明最勝王經卷二　津圖 029/18

金光明最勝王經卷三　津圖 122/148

金光明最勝王經卷四　津圖 175/248

救拔焰口餓鬼陀羅尼經　津圖 109/120、津圖 110/122、津圖 112/126

老子　津圖 074/69

歷代法寶記　津圖 044 背 /33

論八背捨　津圖 087/85

妙法蓮華經度量天地品第二十　津圖 156/227

妙法蓮華經卷一　津圖 014/10、津圖 015/11、津圖 024/15、津圖 030/18、津圖 045/34、津圖 065/58、津圖 069/62、津圖 118/138、津圖 155/226、津圖 157/228、津圖 168/240

妙法蓮華經卷二　津圖 021/14、津圖 043/31

妙法蓮華經卷三　津圖 040/29、津圖 041/30、津圖 042/31、津圖 079/74、津圖 116/134、津圖 121/146、津圖 130 /162、津圖 151/222、津圖 153/224、津圖 169/242、津圖 170/243

妙法蓮華經卷四　津圖 016/11、津圖 031/19、津圖 033/20、津圖 062/53、津圖 072/67、津圖

外題　津圖 081 背 /77

維摩詰所說經卷上　津圖 006/5、津圖 057/48、津圖 166/238

維摩詰所說經卷中　津圖 064/56、津圖 076/71、津圖 082/78

維摩詰所說經卷下　津圖 047/36、津圖 053/42、津圖 054/44、津圖 074 背 /69、津圖 092/91、津圖 096/99

新菩薩經　津圖 139/178、津圖 140/180

延壽命經　津圖 138/176

藥師琉璃光如來本願功德經　津圖 004/3、津圖 059/50、津圖 060/51、津圖 073/68、津圖 075/70、津圖 120/144、津圖 172/245

瑜伽師地論卷七　津圖 083/80

雜寶藏經卷四　津圖 032/19

雜寫　津圖 132 背 /167、津圖 136 背 /173、津圖 139 背 /179、津圖 152 背 /223、津圖 164 背 /236

讚僧功德經　津圖 112/126

增壹阿含經卷四七　津圖 117/136

長者女菴提遮師子吼了義經　津圖 110/122、津圖 111/124、津圖 113/129

正法華經卷一 圖 141/181